Eva Zeltner

Mut zur Erziehung

Deutscher Taschenbuch Verlag

Von Eva Zeltner
ist im Deutschen Taschenbuch Verlag erschienen:
Kinder schlagen zurück (35102)

Ungekürzte Ausgabe
November 1997
Deutscher Taschenbuch Verlag GmbH & Co. KG, München
© 1995 Zytglogge Verlag, Bern
Umschlagkonzept: Balk & Brumshagen
Umschlagfoto: © Herlinde Koelbl
Gesetzt aus der Sabon 10/11,75 (Linotron 202)
Satz: IBV Satz- und Datentechnik, Berlin
Druck und Bindung: C. H. Beck'sche Buchdruckerei, Nördlingen
Gedruckt auf säurefreiem, chlorfrei gebleichtem Papier
Printed in Germany · ISBN 3-423-36048-8

Inhalt

4. Pubertät/Adoleszenz

IV. Konsequenzen

Der Mensch kann nur Mensch werden durch Erziehung

Immanuel Kant

We don't need no education

Roger Waters (Pink Floyd, The Wall)

Vorwort zur Taschenbuchausgabe

Kindererziehung ist heute mehr denn je eine Gratwanderung und für viele Erwachsene zum Problem geworden. Immer früher und immer stärker bestimmen unterschiedlichste Einflüsse das kindliche Verhalten.

In Begegnungen, Diskussionen und Gesprächen mit Eltern und Lehrpersonen stelle ich seit Jahren eine zunehmende Überforderung und Unsicherheit fest: aus Angst, Fehler zu machen, und aus Angst vor den Reaktionen der Kids handeln viele Erziehende entweder gar nicht, oder sie suchen Zuflucht bei überholten und fragwürdigen Erziehungsmythen. Einige betreiben eine Art Wankelpädagogik, reagieren einmal so, einmal anders und übertragen ihre Verunsicherung auf den Nachwuchs.

Trotz dieser Erfahrungen haben mich die unzähligen Reaktionen, die ich seit zwei Jahren auf meinen Bestseller ›Mut zur Erziehung‹ erhalte, überrascht, aber auch nachdenklich gemacht. Es sind Zeichen einer Art »Erziehungsnotstand«. Die jungen Eltern, Pädagoginnen und Lehrer sehnen sich nach Verhaltensregeln für alle nur denkbaren Situationen. Dadurch wächst aber eine neue Gefahr: die Entstehung einer (neokonservativen) Rezeptpädagogik.

Eine am Kind orientierte Pädagogik gesteht dem Kind jedoch ein hohes Maß an Eigenständigkeit zu. Wir möchten Heranwachsende so ins Leben entlassen, daß sie mit einem genügenden Potential an Selbstvertrauen, Kreativität, sozialer Kompetenz und Autonomie für die mannigfachen Anforderungen einer unsicheren Gegenwart und Zukunft ausgerüstet sind. Erziehung heißt, die kindliche Würde zu achten und zu respektieren, indem wir Kinder und Jugendliche als Dialogpartner ernst nehmen und auf sie als einmalige Persönlichkeiten mit ihren individuellen Eigenschaften und Begabungen eingehen. Erziehen heißt aber auch, Regeln des Zusammenlebens zu vermitteln und Grenzen zu setzen, die Halt geben, Klarheit schaffen und dadurch die zur Entfaltung nötige Distanz ermöglichen.

Dieses Buch möchte dazu beitragen, daß der Begriff Erziehung wieder positiv besetzt wird, und den Erziehenden Mut machen – zur (Selbst-)Erziehung, Mut zur Verantwortung und Toleranz, aber auch Mut zum Nein.

Zürich, im Mai 1997

I. Von der Schwierigkeit, (s)einen Standpunkt zu finden

Soll ich – oder soll ich nicht?
Handlungsblockade. Erwachsene fürchten Kinder

Wir kennen die drei chinesischen Affen. Einer hält sich den Mund zu, ein anderer die Augen, und der dritte preßt die Hände auf die Ohren. Nichts sehen. Nichts hören. Schweigen.

In unserem Leben gibt es unzählige Anlässe, bei denen wir reagieren, als trügen wir Scheuklappen oder wären taubblind. Hinterher befällt uns dann ein schales Gefühl. Hätten wir nicht Stellung beziehen sollen?

Nicht jede Situation verlangt, daß wir uns exponieren. Doch es gibt Momente, in denen wir genau wissen, daß wir handeln müßten, und es doch nicht tun. Wir sind blockiert.

»Wer in Stoßzeiten ein öffentliches Verkehrsmittel zu besteigen wagt, muß damit rechnen, von Jugendlichen angepöbelt zu werden«, klagen immer mehr ältere Menschen. »Das Friedhofgemüse nimmt uns den Platz weg«, sei ein vergleichsweise noch harmloser Ausspruch unverfrorener Kids. Wer die Jugend zurechtweist: »Früher hätten wir uns nie eine solche Frechheit getraut. Da stand man auf und bot seinen Platz an«, macht sich erst recht zur Zielscheibe ihrer Häme. Also verkneifen sich die Klügeren eine Bemerkung.

Im vollbesetzten Vorortszug erzählt ein junger Typ rassistische Witze. Einige lachen, betreten starren andere ins Leere, tun, als hätten sie Stöpsel in den Ohren.

Sechs Jungen streiten in einer Einkaufspassage. Die Vorübergehenden bemerken sehr wohl, daß zwei einen am Boden Liegenden mit Schlägen und Fußtritten traktieren – doch alle eilen geschäftig weiter, blicken zur Seite.

Ein junger Mann – einer meiner ehemaligen Schüler – erhielt während einer Auseinandersetzung einen Messerstich in den Nacken, an dessen Folgen er später starb. »Helft mir doch«, rief er den zahlreichen Gaffern zu. Vergeblich. Niemand schritt ein.

Diese Beispiele zeigen, was unter Handlungsblockade zu verstehen ist. Die scheinbar unbeteiligt Wirkenden sind nicht alle so abgestumpft, wie es den Anschein hat – wer kennt diese Situationen nicht aus eigener Erfahrung. Soll ich helfend eingreifen, mich dem Gespött preisgeben, gar meine Gesundheit riskieren? Schließlich sind mir diese Menschen fremd, was gehen die mich an. Moralisch ausgedrückt: Habe ich Zivilcourage, überwinde ich meine Angst, oder nehme ich in Kauf, mit meinem Verhalten negative Tendenzen zu unterstützen?

Daß niemand sich gern unter schlagende Jugendliche mischt, ist entschuldbar. Weniger verständlich ist, daß das Verhalten kleiner Tyrannen von Eltern und Lehrerinnen allzulange übersehen wird, bis sie fassungs- und ratlos einer Jugend gegenüberstehen, die Lust auf Gewalt und Zerstörung hat.

Ein Erlebnis aus meiner Kindheit zeigt, wie vor einem halben Jahrhundert Erwachsene auf »freche« Kinder reagierten. In der fünften Klasse begrüßte ich einmal auf dem Heimweg den Lehrer eines andern Schulhauses statt mit »Grüß Gott, Herr X« mit einem saloppen »Servus«. Der Pädagoge zerrte mich aus der Reihe meiner Mitschülerinnen und verprügelte mich auf offener Straße, außer sich vor Zorn, bis ein Busfahrer rief, ob er das Kind umbringen wolle. Heute müßte dieser Lehrer mit

Konsequenzen rechnen. Zu Recht. Damals erhielt ich noch eine Strafpredigt von meinem Klassenlehrer – die Eltern hingegen nahmen mich in Schutz.

Die Zeiten der schwarzen Pädagogik sind offiziell vorbei. Sie sind einer gewährenden, ichstärkenden, fast alles erlaubenden, sogenannten permissiven Erziehung gewichen. Endlich könnten die Kinder aufatmen. Trotzdem entfalten sie sich teilweise anders, als Eltern und Lehrer es gern sähen.

Das Blatt hat sich gewendet. Kinder prügeln Kinder, aber auch Mütter, selbst Lehrkräfte, die nicht sofort spuren. Wie nie zuvor florieren Podiumsdiskussionen zum Thema »kindliche Brutalität«. Ebenso erfolgreich könnte es unter dem Titel »verunsicherte Eltern/hilflose Lehrer« angegangen werden. Soll ich oder soll ich nicht? Erneut ein Auge zudrücken? Zum zwanzigsten Mal um Rücksicht bitten? Den häßlichen Witz überhören? Nochmals erlauben, was ich schon zehnmal verboten habe – oder mich endlich einer vielleicht unangenehmen Auseinandersetzung stellen, den Konflikt austragen?

Viele Eltern fürchten, daß Kinder unter jeder Einschränkung leiden. Besonders Mütter und Väter, die nicht aus Gleichgültigkeit strukturlos erziehen, sind oft der irrigen Überzeugung, Kids ertrügen weder Normen noch Regeln. Der Mensch entwickelt sich aber nicht optimal in grenzenloser Freiheit, sondern in einem liebevollen Rahmen, der Sicherheit und Halt gibt. Autonomie ist nicht angeboren. Sie muß in Schritten erlernt werden.

Die Beschäftigung mit dem Kind beginnt bereits vor dessen Geburt. Normale, wohlgebildete Kinder sind keine Selbstverständlichkeit. Es folgen Wochen mit Babys Bauchkoliken, seinem nächtlichen Verlassenheitsweinen, den Ängsten um seine Gesundheit und ob es sich altersgemäß entwickelt. Je älter das Kind, umso größer die Sorgen: ungenügende Noten, Drogen, schlechte Einflüsse, unrealistische Berufswahl, drohende Arbeitslosigkeit.

Diese »natürlichen« Befürchtungen und Bedenken treten heute bei manchen Eltern in den Hintergrund. Ein neues, bisher kaum bekanntes Gefühl hat sich ihrer bemächtigt: die Angst vor ihrem Kind, vor seinen täglichen Forderungen, seinen Wutanfällen, die nicht selten in Vandalismus gegen die Wohnungseinrichtung ausarten, seinen Drohungen und physischen Gewaltakten gegen Erwachsene, die nicht gehorchen. Gewiß handelt es sich noch um Extremfälle, doch nehmen sie besorgniserregend zu. Eine Generation wächst heran, die nicht unter Disziplin und Unterwerfung leidet, sondern an mangelnden Grundsätzen.

Angst ist ein schlechter Ratgeber, besonders im Zusammensein mit Kindern. Aus Angst vor den heftigen Reaktionen der verwöhnten Brut gehen Eltern auf übertriebenste Forderungen ein, ohne zu ahnen, wohin das ständige Nachgeben, trotz anfänglicher Weigerung, führt. Je älter die Rangen, desto schwerer korrigierbar sind die Fehlentwicklungen. Wir sehen, wie europaweit Halbwüchsige autoritären Gruppierungen in die Hände fallen, Sekten, Satanskulten, oder wie sie rechtsextremes Gedankengut nachplappern, Führern bedingungslos nacheifern, sich unterordnen oder noch lieber selbst eine Führerrolle spielen.

Immer mehr zeigt sich, daß eine *falsch verstandene antiautoritäre*, eine *Laisser-faire-Haltung* anfällig macht für ein neues Phänomen: ausuferndes Verhalten bis zur Un-Erziehbarkeit.

Es ist nicht allein Bequemlichkeit, Unarten zu übersehen, Kinder keine Konsequenzen ihrer Handlungen erleben zu lassen, bis es zu spät ist. Immer mehr Eltern und Lehrpersonen fürchten sich vor dem, was die Bengel tun könnten, wenn ihnen ein Riegel vorgeschoben wird. Angst erzeugt aber auch bei Erwachsenen entweder aggressive Impulse oder völlige Hilflosigkeit. Sowohl Gewalt als auch Handlungsunentschiedenheit begünstigen auffälliges Verhalten der Kids.

Väter und Mütter müssen lernen, nein zu sagen. Und, ist das schwierige Wort einmal ausgesprochen, auf diesem Nein zu bestehen. Koste es auch Tränen, Wut und Geschrei. Dabei – dies kann nicht genug betont werden – darf der elterliche Widerstand nie im Sinne der früheren Repression in kaltes Brechen des kindlichen Willens ausarten.

Verlust verbindlicher Werte
»Dein Problem ist nicht mein Problem«

Zu Beginn der siebziger Jahre erhielt ein bisher wenig bekanntes Wort einen beinahe magischen Klang. Eine junge Generation, noch unter der Fuchtel von absolutem Gehorsam und sturer »Sowas-tut-man-nicht«-Pädagogik großgeworden, setzte mit radikal neuen Werten auch die eigenen Bedürfnisse als Maßstab und nannte den Akt der Befreiung aus traditioneller Muffigkeit Selbstverwirklichung. Tabus wurden gebrochen. Was für ein Individuum stimmte, war erlaubt, die Familie galt als Keimzelle der Unterdrückung. Als Reaktion auf den Vietnamkrieg handelten die sogenannten Blumenkinder nach dem Motto: make love not war. Handgemachter Hippieschmuck, pflanzengefärbte Schlabberkleider und lange Haare unterstrichen das Image des Friedfertigen. Drogenapostel wie Timothy Leary und östliche Esoterik-Lehrer beschleunigten mit Trips die Befreiung aus den gesellschaftlichen Fesseln.

Bald griff die Psychologie nach dem aufblühenden Zweig und vermarktete Dutzende von Selbstverwirklichungsprogrammen. Eine neue Psychosprache für die Interaktion in Gruppen wurde kreiert: Mann und Frau sagten *ich,* verwirklichten sich aber nirgends so erfolgreich selbst wie in der *Gruppe.* Kritik heißt seither *feedback,* auf dem *heißen Stuhl* erfuhren die Teilnehmenden unbarmherzig, wie sie auf andere wirkten. Körpernähe und Gruppensex spendeten anschließend Trost. Mit einem *Blitzlicht* (Bekanntgabe der momentanen Befindlichkeit) wurde die Zusammenkunft beendet, und manches Problem blieb bis zum nächsten Treffen *im Raum* stehen.

Von Kalifornien, dem Zentrum der sogenannten *Encounter-groups,* begann die humanistische Psychologie im Sinne von Carl Rogers, Fritz Perls und anderen nicht psychoanalytischen Therapeuten ihren Siegeszug. *Encountergruppen* bestehen aus zehn bis fünfzehn Teilnehmenden und ein bis zwei Therapeuten, die durch bestimmte Übungen und Techniken vor allem aus der *Gesprächs- und Gestalttherapie* und mit Hilfe des *Psychodramas* versuchen, neue Gefühlserfahrungen zu machen, die Selbst- und Fremdwahrnehmung zu erhöhen und ungezwungenere Formen des menschlichen Zusammenlebens zu entwickeln. Gemeinsam wurde in den Pioniergruppen eine angstfreie Atmosphäre angestrebt und die Teilnehmenden durch freie Interaktion zu Einstellungs- und Verhaltensänderungen ermutigt. Diese Ehrlichkeit sich selbst gegenüber führte zu einem offeneren Umgang mit anderen, und auch im Schweizer TV flossen die ersten telegen befreiten Männertränen.

Selbstverwirklichung, anfangs ein dialogischer Prozeß (im Sinne von Rogers' Gesprächspsychotherapie), spaltete sich bald ab vom Du. War einst der Slogan *das ist dein Problem* auch als Anstoß zur gemeinsamen Konfliktbewältigung gedacht, so verkommt dieser Satz immer mehr zu nacktem Egoismus. *Das ist dein Problem* heißt heute: *Es geht mich nichts an.* Nach der Psychologin Eva Jaeggi sind »Selbstbehauptung und Autonomie ... zur wichtigsten Maxime unserer Gesellschaft geworden« (Der Spiegel 22/94).

Durch diese Konzentration aufs Ich, von Therapeuten verordnet, boomt der Psychomarkt wie nie. Es herrscht ein Trend zur Ellbogengesellschaft. Gegenwärtig zählen Durchsetzungsfähigkeit, Selbstzufriedenheit und auch Ehrgeiz. Das gilt vor allem für die besser Gebildeten. Viele leben allein, wollen weder Partner noch Familie und sehen die eigene Wohnung gar im Rang eines Ersatzpartners. In jeder dritten Wohnung lebt heute in Westdeutschland ein Single.

Das Erfüllen eigener Bedürfnisse ohne Rücksicht auf andere wird erleichtert durch Anonymität und Pluralismus. Inmitten einer zersplitterten Gesellschaft gedeiht der Kult ums Ich. Anstelle »innerer Werte« ist eine Veräußerlichung getreten. Individualismus, schrille Inszenierung gehören zur Erlebniskultur. Der Narziß muß bewundert werden. Die Bemühungen um Selbstverwirklichung werden durch aufwendige Selbstinszenierungen ersetzt.

Orientierungslosigkeit, Verlust von Tradition, sozialen Riten und Religion, das, klagen viele Eltern, seien ihre Hauptprobleme. Biographien mit Brüchen, Stellen- und Ortswechsel erschweren es Erwachsenen und Kindern, sich sozial zu verwurzeln. Im Wirrwarr von Lebensstilen, Einstellungen und Modellen des Zusammen- und Alleinlebens finden manche keinen roten Faden, an den sie sich halten können. Viele Menschen sind auf der Suche nach neuen Perspektiven überfordert. Wie aber sollen Jugendliche erkennen, was aus der allgemeinen Sinnkrise herausführt, wenn schon manche Eltern mit Konsumsucht vorleben, daß Haben glücklicher macht als Sein?

Verunsichert durch die neuen Handlungs- und Lebensmuster finden junge Menschen eine Scheingeborgenheit in geschlossenen totalitären Zirkeln oder in neonazistischen Gruppierungen.

Für verzweifelnde Eltern ein Trost: Vielleicht ist uneigennütziges Verhalten, wie wir es auch bei unseren Kindern ab und zu gern einmal sähen, am ehrlichsten und in der Ego-Gesellschaft am praktizierbarsten, wenn es als das geschieht, was Verhaltensforscher *reziproken Altruismus* nennen – was ich dir zuliebe tue, nützt auch mir. Eva Jaeggi sieht denn auch in der Ich-Kultur nicht nur die Gefahr der Isolation und den Abbau von Beziehungen, sondern eine echte Chance. Menschen, die ohne Familie und feste Partner lebten, gingen viel subtiler und behutsamer mit ihren Freundschaften um. Sie seien »sensibel und sozial – aus Egoismus« (ebd.).

Eine Hoffnung für alle, die Ethik noch immer als Grundpfeiler moralischen Handelns betrachten. Vielleicht ist Ehrlichkeit auch hier angesagt. Schon in der Bibel steht: *Liebe* deinen Nächsten wie *dich selbst.*

Unsere Vorfahren fragten nicht ständig, wie ihre Erziehung auf die Nachkommen wirke. Sie tradierten die übernommene Pädagogik ohne große Bedenken und erzogen in den zeitbedingten Moralvorstellungen zu Gehorsam, Ordnung und Gottesfurcht. Entsetzlich! rufen wir aus. Kindheit in der Zwangsjacke. Nie wieder!

Doch selbst in den repressivsten Elternhäusern gab es Nischen, in denen Kinder sie selbst sein, von Erwachsenen ungestört spielen und ihrer Phantasie freien Lauf lassen konnten. Auch vor fünfzig und mehr Jahren waren Buben und Mädchen nicht ständig strafenden Vätern und rechthaberischen Müttern ausgesetzt. Sie hatten mehr außerhäuslichen Raum zum Spielen und Sich-Austoben als die heutige Jugend, und ihre Phantasie sprengte auch ohne Fernsehen (oder deswegen) die Grenzen von Raum und Zeit.

Einer der Vorteile früherer Familienformen war die größere Zahl an Bezugspersonen. Die Kernfamilie Mutter-Vater-Kind oder Mutter-Kind ist eine Erscheinung der zweiten Hälfte des zwanzigsten Jahrhunderts. Es fehlen heute die Tanten, Großeltern und Geschwister, welche früher in vielen Haushalten zur Familie gehörten und für die Kinder selbstverständliche Anlaufstellen waren. Mütter waren weniger auf sich allein gestellt, erfahrene Familienfrauen berieten sie. Heute mangelt es an Vorbildern. Mütter kommen zur Einsicht, sie machten es so oder so falsch. Widmen sie sich »nur« den Kindern, gelten sie als Glukken, symbiotisch und klammernd. Bleiben sie berufstätig, nennt die Gesellschaft sie noch immer Rabenmütter.

Bis in die zweite Hälfte des 20. Jahrhunderts wurden Werte und Kompetenzen wie selbstverständlich tradiert. Alters- und Geschlechterrollen waren klar definiert. Anzupassen hatten sich vor allem Frauen und Kinder. Sie galten als unmündig. Obschon die schwedische Autorin Ellen Key um die Jahrhundertwende die Zukunft als »Das Jahrhundert des Kindes« ankündete, wurden Kinder lange nur von den Reformpädagogen ernstgenommen. Im allgemeinen hatten sie wie ihre Mütter zu schweigen, in manchen Familien auch beim Essen.

Die Pädagogik orientierte sich weiterhin an Idealen, die heute eher als hinderlich für die freie Entfaltung des Individuums gelten: Respekt vor Autoritäten, Gehorsam, Tapferkeit, Fleiß, Bescheidenheit, Höflichkeit, Hilfsbereitschaft, Verzicht. Nicht alle diese Tugenden sind erstrebenswert, besonders nicht die blinde Autoritätsgläubigkeit. Verwerflich ist aber weniger ihr Inhalt als die Methoden, mit denen sie antrainiert wurden, und das patriarchalische Menschenbild, das dahinter steht. Jungen wurden zu Härte, Männlichkeit und zum Befehlen erzogen, Mädchen zur Selbstaufgabe, zum Dienen und Sich-dem-Mann-Unterordnen. Wohl der, die nie aus ihrer Rolle fiel.

Am Sonntag gingen die meisten zur Kirche, Ferien gab es so gut wie keine, Programme zu sinnvoller Freizeitgestaltung wären auf Verständnislosigkeit gestoßen. Was an Unterhaltung und Bequemlichkeit für uns heute selbstverständlich ist, vom Fernseher und der Stereoanlage über die Wasch- und Spülmaschine bis zum Kühlschrank, dem regelmäßigen Urlaub, Sozialversicherungen und der 5-Tage-Woche, galt als Utopie, ebenso die Gleichstellung von Mann und Frau.

Heute ist manches leichter. Noch nie partizipierten in der westlichen Gesellschaft so viele Menschen am Wohlstand.

Ahnungsvolle Zeitgenossinnen befürchten, die Rückseite der Medaille ziere ein Totenkopf.

Die Euphorie über unsere zivilisatorischen Errungenschaften weicht großer Ernüchterung. Zustände holen uns plötzlich ein, die in Wohlstandsgebieten überwunden schienen. Jahrelang taten wir Armut hochnäsig als Drittwelt-Problem ab, begründeten sie mit der technologischen Rückständigkeit der betroffenen Völker, ihrem Analphabetismus und oft sogar mit genuinen Rassenmerkmalen (faul, unzuverlässig im Gegensatz zu den arbeitssüchtigen Weißen oder Japanern). Die Spätfolgen des Kolonialismus wurden von den Verursachern schamlos negiert.

Jetzt wollen die Bewohner ausgebeuteter Länder und jene der ehemaligen Ostblockländer vermehrt auch teilhaben an den Segnungen des Überflusses. Ausgerechnet zu einem Zeitpunkt, da Europa selber Hilfe bräuchte. Wohnungsnot, durch Raubbau und Zubetonierung verschuldete Naturkatastrophen unvorstellbaren Ausmaßes und eine politische Führung, die auf Kosten des Volkes spart, erzeugen Fremdenhaß und gefährden den sozialen Frieden.

Rationalisierung schafft Arbeitslose, materielle Bedürftigkeit und begünstigt auch bei uns eine Zwei-Klassen-Gesellschaft: die Wissenden, Habenden, Reichen gegenüber einer wachsenden Zahl von Menschen, die wie Ware temporär für schlecht bezahlte Arbeit bald benützt, bald weggestellt werden. Obdachlosigkeit und Stellenverluste haben inzwischen auch die europäische Mittelschicht erfaßt.

Neben finanziellen Engpässen bedeutet die Krise auf dem Arbeitsmarkt auch eine Bedrohung für die Identität der Betroffenen. Wer nirgends gebraucht wird, fühlt sich wertlos in einem politischen System, das die Menschen an ihrem Einkommen mißt. Selbstmorde häufen sich. Das Recht auf selbstgewählte, befriedigende Arbeit wird immer mehr zum Privileg.

Aufwendige Ausbildungen, bis vor kurzem noch Garant für eine gesicherte Existenz, führen heute nicht ins obere Kader, sondern immer öfter zu Gelegenheitsarbeiten.

Wenn die Berufswahl in einer Sackgasse endet, müssen der hohe Stellenwert von Beruf und Karriere in unserer Gesellschaft überdacht, neue Arbeits- und Daseinsperspektiven entdeckt und andere Modelle des Zusammenlebens geschaffen werden.

Wir sind Teil der Leistungsgesellschaft. Von Arbeitslosigkeit betroffene Jugendliche gelten als besonders ansprechbar für Drogen, Kriminalität und Gewalt-Exzesse. Daß diese Jungen im Zentrum der Zeitgeistmaschine Trends und Moden mitmischen wollen, ist begreiflich. Daß sie deswegen klauen, nötigen und auch töten, schockiert nur den, der mit Scheuklappen durch die Welt geht und nicht wahrhaben will, daß Bilder auch Vorbilder sind.

Es gibt jugendliche Subkulturen, die internationale Grenzen und soziale Schichten übergreifen und sich über ihr Äußeres definieren. Auch von Gewalt Faszinierte haben oft ihr spezielles Outfit und ihre Symbole der Macht. Styling kostet.

So kommt auch die obere Kaufkraftklasse ins Schleudern. Immer mehr Kids von Gutsituierten verhalten sich ähnlich wie ihre Kollegen aus der Unterschicht. Sie stehlen und erpressen. Aus Langeweile. Ihre Eltern haben vergessen, ihnen außer der Bedeutung von Statussymbolen und Reichtum die vielzitierten »inneren Werte« auf den Lebensweg mitzugeben. Eine frühreife Generation, wie sie die Jugend am Ende des zweiten Jahrtausends ist, vermag sehr wohl Lippenbekenntnisse vom Tun zu unterscheiden.

Bis zum zweiten Weltkrieg gab es in der westlichen Gesellschaft moralische Normen, deren Einhaltung von den Kirchen, vorab der katholischen, streng überwacht wurden. Bei Verstoß drohten höllische Strafen. Der Sinn des menschlichen Lebens wurde in Arbeit und Familie gesehen. Diese Bereiche waren geschlechtsspezifisch von den Machthabenden geteilt. Im Außenraum herrschte mann, in der Familie diente frau.

Ethik war eine Domäne der Männer. Sie übertraten auch dauernd die von ihnen festgelegten Grenzen, denken wir etwa an das Leben vieler Päpste und katholischer Moralapostel, die ihren in Keuschheit gezeugten Söhnen reiche Pfründe vermachten und daneben aufmüpfige Frauen zum Schweigen verdammten. Dogmen sind noch heute ein Machtinstrument der Papstkirche. Über Jahrhunderte galt für »Mann und Frau von der Straße«, daß sie von Gott respektive der Kirche zur Rechenschaft gezogen werden konnten. Der Ablaß war (und ist) ein Mittel, Abtrünnige auf den rechten Weg zurückzuführen. Mit Geld ließen sich das Himmelreich, eine Verkürzung des Fegefeuers, ein gutes Gewissen erkaufen.

Christliche abendländische Philosophen entwickelten aber parallel dazu eine Ethik, die der Verantwortung gegenüber Mitgeschöpfen (Mensch und Tier) höchste Priorität einräumte. Verantwortung gegenüber Gott bestand in der Verantwortung gegen sich selbst und die Mitmenschen (z. B. Albert Schweitzer).

Im Zeitalter der Postmoderne ist die Kirche für viele Menschen ein Relikt, der Papst ein lächerlicher Popanz, die Männermoral in ihrer Doppelbödigkeit entlarvt und der Gott der Pfaffen tot. Die christliche Botschaft wird mit den kirchlichen Institutionen und ihren Vertretern gleichgesetzt. Die Abkehr von und Gleichgültigkeit gegenüber jenen Werten, zu denen auch Mitgefühl und Verzicht zugunsten anderer gehören, trägt weiter bei zur Auflösung stabiler Verhältnisse. Das soziale Netz ist löchrig geworden.

Mündigkeit und Freiheit haben ihren Preis. Der westliche Mensch des ausgehenden zwanzigsten Jahrhunderts hat sich für eigenverantwortliches Handeln entschieden. Tabus sind abgeschafft. Das Individuum ist oberste Instanz.

Anstelle von Freude kriecht Beklemmung in uns hoch. Die Welt ist nicht farbiger und froher, sondern kalt geworden.

Doch statt dem Verlorenen – von dem wir uns ja freiwillig getrennt haben – nachzutrauern, gilt es, neue Formen der Orientierung zu finden. Angesichts der Generation junger Egoisten und apokalyptischer Umweltszenarien sind wir dringend zu einer Besinnung und Standortbestimmung aufgerufen. Was ist der Sinn unseres Daseins? Worauf gründen wir unsere Identität? Kinder sind sehr empfänglich für diese Fragen. Sie haben einen unbefangenen Zugang dazu. Sich um Menschen zu kümmern, mit ihnen zu leiden, ihnen zu helfen, ist in uns ebenso angelegt wie die Bereitschaft zur Gewalt. Wir könnten lernen, mit beidem sinnvoll umzugehen.

Neben der angeborenen Aggressivität gibt es auch eine angeborene Religiosität, eine Sehnsucht nach Sinn und ethischen Wegmarken.

Zeiten des Umbruchs sind Zeiten der Desorientierung. Ohne Kompaß keine Richtung. Der innere Kompaß des Menschen, sein Gewissen, muß zuerst unter dem Müll von Oberflächlichkeit und Egoismus freigelegt und aktiviert werden. Das ist Aufgabe der Erziehung, Bildung und Gesellschaft.

Jugendliche wollen sich bewähren können, eine Herausforderung bestehen, eigene Ideen verwirklichen. Dazu müssen sie in den ersten Lebensjahren das notwendige Selbstvertrauen, einige Fertigkeiten und das Befolgen gewisser Regeln erlernt haben. Springen sie einfach los, kopfüber mit vollem Bauch ins Wasser, gehen sie unter oder gefährden Mitschwimmende.

Wie Eltern sich an ihre repressive Erziehung erinnern

»Bei jeder geringsten Verfehlung wurden meine beiden Geschwister und ich an Tischbeine gefesselt, in der Stube eingesperrt und stundenlang uns selbst überlassen. Wut und Verzweiflung erfüllen mich noch heute, wenn ich daran denke, was uns damals angetan wurde ...« Dies erzählt eine junge Mutter, die sich schwere Vorwürfe macht, weil ihr dreijähriges Töchterchen jedesmal »böse Mami« sagt und weint, wenn ihr verboten wird, auf die Wände zu malen oder mit der Schere dem Nachbarsmädchen Haare abzuschneiden. Die Kleine sei halt so sensibel und verletzlich. Und wie ein Kind seelisch durch autoritäre Eltern geschädigt werde, habe sie schließlich selber erlebt.

Sie seien physisch und psychisch von kalten Eltern mißhandelt worden, so schildern Väter und Mütter an Diskussionsabenden über aggressive Kinder ihre traurige Kindheit und damit verbunden ihre Unsicherheit in bezug auf den Umgang mit eigenen Kindern.

Ein 34jähriger Mann, der als schwererziehbarer Junge galt und von Eltern und Lehrern zum Versager gestempelt wurde –

obwohl er vermutlich sehr begabt war: »Mein Sohn soll es besser haben. Ich werde ihn nicht erziehen. Er soll seine Erfahrungen machen, experimentieren können . . .«

»Mein Vater zwang mich, Fußball zu spielen. Ich war aber nicht sportlich, ich las lieber oder hörte Musik. Oft schleppte er mich gewaltsam zum Joggen mit. Er verspottete mich als weibischen Schwächling. Nie werde ich mein Kind so behandeln . . .« Ähnliche Aussagen hörte ich auch von Männern, die später Sport trieben – aber freiwillig, nicht gezwungen durch einen herrischen Vater.

»Nie werde ich von meinem Kind etwas fordern, das es nicht will. Es hat immer die freie Wahl. Beim Essen, beim Schlafengehen. Ob es draußen oder drinnen spielen möchte, wo es sich in einem Restaurant hinsetzt. Kinder wissen am besten, was für sie gut ist« – Fazit repressiv behandelter Söhne und Töchter.

Ein temperamentvoller Südländer: »Als ich im Kindergarten in die Hosen machte, packte mich mein Vater an den Füssen und spritzte mich unter der kalten Dusche ab.«

Mit Schaudern denkt ein anderer Teilnehmer an die Stunden, die er in einem engen, dunklen Schrank verbringen mußte, weil er mit schlechten Noten nach Hause gekommen war.

Unwidersprochen durfte dagegen eine junge Frau schon als kleines Mädchen ihre Tageseinteilung selbst bestimmen. Nie habe sich Mutter eingemischt. Noch heute empfindet sie diese Distanz als mangelnde mütterliche Fürsorge. Sie fühlte sich verstoßen und glaubt, Mutter habe nur ihren Partner geliebt und die Arbeit an der Schreibmaschine. Durch die Tochter habe sie sich in ihrer Entfaltung beeinträchtigt gefühlt.

Die Kehrseite der unbegrenzten Freiheit: »Ein Gefühl des Verlorenseins. Niemand kümmert sich um mich.«

Erstaunlich viele Eltern haben Erinnerungen an Gewalt – es müssen nicht Schläge sein –, die ihnen von Vater oder Mutter zur Strafe zugefügt wurde, schon bei geringen Verfehlungen. Daß sie dieses Verhalten nicht nachahmen wollen, spricht für sie, doch verhindern ihre traumatischen Erfahrungen zugleich, daß sie ihr

Kind mit einem lebensnotwendigen Maß an Einschränkungen belasten können. Wer in der Kindheit wenig Zuneigung spürte, für den oder die sind die eigenen Kinder oft die ersten Liebesobjekte, von denen sie sich nicht zurückgewiesen fühlen. Alle Zärtlichkeit, die ihnen vorenthalten wurde, wollen sie nun ihren Kindern in einem Maß zuteil werden lassen, das in »Eltern können ihre Kinder nie genug lieben« ausartet und den Kindern zuviel Eigenverantwortung zugesteht in einem Alter, da diese eine konsequent-liebevolle Führung benötigten. Manche 68er Eltern, die aus Überzeugung antiautoritär erzogen, ihre Kinder als Zuschauer am elterlichen Beischlaf und an nächtelangen Marathon-Diskussionen teilnehmen ließen, würden heute ihren Erziehungsstil in Richtung »mehr Normen – weniger Gleichstellung mit Erwachsenen« ändern. Auch unsere Söhne wurden in der antiautoritären Ära groß – wenn auch in gemäßigter Form. Rückschauend denke ich, daß Höflichkeit und Rücksichtnahme keine Hindernisse im Leben sind, pure Selbstdurchsetzung hingegen gern in Gleichgültigkeit gegen andere und in Arroganz umschlägt.

Der Zusammenhang zwischen den ausufernden Kids und den fehlenden Grenzen, in denen sie aufwachsen, wird erst allmählich diskutiert.

Daß Einengung und jede Form von elterlicher Gewalt Gegengewalt erzeugt, ist inzwischen hinlänglich bekannt. Verwöhnung oder Vernachlässigung materieller und seelischer Art können jedoch ähnliche Symptome bewirken. Unzufriedenheit und Gewalt sind auch Hilferufe von Kindern, die im Grenzenlosen untergehen.

Die falsche Gleichstellung von
Macht und Gewalt in Familie und Schule

Begreiflich, daß Menschen, die selbst unter traumatischen Erfahrungen leiden, sich vehement dagegen wehren, Macht über Kinder auszuüben. Wer jedoch älter, lebenstüchtiger, gewandter im Umgang mit Anforderungen, unvorhergesehenen Situationen und Mitmenschen ist, nimmt in der Gemeinschaft, auch in der Familie, eine andere Position ein als jemand, der schwach, abhängig und ohne Hilfe vorerst gar nicht lebensfähig ist.

Macht ist an Überlegenheit gebunden. Daher haben Erwachsene Macht. Sind sie sich dessen bewußt, können sie die Verführungen zum Machtmißbrauch erkennen, ganz ausschließen läßt er sich leider kaum. Wer kennt nicht Situationen, in denen ohne zwingende Notwendigkeit über Kinder und Jugendliche bestimmt wird? »Mit grünen Haaren gehst du nicht zur Schule. Basta«, oder »Dieser Beruf bringt nichts ein. Mach eine andere Lehre«. »Mädchen heiraten ja sowieso, weshalb also ein Studium?« Ein immer noch vorgebrachter Einwand. Besonders wenn es um Kollegen oder Freundinnen der Jugendlichen geht, mischen sich Eltern stark ein.

»Der Türkenbub ist kein Freund für dich; er stiehlt sicher.«

»Wenn du nochmals mit diesem Neger heimkommst, bist du nicht mehr meine Tochter.«

Die Freundin eines unserer Söhne hatte einen Vater, der sich weigerte, sie in »diesen ausgeflippten Kleidern« in seinem Auto mitzuführen. Die Kollegen hätten ja denken können …

Beispiele, in denen Macht in Gewalt umschlägt. Auch ohne Angriffe auf den Körper stellen sie eine gewaltsame Grenzüberschreitung in den intimen Bereich Pubertierender dar.

Macht ist ein Mittel, Grenzen zu setzen und auf ihre Einhaltung zu dringen. Die Egalität zwischen Erwachsenen und Kindern ist eine Illusion, der die Realität entgegensteht. Indessen: *Macht heißt nicht Unterdrückung,* bedeutet nicht, mit Gewalt den kindlichen Willen zu brechen und dem Kind keinen Entscheidungsspielraum zuzugestehen. Konkret werden wir darauf zurückkommen im Kapitel »Echte Entscheidungen anbieten«.

Bei kleinen Kindern läßt sich – ehrlicherweise – die Trennung von Vormachtstellung und Gewalt nicht immer so klar auseinanderhalten. Sie müssen notfalls mit Gewalt daran gehindert werden, vor ein Auto zu rennen. Am Arm gepackt und festgehalten, fühlen sie sich überwältigt und protestieren heftig. Hier gehen Macht und Gewalt ineinander über. In diesem Fall zum Wohl des Kindes.

Wenn wir verbieten, mit Streichhölzern und Feuerzeug zu spielen, Steine zu werfen, andere Kinder mit Schuhen zu traktieren oder uns verbitten, in der Mittagspause gestört zu werden, üben wir Macht über Schwächere aus.

Auch die Schule übt Macht aus. Institutionelle Macht ist der Zwang zum Schulbesuch, der den Kindern notfalls mit Gewalt aufgezwungen wird, der Lehrplan, die Bewertung mit Noten oder eine Beschreibung der Fähigkeiten, die Zuteilung zu irgendeiner Lehrkraft, in eine x-beliebige Klasse, der Zwang zum Stillsitzen und vieles mehr, das bei Mißachtung oder Verweigerung gewaltsam geahndet wird. Der Stundenplan bestimmt den Tagesplan ganzer Familien, vor allem der Mütter, die schon mit zwei Kindern ins Rotieren geraten.

Macht haben auch Lehrer und Lehrerinnen. Bei den wenigsten kippt sie in Gewalt um gegen die ihnen Anvertrauten. Die Mehrzahl der jungen Lehrkräfte ist im Gegenteil sorgsam darauf bedacht, von ihrer Machtposition Abstand zu nehmen, sich mit der Klasse oder deren Alphatieren zu solidarisieren. Damit stecken sie eigene Bedürfnisse weg und lösen bei Schülerinnen und Schülern zwiespältige Gefühle aus. Anbiedern meint: Ich lasse mich zu euch herunter, ich bin wie ihr. Faktisch sind Lehrer und ebenso Lehrerinnen aber in fast allen Bereichen überlegen. Überlegen. Nicht überheblich, arrogant oder zynisch.

Vom Erstkläßler bis zur Oberstufenschülerin wünschen sich Kinder Lehrpersonen, denen sie vertrauen, die sie vielleicht um irgendwelcher Fähigkeiten willen bewundern, die sich in Kinder einfühlen und ihre kreativen Potentiale wecken können, ohne selbst infantiles Verhalten anzunehmen, die vor allem aber Sicherheit ausstrahlen.

Was sicheres Auftreten selbst in aussichtslos scheinenden Situationen bewirken kann, habe ich als Lehrerin an einer Heimschule erlebt. Einer der aggressivsten Jungen kniete auf einem anderen Jungen, der unter seinem Würgegriff bereits die Augen verdrehte und nach Atem rang. Hilflos, wie manche Frau ohne Kampfsporttraining sich angesichts brutaler Auseinandersetzungen fühlt, hätte ich am liebsten einen Kollegen zu Hilfe gerufen. Der 15jährige Angreifer galt als Bursche, den sogar Männer in seinen Wutausbrüchen kaum vom jeweiligen Gegner zu trennen vermochten. Er war kräftig und scheute sich nicht, auch einmal zuzubeißen.

Rasches Handeln war geboten. Mit zitternden Knien und schweißnaß gelang es mir, scheinbar ruhig und bestimmt zu sagen: »M., steh auf, sonst geschieht, was du nicht willst.« Zu meiner (noch heute) grenzenlosen Überraschung ließ der kraftstrotzende Junge von seinem Opfer ab, erhob sich wie benommen – und wollte sich erneut auf den anderen stürzen, der noch am Boden lag. Immerhin war M. so weit ansprechbar, daß er sich setzte und zu einem offenen Gespräch über den Vorfall bereit war. Ohne meine Machtposition als Lehrerin hätte ich die beiden nicht trennen können. Es geschah jedoch ohne die geringste körperliche oder psychische Gewalt, sozusagen kraft meiner Alphastellung.

Macht an sich ist weder gut noch böse. Nur wertneutral kann sie nicht ausgeübt werden. Leider mißbrauchen unzählige Machthabende ihre Stellung zur Stärkung der eigenen Position.

Wenn Erwachsene in Familie und Schule sich bewußt von Gewalt distanzieren, bleiben ihnen unzählige Möglichkeiten, ihre altersbedingte, biologische Überlegenheit konstruktiv gegen die grassierende Desorientierung im Kinder- und Schulzimmer einzusetzen.

Eingehen auf die Bedürfnisse der Kinder heißt nicht, sich mit ihnen gleichzustellen. Wir müssen weder ihren Slang übernehmen noch ihre Mode nachahmen, um von ihnen akzeptiert zu werden. Und schon gar nicht beide Augen zudrücken, wenn sie uns gezielt provozieren. Sie erwarten Beachtung und eine Reaktion.

Wie unsere Antwort auf ihre gezielten Herausforderungen ausfällt, ist allerdings für ihre weitere Entwicklung nicht unbedeutend.

II. Die Macht der Mythen

Mythos, Ritual, Kult
Der Wandel von Begriffen

Der Wandel unserer Wertvorstellungen schlägt sich auch in der Sprache nieder. Dies zeigt nicht zuletzt die inflationäre Verwendung der Begriffe Mythos, Ritual und Kult. Was ursprünglich dem Bereich des Religiösen zugehörte, driftet immer mehr ab ins Alltägliche. Anstelle der Schöpfungs- und Weltentstehungsmythen, der Dichtung und Sagen von Göttern, Helden und Geistern aus der Urzeit eines Volkes sind »Mythen des Alltags« (Roland Barthes) getreten.

Ritual, Kult
Der Mensch ist vermutlich das einzige Lebewesen, das um die Endlichkeit seiner Existenz weiß und durch dieses Wissen in Furcht vor dem Sterben lebt. Die ständige Konfrontation mit der eigenen Vergänglichkeit weckt in uns die Sehnsucht, dem Leben einen Sinn zu geben, der über das Alltägliche hinausweist. Daraus hat sich schon früh die Vorstellung von einem Weiterleben nach dem Tod entwickelt. So unterschiedlich die Religionen und Mythen der sogenannten Hochkulturen und Naturvölker im einzelnen sind, so stimmen sie doch in der Bedeutung überein, die sie dem Ritus *(feierlicher religiöser Brauch, Zeremoniell)* beimessen. Dazu gehört auch der Kult: *an feste Vollzugsformen gebundene Religionsausübung einer Gemeinschaft, Verehrung und Hingabe an ein göttliches Wesen oder einen sakralen Gegenstand* (Duden).
Durch das Aufgehobensein im Kreise Gleichgesinnter und das Einhalten vorgeschriebener Regeln waren Mythos, Kult und Ritual ursprünglich auch ins Bewußtsein gebrachte Möglichkeiten menschlicher Existenz. Sie dienten als *moralische Orientierungshilfen.*

Religiöse Zeremonien und Feiern strukturierten das Dasein und brachten Abwechslung in den Jahres- und Sinn in den Lebenslauf.

Heute bezeichnen Rituale immer weniger *einen feierlichen religiösen* Brauch, sondern eine sich regelmäßig wiederholende Handlung. Das abendliche Glotzegucken, der samstägliche Einkaufstrip im Supermarkt, der heilige Akt des Autowaschens, das gemeinsame Warten im Urlaubs-Stau sind rituelle Ersatzhandlungen von Menschen, die sich von religiöser Bevormundung emanzipiert glauben, aber die Zeit dennoch strukturieren möchten.

Mit dem Etikett »Kult« wird versehen, was sich am besten vermarkten läßt. Kultfilmen und Kultbüchern haftet die Weihe des Besonderen an. Kultprodukte schaffen Eingeweihte, Trendsetter des Zeitgeistes. Rockstars erhalten von ihren Plattenkonzernen gleichsam die Priesterweihe. Und werden zu Kult-Ikonen. Weltweit beeinflussen sie den Lebensstil von Millionen jugendlicher Fans. Konzerte ersetzen religiöse Kulthandlungen bis zu den »ewigen« Lichtern aus Feuerzeugen und dem rituellen Drogenkonsum. Statt übers Jahr verteilter Feste boomen Parties allnächtlich, und nicht nur Musik und Tänze sind hektischer geworden, sondern der gesamte Lebensrhythmus.

Konsumgüter werden – man denke an das Auto – als Kultgegenstände gehandelt. So will es die Marktwirtschaft. Gigantische Einkaufskathedralen wecken mit einer Unzahl lebensnichtnotwendiger Erzeugnisse (14 verschiedene Zahnseiden im Angebot einer US-Mall) weitere nutzlose Bedürfnisse in der Klientel.

Hat sich wohl schon jemand durch die dargebotene Schokoladevielfalt hindurchgefressen?

Konsumieren wird zum kultischen Erlebnis. Damit sind wir bei der Erlebnisindustrie, die von Nahrungsmitteln bis zu Mode und Freizeit (z.B. Technokult und Cyberspace als neueste Unterhaltung) Glanzlichter in den genormt-langweiligen Alltagstrott des westlichen Durchschnittsmenschen setzen will. Die Botschaft heißt: Arbeit ist öde, Freizeit bedeutet Leben und Herausforderung. Neben »echten« Erlebniswelten (Trekkings, Überlebenswochen in der Wildnis, Extremsportarten) werden vorwiegend künstliche geschaffen. Sie erringen rasch Kultstatus.

Ecstasy wurde in wenigen Wochen zur Kultdroge der Technofreaks. Die Kids, aufgewachsen mit Computer und Video, treffen sich in Diskotheken und durchtanzen oft nonstop ganze Nächte. Patrick Waldner, Herausgeber des Buches »Ecstasy« (1994), vergleicht die Massentrance mit einem Ritual, den Discjockey mit dem Schamanen und den Ecstasy-Händler mit dem Medizinmann.

Junge Menschen zelebrieren ihre eigenen neoarchaischen Stammesrituale und unterschätzen dabei die Wirkung der Droge, die bei exzessivem Tanzen Hitzschläge auslösen kann. Ecstasy wirkt ekstatisch und schaltet die Warnsysteme des Körpers aus.

Mythos, mythisch

Auch dieser Begriff hat sich gewandelt. Er bezeichnet nicht mehr Überliefertes aus der Vorzeit eines Volkes, sondern immer häufiger eine Person, Sache oder Begebenheit, die *aus meist verschwommenen irrationalen Vorstellungen heraus glorifiziert wird* (Duden). Auch die Werbung bedient sich des Mythos. Das Wort an sich wirkt schon mythisch. Es ist ein Zeichen eines besonderen, nur Insidern zugänglichen Wissens. »Mythos Kreta« ist Symbol für Sonne, Meer, weiße Häuserkuben, Minotaurustempel, je nach Bildungsstand des Betrachtenden. Für alle aber suggeriert der »Mythos Kreta« Ferien in Griechenland. Die *Alltagsmythen* sind Botschaften, Mitteilungen, die uns ihren Inhalt aufdrängen. Alles kann zu einem Mythos werden, sofern die inhaltliche Aussage verallgemeinert werden kann.

Ein Mythos überzeugt durch seinen *appellativen Charakter.* Mythen integrieren sich ins Selbstbild und ins Menschenbild als nicht hinterfragte Gegebenheiten und nisten sich so in unseren Köpfen ein, daß sie als »natürliche Tatsachen« gelten.

Auf der Suche nach ihren Wurzeln haben Frauen und Männer ihre eigenen Mythen wiederentdeckt: Feministische Frauen werden zu neuen Hexen und beleben den Mythos der großen Mutter, der Jungen, der Gebärerin und der Alten. Männer fühlen sich als Magier und Helden. Diese altneuen Mythen sind *Geschlechtermythen*, sie betonen das Trennende zwischen Mann und Frau mehr als das Gemeinsame. Vor allem die Männermythen enthalten ein zerstörerisches Potential.

Im Gegensatz zu früher, als Mythen mündlich überliefert wurden, können sie heute aus Text, Bild, Video-Clip, Werbung, Fotografie, selbst aus Noten bestehen. Roland Barthes spricht schon 1964 davon, daß, im Gegensatz zur Schrift, Bilder uns ihre Bedeutung mit einem Schlag aufzwingen. Für die Camel-Werbung genügt inzwischen ein Kamel ohne Text, um den Mythos von Freiheit und Abenteuer dank blauem Dunst zu assoziieren. Labels auf T-Shirts, bestimmte Schuhmarken signalisieren: Ich gehöre dazu. Ich bin Teil des Mythos einer Band, einer Gang, meiner Generation.

Die Botschaften von Medien und Werbung schaffen dauernd neueste oder konservieren überlebte Mythen. Ein hingespraytes Hakenkreuz erregt deswegen Empörung, weil es mehr als das dargestellte Zeichen beinhaltet. Es ist ein Symbol für den Mythos Drittes Reich.

Heute benützen wir triviale Mythen zur Bewältigung des Alltags, besonders wenn wir uns unsicher und dadurch überfordert fühlen. Zu ihnen gehören z. B. die Versprechen von einem faltenfreien Alter, aber ebenso gewisse Vorstellungen über kindgemäße Erziehung. Diese Mythen sind insofern gefährlich, als sie wie Ammenmärchen verschwommenen Vorstellungen entspringen und falsche Erwartungen wecken.

Wenn im folgenden von Mythen die Rede ist, benutze ich den Ausdruck im Sinne von *unhinterfragt übernommenen Klischees*. Dazu zähle ich vor allem die Erziehungs- und Geschlechtermythen. Sie suggerieren uns auf der Grundlage einer willkürlichen Interpretation des »Natürlichen« eine Reihe von Vorurteilen, die gegenwärtig eine unheilvolle Allianz mit politisch rechtslastigen Ideologien eingehen. Diese Mythen gehören in den Bereich des Irrationalen und können weitgehend als Märchen entlarvt werden, da sie einer empirischen Grundlage entbehren.

Mythen als Fallen
Der Mutter-ist-an-allem-schuld-Mythos

Durch ihren Anspruch auf Allgemeingültigkeit wirken auch pädagogische Mythen auf manche Erwachsene wie Dogmen und können so zur Falle werden. Perfide Fallen sind unter anderem die Geschlechtermythen, denn sie gehen nahtlos in die Erziehungsmythen über.

Dazu als Beispiel eine der noch heute wirksamsten Mythenfallen: die beinahe untilgbare Mär von der mütterlichen Schuld und Alleinverantwortung für das Wohlergehen der Kinder, die im Frau-gehört-ins-Haus-Mythos gipfelt.

Der Genfer Soziologe Roger Girod, emeritierter Professor und Nachfolger des berühmten Psychologen Jean Piaget, hat im Mai 1994 eine Neuauflage der Schuldzuweisung an Mütter versucht. Er analysierte die Ergebnisse der Rekrutenprüfung 1991, die das Allgemeinwissen junger Männer testet. Die Botschaft des Professors, der sich »ganz in der großen Tradition der wertfreien Soziologie« (Die Weltwoche 24/1994) sieht: »Je weniger eine Frau durch berufliche Verantwortung und Ambitionen mit Beschlag belegt ist, desto besser kann sie ihren erzieherischen Aufgaben gerecht werden.«
Die Resultate der geprüften Rekruten belegten diese Behauptung allerdings nur »schwach signifikant«. Macht nichts. Hauptsache, sie bewegen sich Richtung althergebrachter Rol-

lenteilung. Anders kann sich Girod die Tatsache nicht erklären, daß die besten Ergebnisse jene Männer lieferten, deren Mütter nicht berufstätig waren. Am schlechtesten schnitten die Söhne von Karrierefrauen ab.

Die Behauptung des emeritierten Professors wirbelte zwar Staub auf, und eine Männergruppe sprach gar von »universitär-männlichem Unsinn« (ebd.). Doch auch wenn man Girods Resultate wertfrei betrachtet, wie er selbst verlangt, gibt es genügend Mütter, die durch derartige Mythen verunsichert werden, den Wiedereinstieg in den Beruf verschieben oder als berufstätige Frauen ein schlechtes Gewissen kriegen.

Inzest steht ebenfalls auf dem mütterlichen Schuldenkonto. Der Psychoanalytiker Jean Laplanche bringt es in seiner »Allgemeinen Verführungstheorie« (1988) fertig, die grundverschiedenen Handlungen Pflege und Vergewaltigung zu vermischen. Für ihn geht jede Vergewaltigung auf die mütterliche Urverführung zurück, der Erregung des Jungen durch pflegerische Handlung. Pflege = Mißhandlung! Skandalöser kann reale Kindesmißhandlung nicht mehr verharmlost werden. Ganz im Kielwasser Freuds, der nach Aufgabe seiner gesellschaftlich brisanten Verführungstheorie jede von Frauen beklagte inzestuöse Handlung ins Reich der Phantasie verwies. Plötzlich wollte er in ihr nichts anderes als harmlose Zärtlichkeit des Vaters erkennen. Männliche Vergewaltiger werden durch solche Theorien reingewaschen. Einmal mehr sind Mütter an allem schuld.

Neueren Datums (Februar 1994) ist auch die »böse Mutter«, die ein anderer Psychoanalytiker, Arno Gruen, im Zusammenhang mit dem plötzlichen Kindstod konstruiert. Das Kind verweigere aufgrund negativer mütterlicher Gedanken und Gefühle ein Weiterleben. Was Mütter sich unbewußt stark genug wünschen, werde Realität.

Soweit einige Psychologen der Gegenwart.

Wir nennen uns aufgeklärt und emanzipiert. Doch aller (theoretischen) Gleichberechtigung zum Trotz ist der Mythos von der mütterlichen Schuld beinahe unausrottbar. Immer mehr Frauen wehren sich zwar gegen undifferenzierte Schuldzuweisungen bei erzieherischem Mißerfolg. Die Ver-Urteiler sind oft Männer, nicht selten Väter. Warum lasten sie beispielsweise das mangelhafte Wissen der Rekruten nicht sich selbst an? Oder zumindest teilweise der Schule? Nein: schuld sind die Mütter. Genauer: die außer Haus arbeitenden, berufstätigen Mütter, d. h. die Frauen, deren Lebensinhalt nicht nur aus Bemuttern und Beglucken besteht, aus Aufräumen, Putzen, Einkaufen und Kochen.

Selbst Rund-um-die-Uhr-Mütter sind nicht von der Schuldzuweisung ausgeschlossen. Sie erfüllen zwar primär, was die männlich dominierte Gesellschaft ihnen zuschreibt: Mutterschaft und Brutpflege. Neuerdings wird aber ihre Kompetenz im Umgang mit halbwüchsigen Jungen angezweifelt. Die Befürworter männlicher Mentoren wollen zumindest ein Gegengewicht zur alleinigen Mutterpräsenz setzen, nicht aber im Sinne einer gleichen Verteilung der erzieherischen Aufgaben auf Mann und Frau, sondern, weil Frauen Jungen zu sehr verweichlichten. Auf das Für und Wider dieses Ansatzes wird später ausführlicher eingegangen.

Weder Beruf noch Familie darf den Frauen von außen zugewiesen oder verwehrt werden. Es ist allein ihr Entscheid. Und hier muß differenziert werden: Mütter, die aus finanzieller Not gezwungen sind, zu arbeiten – wie viele Alleinerziehende –, sind in einer völlig anderen Lage als freiwillig Berufstätige.

Besonders hart geht die öffentliche Meinung in Zeiten der Rezession mit den, wie es heißt, aus Konsumsucht berufstätigen Müttern um, die als Doppelverdienerinnen gebrandmarkt werden. Noch schlimmer wird über die Eineltternfamilie (mehrheitlich Mutter/Kind-Familie) hergezogen. Drogen, Kriminalität, Verhaltensstörungen jeder Art werden ihrem Nachwuchs angedichtet. Untersuchungen ergaben aber, daß z. B. Scheidungskinder in der Schule nicht auffälliger sind als der Durchschnitt. Wie denn überhaupt neue Studien belegen, daß mütterliche Berufstätigkeit einem Kind nicht schadet. Wird es vernachlässigt, liegt das an gleichgültigen Bezugspersonen, an der Persönlichkeit der Erwachsenen und an einer Reihe weiterer Faktoren, die alle nichts mit mütterlicher Berufsausübung zu tun haben müssen.

Familienfrauen sind nicht an sich bessere Mütter, und Kinder aus sogenannt intakten Familien nicht schon deshalb gut betreut, weil sie zu Hause einen Vater und eine Mutter haben. Auch dieses Klischee hält keiner realen Überprüfung stand. Kinder brauchen stabile Bezugspersonen und zeitlich begrenzte, dann aber intensive Zuwendung.

Im Gegensatz zu ihren Partnerinnen scheinen Männer allgemein weniger unter Schuldgefühlen zu leiden und zweifeln (gemäß Umfragen) auch als alleinerziehende Väter nicht ständig an der Richtigkeit ihrer Maßnahmen wie die Mehrzahl der Frauen. Diese haben das Schuldbewußtsein in ihre Selbstwahrnehmung integriert, jene hingegen sind als alleinerziehende Väter oder Hausmänner Pioniere, zwar ohne feste Leitbilder, aber auch frei von tradierter Schuldzuweisung.

Muttermythen sind abhängig von Wirtschaftslage und politischen Strömungen. Ich erinnere mich noch gut, wie Frauen in den Jahren der Hochkonjunktur beinahe aus dem Wochenbett an die Arbeitsplätze geholt wurden. In solchen Fällen schadet mütterliche Erwerbstätigkeit den Kindern offenbar nicht! In Kriegszeiten sind Dienstleistungen fürs Vaterland ebenfalls dringender als Kinderbetreuung. Dies nur als Beispiel, wie willkürlich der mütterliche Schuldkomplex den wirtschaftlichen Gegebenheiten angepaßt und als Machtinstrument zur Manipulation der weiblichen Bevölkerungsgruppe eingesetzt wird. Am schuldigsten sollen sich Mütter fühlen, die in Krisenzeiten berufshalber Haus und Herdfeuer verlassen. Unheil komme über sie und ihre Kinder!

Interessant ist, daß vielfach dieselben Männer und Frauen, welche im eigenen Wohlstandsland berufstätige Mütter verunglimpfen, nichts gegen die Ausbeutung von Frauen und Kindern als Billigst-Arbeitskräfte einzuwenden haben, wenn einige Flugstunden Abstand dazwischenliegen oder wenn sie selbst als Investoren von den dort üblichen tiefen Löhnen profitieren können. Aus ihrer Sicht haben wohl Drittweltkinder als Anpassung an die miesen Lebensbedingungen weniger sensibel und mutterabhängig zu sein als die eigenen, im Überfluß erstickenden kleinen Konsumterroristen.

Daß Frauen sich ihren Kindern gegenüber alleinverantwortlich fühlen sollen, ist also beabsichtigt. Schuldgefühle verhindern Karrieredenken. Von Full-time-Müttern geht keine Gefahr aus. Sie leben vom Mythos, rechtschaffene Menschen zu erziehen. Doch auch gut bemutterte Kinder können abstürzen. Im Nachhinein erweist sich das vorgespiegelte Mutterglück nicht selten als Fata Morgana. Frauen hingegen, denen es gelingt, Beruf und Familie miteinander zu vereinbaren, sind weniger auf ihre Söhne und Töchter fixiert, was ihnen, wenn sie sich mit dem »Schlechte-Mutter«-Image abgefunden haben, eher ermöglicht, die flügge Gewordenen loszulassen.

Ist der Nachwuchs erwachsen, finden sich für ehemalige Rund-um-die-Uhr-Mütter nette Teilzeitjobs – zwar schlecht bezahlt, aber allemal ein Mittel gegen Depressionen. Und ehrenamtliche Arbeit – für Frauen wie geschaffen – geht nie aus. Wer sich keinen Wiedereinstieg zutraut, in Krisenzeiten ein hoffnungsloses Unterfangen, sitzt in ärztlichen Praxen, geplagt von diffusen Beschwerden, Verlustängsten, psychosomatisch bedingten Verstimmungen und der Trauer um verpaßte Gelegenheiten.

Frauen leben heute nach dem Auszug der Kinder durchschnittlich noch 30 Jahre. Mythenfallen verhindern eine positive frühzeitige Vorbereitung auf die dritte Lebensphase. Damit diese nicht zu einer Zeit der Wehmut, Trauer und Was-habe-ich-falsch-gemacht-Litanei verkommt, müssen die Weichen Jahre zuvor gestellt werden.

Denn ob berufstätig oder nicht, es gibt keine vollkommene Mutter, kein Muttersein ohne Versagen, keine schuldlose Pädagogik, kein schuldfreies Begleiten junger Menschen, keine Beziehung ohne Schuld. Das liegt an der menschlichen Unzulänglichkeit und hat wenig mit unserer Tätigkeit zu tun. Doch noch immer werden Frauen Opfer dieser Falle, die eng verbunden ist mit dem Vorurteil gegen »Rabenmütter«.

Beruflich erfolgreiche Männer werden explizit ihrer Verantwortung als Väter enthoben dank der Mär vom gestreßten Mann (die unzählige Frauen brav nachplappern), der sich zu Hause, unbehelligt vom Familienwirbel, erholen muß, dieweil Frauen neben anstrengenden Jobs noch Kinder betreuen und den Haushalt besorgen und dafür bei den kleinsten Schwierigkeiten ihrer Kinder als schlechte Mütter diffamiert werden. Bei ihnen wird die Doppelbelastung Beruf/Familie als freiwillig und deshalb als selbstverständlich angesehen.

Doch auch die gesellschaftliche Forderung an die Väter, Karriere sei Beweis männlich-tüchtiger Überlegenheit und das Zusammenleben mit der Familie müsse dem Dienst in der Öffentlichkeit geopfert werden, ist ein Mythos. Er nährt das Vorurteil gegen Teilzeitjobs für Männer in mittleren und höheren Kaderpositionen. Firmen, die allen Unkenrufen zum Trotz Teilzeitarbeit eingeführt haben, belegen auch hier das Gegenteil.

In unserer Gesellschaft gilt die Erziehung kleiner Kinder noch immer als rein weibliche Domäne. Vehement setzen sich aber Frauen und vermehrt auch Männer für eine partnerschaftliche Erziehungsarbeit ein, welche die Verantwortung auf beide Eltern verteilt.

Wenn schon auf der Schuldig-unschuldig-Ebene diskutiert wird: Es ist höchste Zeit, dem Mutter-ist-an-allem-schuld-Mythos den Vater-ist-abwesend-wie-schlimm-Mythos entgegenzustellen. Kinder haben Väter, und diese sind für die kindliche Entwicklung ebenfalls von Bedeutung.

Doch Schuldzuweisungen bringen uns nicht weiter. Auch

dann nicht, wenn wir sie auf beide Geschlechter verteilen. Mütter und Väter sollten das Zusammensein mit ihren Kindern weder als lästige Pflicht noch als Opfer empfinden. Hilfreich ist das Aufdecken von Fallen, die das Handeln vieler Eltern und auch Lehrkräfte oft auf bizarre Weise blockieren.

In jeder Beziehung geht es zentral um Vertrauen und Liebe. Leider ist Liebe ein Begriff, der sich durch seine Schwammigkeit in besonderem Maß zum Mißbrauch und als Mythenfalle eignet, obschon Liebe ein Grundpfeiler mitmenschlicher Zuwendung ist und die Wurzel des Urvertrauens.

Hinter den mannigfachen Herausforderungen von Kindern und Pubertierenden steckt die simple, aber existentielle Frage: Habt ihr mich wirklich lieb? Seid ihr verläßlich? Steht ihr auch zu einem »bösen«, nicht nur zum Sonnenkind? Nehmt ihr mich vorbehaltlos an so wie ich bin, ohne Wenn und Aber?

Provokative junge Menschen testen in erster Linie die Reaktion der Erwachsenen.

Stellvertretend für alle tyrannischen und prügelnden Kinder, für alle, die sich in gefährliche Ideologien verstrickt haben, schreibt die fünfzehnjährige Sara:

»... und dann frage ich mich immer, wieso diese Leute so sind und so denken, wie sie es tun, ... wie sie andere Menschen verprügeln oder sogar töten können. Die einzige Erklärung, die ich mir geben kann, ist, daß diese Menschen arm sind. Ich meine nicht vom Geld her, im Gegenteil, ich meine sie sind arm an Liebe, arm an Phantasie.

In Wirklichkeit ist jeder Schlag, ... jeder Arm, den sie zum Heil-Ruf in die Luft strecken, eine Sehnsucht. ... Ihre Probleme und ihre Traurigkeit formen eine grausame Ideologie um. Diese Ideologie wird so lange eine Zukunft haben, bis die Menschen beziehungsweise die Eltern merken, daß ihre Kinder Liebe brauchen, auch wenn sie das manchmal nicht zugeben wollen oder können« (KIZ, 1/1994).

Liebe ist der Stoff, den alle Menschen zum Leben brauchen. Nichts leichter, als einem Kind seine Liebe zu schenken, meinen manche und erliegen einer Täuschung. Liebe bedeutet nicht verwöhnen und fordert auch keine Gegenliebe. Hier beginnen die ersten Schwierigkeiten. Lieben heißt nicht, einen Menschen an sich zu binden, sondern zu ihm zu stehen, ohne ihn zu vereinnahmen. Sie ist nicht symbiotisch, sondern respektiert gegenseitige Distanz. Daher sind Kinder keine Liebes-Rückversicherung fürs Alter. »Sie sollen einfach«, so Sara, »ab und zu in den Arm genommen und bedingungslos gehalten werden.« Wie schwer das Wörtchen »bedingungslos« wiegt, zeigt die Praxis.

Verunsicherte Erziehende orientieren sich in unserer verpsychologisierten Zeit zu sehr an Mythen und zu wenig am Kind.

In den folgenden Kapiteln sollen daher anhand von Beispielen aus dem täglichen Zusammensein mit Kindern und jungen Menschen einige der Fallen aufgespürt werden, die erzieherisches Handeln in Liebe und Vertrauen unnötig erschweren oder gar unmöglich machen.

III. Mythen-Fallen im erzieherischen Alltag

1. Kleinkind/Kindergartenalter

Umgang mit Gefühlen, ungesundes Schonklima

Während Jahrhunderten sah man in Kindern kleine Erwachsene. Sobald sie selbständig waren, wurden sie in den Erwerbsprozeß eingegliedert, was in Drittweltländern infolge der großen Armut noch immer üblich ist. Der Begriff *Kindheit,* wie wir ihn verstehen, existiert erst seit etwa 200 Jahren.

Hohe Kindersterblichkeit, die heute noch für den größten Teil der Welt gilt, gehörte auch in Europa zur Elternschaft. Mütter starben bei Geburten. Kinder wuchsen mutterlos auf. Emotionale Bindung zwischen Eltern und Kind, wie wir sie kennen, hätte das Leben unnötig belastet. Wenn wir lesen, wie der Vater von Ulrich Bräker (Lebensgeschichte und natürliche Abenteuer des armen Mannes im Toggenburg) erst einmal verzweifelt war, als sein Sohn nach einer schweren Erkrankung genas, entsetzen wir uns über diesen Mangel an Vaterliebe und vergessen dabei, daß bis ins letzte Jahrhundert auch in der Schweiz Hungersnöte herrschten und der Tod zu den alltäglichen Erfahrungen gehörte. Es gab auch das Elend der sogenannten Verdingkinder (Pflegekinder), das wohl größer war, als wir gemeinhin annehmen.

Die Beschäftigung mit der menschlichen Psyche und ihre Anfälligkeit für frustrierende Erlebnisse war noch kein Thema. Seit Freud, Jung und der Hochkonjunktur psychologischer Theorien hat sich das gründlich geändert. Wir haben die Kellergewölbe der Seele entdeckt, unseren Schatten, die krankmachenden Traumata ins Bewußtsein geholt und uns mit ihnen auseinandergesetzt.

Laien unterhalten sich in psycho-esoterischen Fachausdrükken. Workshops und psychologische Ratgeber-Literatur boomen. Gurus und spirituelle Zirkel vereinnahmen Frustrierte mit Lebenshilfe-Rezepten.

Wie ein roter Faden zieht sich durch Schriften und Therapiegruppen die Erkenntnis: Jeder seelische Knoten entsteht in der Kindheit, ist Folge von Elternversagen respektive Mutterfehlern. 40jährige leiden zeitlebens unter Geschwisterrivalität, entschuldigen ihre Probleme mit zuviel oder zuwenig Mutternähe, mit autoritären Vätern.

Die Bedeutung der frühen Lebensphase für die spätere Entwicklung muß in der Tat hoch eingeschätzt werden. Seelische und psychosomatische Leiden wurzeln oft in den ersten Jahren. Bis in die jüngste Zeit wurden kindliche Gefühle und Bedürfnisse entweder in pädagogischer Absicht gewaltsam unterdrückt, Stichwort »Brechen des kindlichen Willens«, oder es geschah aus purer Gedankenlosigkeit.

Kein Wunder, daß verantwortungsvolle Eltern einerseits auf kindliche Unlustäußerungen übersensibel und anderseits in ihrem Handlungsspielraum verunsichert reagieren. Generell gilt für alle, die sich ehrlich um Kinder bemühen: Erst wiederholte Traumatisierungen schaden einem Kind auf die Dauer. Diese Regel ist, wie jede, nicht ohne Ausnahme und keine Aufforderung zur Vernachlässigung. Aber wir müssen uns bewußt sein, daß Kinder doch nicht so zerbrechliche und frustrationsanfällige Geschöpfe sind, wie manche Erwachsene befürchten.

Heute entwickelt sich in vielen Kleinfamilien eine Tendenz zu seelischer und physischer Verzärtelung, die zu einer neuen Art von Gefühlsunterdrückung führt. Trotz Schonklima werden die Kleinen in den ersten beiden Jahren aber zunehmend überfordert.

Einerseits sehen sie sich unvorbereitet einer Freiheit ausgesetzt, die sie als bedrohlich erleben, andererseits trauen Eltern ihnen später nicht die geringste Einschränkung zu. Dann wären sie aber durchaus fähig, sich eine gewisse *Frustrationstoleranz* anzueignen.

Solange wir alle negativen Gefühle und Erlebnisse aus dem Leben kleiner Kinder ausklammern, müssen wir damit rechnen, egozentrische und gefühlsarme Jugendliche heranzubilden. Schon das Kleinkind muß erleben, daß wir seine Gefühle zwar ernst nehmen, seine Trauer und Wut nicht bagatellisieren, aber auch nicht mit allen Mitteln zu verhüten suchen. Das gelingt nur, wenn wir die eigene Unlust aushalten können. Wichtig ist, auf alles, was Kinder beschäftigt, liebevoll einzugehen und auch Anzeichen verborgener Ängste aufzuspüren.

Die Beispiele in diesem Buch stammen aus Beratungsgesprächen, Elterngruppen und persönlichen Erfahrungen. Sie zeigen, daß Selbstverantwortung nicht angeboren ist, sondern schrittweise erlernt werden muß.

Das im folgenden geschilderte Elternverhalten scheint manchmal extrem. Dennoch kann ich versichern, daß es sich um wirkliche Vorfälle handelt. Immer häufiger komme ich mit verzweifelnden Erziehenden in Kontakt, die sich ihren Knirpsen in bester Absicht unterwerfen, »aus Liebe« hinnehmen, was dem gesunden Menschenverstand entgegenläuft.

Vielleicht erkennen einige in den alltäglichen Begebenheiten Ansätze ihres eigenen Verhaltens. Je früher wir schädliche Beziehungsmuster in uns selber korrigieren, desto erfolgreicher verhindern wir Machtkämpfe. Sie sind meist Folge von Ohnmacht, bringen nichts und hinterlassen neben momentanem schlechtem Gewissen auf die Dauer vollständige Desorientierung.

Mythos: Mutterliebe erlaubt keine
negativen Gefühle

»Manchmal könnte ich mein Kind auf den Boden werfen«

In der Sendung »Talk im Turm« (SAT 1) erzählte der Journalist
Udo Röbel, Vater eines 14monatigen Kindes, daß ihn das nächtliche Weinen wegen der unterbrochenen Nachtruhe nerve. Er
verstehe, daß Eltern aggressive Gefühle gegen die kleinen Schreihälse entwickelten.

Einige der anwesenden Frauen reagierten irritiert, nur eine Psychologin fand das Geständnis mutig. Es braucht Zivilcourage,
vor einem großen TV-Publikum zur Aggressivität gegenüber
dem eigenen Kind zu stehen. Einer Mutter würde die gleiche
Aussage noch viel übler genommen. Rühren wir doch mit der
Äußerung, kindliches Verhalten könne uns zu mörderischen Gedanken hinreißen, an eines der größten Tabus. Das Kind, unan-
tastbares Heiligtum, unschuldiges Symbol der Reinheit.
 Wer in einem Anfall von Überforderung denkt, *am liebsten
würde ich den kleinen Brüllaffen an die Wand werfen,* ist noch
lange kein Gewalttäter, keine Kindsmörderin. Bei fast allen Eltern bleibt es denn auch bei einem gedanklichen Ausrutscher.
Nur eine Minderheit setzt in die Tat um, was uns so entsetzt:
quält oder tötet das eigene Kind. Die Motive und Ursachen einer
Kindstötung sind vielfältig, aber nicht Thema dieses Buches.
Nur soviel: Bei den Frauen, die ihr Kind im Affekt verletzen oder
umbringen, handelt es sich nicht selten um überperfekt sein wol-
lende Mütter und Hausfrauen, die mit der Diskrepanz zwischen
Ich-Ideal und Realität nicht zurechtkommen.
 Dringend ist daher allen Eltern, die wiederholt gewalttätige
Impulse gegen die kleinen Nervensägen verspüren, empfohlen,
Scham- und Schuldgefühle zu überwinden und sofort Hilfe zu
suchen. Bei Jugendämtern, psychologischen Diensten, einem
Notfallpsychiater, dem Hausarzt oder einer Elternberatungs-
stelle.

In der Regel schämen sich Mütter zutiefst, denen angesichts des kleinen Lieblings Dauergebrüll der Gedanke aufblitzt: *Weg mit dem Balg.* Sie leiden unter Ängsten, ihrem Kind werde etwas zustoßen – zur Strafe, versteht sich – und vergraben die aggressiven Gedanken hinter dem Wust von Mutterliebelügen.

Eine Frau, die gesteht, daß sie für ihr Neugeborenes nichts anderes empfindet als Staunen über das Wunder der Geburt und die Entstehung eines neuen Menschen, doch kein überströmendes Liebesgefühl, macht sich verdächtig. Die hormonal bedingte Schwangerschaftsdepression, welche die Freude am Baby verhindert, stürzt sie zusätzlich in schwere Schuldgefühle, da sie sich abnormal vorkommt.

Sie hat sich so auf ihr Kind gefreut, und nun weint sie pausenlos. Hier kann eine verständnisvolle Umgebung und genügend Aufklärung auch dem Partner über die Krise hinweghelfen. Sonst wird die Beziehung zwischen den Eltern unnötig belastet.

Eine Art Schutzbedürfnis für das zarte hilflose Geschöpf empfinden fast alle Menschen, wenn sie ein Baby sehen. Die spezifisch mütterliche Fürsorge entwickelt sich im Laufe der Mutter-Kind-Symbiose, bildet sich beim Stillen und ist auch hormonal gesteuert. Nicht umsonst wird Müttern, die ihr Kind zur Adoption freigeben, ein Zusammensein mit ihm verweigert. Bei vielen Frauen wächst die Mutterliebe mit dem Kind und ist nach der Geburt weniger intensiv, als wenn das Kind acht oder zwölf Jahre alt ist. Gemeinsam Erlebtes und Erlittenes fördert Vertrautheit und vertieft die Liebe. Biologische Mutterschaft ist daher nicht zwingend, Adoptivkinder werden ebenso geliebt.

Fast jeder Mensch, egal ob Frau oder Mann, verwandt oder nicht, ist fähig, zu einem fremden Kind »Mutter-Gefühle« zu entwickeln.

Es gibt sie selbstverständlich auch, die von Anfang an hymnisch liebestrunkenen Mütter, die im Kind Bestätigung finden und einen Menschen, der sie braucht.

Konservative Politiker und Politikerinnen singen das Lied von der hehren Mutterliebe einstimmig immer dann, wenn wirtschaftlich schlechte Zeiten anbrechen und frau in die Familie verbannt wird. Auch heute, in einer Zeit neuer Familienformen, werden sie nicht müde, die Rolle der Mutter im traditionellen Sinn zu festigen. Eine rechte Mutter liebt ihr Kind so selbstlos, daß sie auf außerhäusliche Tätigkeit verzichtet. Parolen, die Blut-und-Boden- und alte Mütter-Mythen erneut kultivieren, kann nicht vehement genug widersprochen werden.

Mit dem Hinweis auf das Wohlbefinden des Kindes wird auch die Mutter gezähmt, diszipliniert und an die Familie gebunden. Noch 1981 (!) schrieb Frederic Leboyer, Verfasser des vielgelesenen Buchs »Der sanfte Weg ans Licht«: »Die Schönheit und Erhabenheit der Mutterschaft ist sicher die, daß du dich selbst vergißt. ... Eine Frau, die sagt: ›Das will ich‹, ist keine Mutter. Solange du noch ›ich, ich‹ sagst, bist du infantil. Die Größe einer Mutter spiegelt sich in ihrer totalen Selbstlosigkeit wider« (zitiert nach Beck-Gernsheim, S. 136, 1989).

Noch immer verinnerlichen viele Frauen diese Botschaft. Betroffen stellen sie dann fest, daß sich trotz ihrer grenzenlosen Liebe, die sie für das Kind sterben ließe, auch Haßgefühle einschleichen, daß Mutterliebe keine Konstante, sondern ein ambivalentes Gefühl ist, oft überlagert von Sekundärgefühlen: Sorge, Angst, Hilflosigkeit, Wut, auch Besitzdenken und Stolz. Als Kompensation der Schuldgefühle, die sich unweigerlich einstellen, flüchten sich Mütter in die Unentbehrlichkeit ihrer Dienstleistungen. Das Wissen, gebraucht zu werden, läßt sie zu Dienerinnen der Kinder werden. Sie überschütten ihre Brut mit erstickender Fürsorge und einengender Betreuung, fühlen sich für jeden Schritt verantwortlich wie jene Mutter, die ihrer 24jährigen Tochter bei der Wohnungssuche hilft und täglich mit ihr telefoniert.

Die vielbesungene Mutterliebe ist eine Mischung aus Fürsorge, Hingabe, Narzißmus, Eigennutz, aus Irrational-Archaischem und Berechnung. Ihre Glorifizierung ist eine Falle, in der sich Ungezählte verfangen. Mütter sind keine Werbeträgerinnen für

Zahnpasta. Sie haben weder adrett auszusehen noch den ganzen Tag in Strahlelaune vor sich hinzulächeln. Sie dürfen ruhig so sein, wie sie sich fühlen: auch mal nervös, verstimmt, schlecht gelaunt. Unterdrückte Wut schlägt eher in Gewalt um als frei geäußerte.

Hingegen sollten sie nach Möglichkeit vermeiden, daß ihre Kinder den Eindruck erhalten, sie seien an Mutters Niedergeschlagenheit schuld. Buben und Mädchen erspüren selbst verheimlichte mütterliche Unlust. Auf die Frage, was Mama habe, erhalten sie oft die Antwort: nichts. Diese Lüge vermittelt den Kleinen, sie hätten etwas falsch gemacht.

Mütter, die neben der Familie einen Freiraum für sich beanspruchen, haben bemerkt, daß nicht die Dauer, sondern *die Intensität* der Mutter-Kind-Beziehung wichtig ist und daß Kinder zu einer gesunden Entwicklung noch weitere Bezugspersonen brauchen. Krippen und Horte werden zunehmend wichtiger, auch für die Sozialisation der vielen Einzelkinder.

Je eher Mütter sich einen eigenen Bereich gönnen, sei das nun eine berufliche Tätigkeit, Sport oder künstlerisches Schaffen, desto mehr Atem geben sie sich und den Kindern, desto weniger kleben sie aneinander, was die gegenseitige Freigabe sehr erleichtert. Zur Kehrseite der Mutterliebe gehört auch die Forderung, Söhne und Töchter abzunabeln. Je eigenständiger Mütter im Leben stehen, je weniger sie sich durch das »Gebrauchtwerden in der Familie« definieren, desto unvoreingenommener können sie ihrem Nachwuchs die Wahl einer eigenen Lebensgestaltung ermöglichen, auch wenn die nicht den elterlichen Vorstellungen entspricht.

Unzählige weibliche Depressionen beginnen, nachdem die Kinder das Nest verlassen haben. Nach jahrelanger Fürsorge und Rundum-Verantwortung entzieht sich diesen Müttern die Lebensaufgabe und damit der Sinn ihres Daseins. Auch dies eine Folge jenes Mythos, der Mutterglück als lebenslänglichen Zustand propagiert.

Mythos: Enttäuschte Kinder hassen ihre Eltern
Nickerchen auf Vaters Nacken

Besuch bei Freunden. Die Gäste sitzen zu Tisch und staunen: Klein-Wendelin, 14 Monate, hockt wie ein Schimpanse auf Vaters Schulter, klammert sich an seinen Hals und hindert ihn beinahe am Schlucken. Das tägliche Abendritual, heißt es auf die erstaunten Blicke der Eingeladenen. Wendelin schläft auf Vaters Nacken ein.

Schön, denken Sie vielleicht. Endlich ein Vater, der nicht durch Abwesenheit glänzt und erst noch unverdächtigen Körperkontakt zu seinem Kind pflegt. Es gibt noch witzigere Möglichkeiten, den Nachwuchs kreativ zu verwöhnen. Da ist zum Beispiel ein Ehepaar, das allabendlich sein Baby in den Schlaf fönt. Sonst schreie es stundenlang.

Immer häufiger fühlen sich Eltern, vor allem Mütter, durch die dauernden Ansprüche ihrer Knirpse genervt. Sie hätten nie gedacht, heißt es etwa, daß Kindererziehung so stressig sei, einen auf 20stündigem Dauertrab halte.

Leben mit einem Kind ist ein Sprung in ein anderes Leben, bedeutet für einige Frauen Berufsverlust, für alle die Aufgabe liebgewordener Beschäftigungen, Unruhe, Chaos, Spontaneität, keine Pläne mehr einhalten zu können, auf abendlichen Ausgang eine Zeitlang zu verzichten, finanzielle Belastungen und vieles mehr, auf das frau vielleicht während der Schwangerschaft zu wenig vorbereitet wurde. Das Kind, Teil ihres Körpers und daher immer anwesend, beflügelte sie zu wundersamen Phantasien. Es würde ihr Werk sein, einmalig, etwas ganz Besonderes, ihre körperlich-geistige Verlängerung, Zeuge der Liebe zum Partner und eine Quelle dauernder Freude.

Die Ernüchterung folgt zwangsläufig. Kein Wonnebrocken, ein tyrannisches kleines Wesen liegt in der Wiege und will dauernd befriedigt werden. Die ersten Wochen braucht das Neugeborene häufigen Körperkontakt zu den Eltern, aber im Alter von einem Jahr und mehr festigen sich Verhaltensmuster, die nach Zuwendung verlangen, nicht aus einem Gefühl der Ungeborgenheit und frühen Ängsten, sondern aus purer Langeweile. Eltern sind da, Unlustgefühle abzuhalten. Etwas später kommt die Freude am Manipulieren.

Ein einjähriges Mädchen mußte sich einer schweren Operation unterziehen. Ärzte und Eltern fürchteten um sein Leben. Wider Erwarten überstand das Kind den gefährlichen Eingriff und durfte nach kurzer Zeit das Spital verlassen. Zu Hause bedurfte es längere Zeit einer intensiven Betreuung, und die Eltern waren durch die Pflege ihres Töchterchens und die Sorge um seine Genesung Tag und Nacht absorbiert. Es schlief im Elternzimmer, wurde kaum alleingelassen. Als sich sein Zustand besserte, das Bettchen wieder im Kinderzimmer stand, weinte es jede Nacht herzerweichend. Wenn aber Vater oder Mutter ins Zimmer traten, lachte ihnen ein vergnügtes Kind entgegen. Begreiflich, daß die Eltern durch das nächtliche Schreien anfänglich sehr verunsichert waren und einen Rückfall befürchteten.

Erfreulicherweise hatten sie aber die Kraft, der Versuchung zu widerstehen, ihrem Kind Gesellschaft zu leisten, als ihnen klar wurde, daß die Kleine das Weinen benützte, um unterhalten zu werden. Nach einigen Nächten schon schlief sie durch.

Damit möchte ich nicht sagen, man müsse gesunde Kinder ihren Ängsten und Alpträumen überlassen. Im Alter von eineinhalb Jahren hatte unser Jüngster eine Phase, in der er jede Nacht um ein Uhr brüllte, so gellend und anhaltend, daß mein Mann und ich ihn abwechselnd wieder in den Schlaf sangen. Die Störung verschwand von einem Tag auf den anderen, ohne daß wir je herausfanden, was unser Kind beunruhigt hatte.

Bereits in diesem frühen Alter setzt aber die kindliche Tyrannei ein. Es festigen sich Verhaltensweisen und -muster wie das Einschlafen auf Vaters Nacken und andere bizarre Gewohnheiten. Nächtliche Wiegenlieder sind dazu vergleichsweise harmlos.

Kindertherapeutinnen und Psychologen sind mit einer neuen Art schwieriger Kinder konfrontiert: kleine Despoten, von ihren Eltern gezüchtet in der irrigen Überzeugung, besonders einfühlsam auf die Sprößlinge einzugehen. Immer mehr Mütter und Väter verwechseln das Setzen von Grenzen mit Liebesentzug, muten ihren Kindern kaum Enttäuschungen zu und versagen ihnen wenig. Ihre Söhne und Töchter wachsen auf mit der Erfahrung, Eltern seien zur Befriedigung ihrer Wünsche da. Das fördert Größen- und Allmachtsphantasien, eine ungesunde Egozentrik und eine Generation, die auf kleinste Frustrationen mit psychosomatischen Beschwerden, Depressionen, Drogenkonsum oder Gewalt reagiert. Wer von klein auf mit Gebrüll und Wutanfällen erfolgreich seinen Willen durchsetzt, greift beim kleinsten Widerstand zu immer drastischeren Mitteln, gewöhnt, damit Erfolg zu haben.

Ein Kleinkind glaubt, seine Wünsche und Phantasien bewirkten elterliches Handeln. Wird unnötigen Forderungen stets nachgegeben, erlebt es sich als allmächtig. Das verhindert eine realistische Einschätzung der Wirklichkeit.

Szenen wie die folgenden gehören zum Alltag:

(Noch ist es im deutschsprachigen Raum üblich, daß Mütter die wichtigsten Bezugspersonen im Leben der Kleinen zu sein haben. Die wenigen Väter, die sich der Kleinkindbetreuung mehr als hobbymäßig widmen, sind leider Ausnahmen. Väter sind hier aber selbstverständlich immer mitgemeint.)

Kind weint: Mutti tröstet. Es lacht: Mutter lacht mit. Es wünscht: Mutter bringt das Verlangte. Es brüllt: Mama rennt, fürchtet Schlimmes, ist erleichtert, wenn ihrem Liebling nichts fehlt. Kind fordert: Mutti sagt nein. Kind hebt Lautstärke an: Mutti weigert sich trotzdem. Es brüllt enthemmt: Mutti vertröstet auf später. Es gerät außer Kontrolle, schlägt, stampft, läuft bläulich an, erstickt beinahe an seinem Ausbruch. Mutti erschrickt, beschwichtigt – und gibt nach.

Wer auf alle Äußerungen der kleinen Schreihälse in ihrem Sinne reagiert, bewirkt eine *Verschiebung kindlicher Allmachtsphantasien*. Allmacht ist nicht mehr eine Eigenschaft der Eltern, etwas Außerpersönliches. Sie verbindet sich mit den Ansprüchen des Kindes, deren mehrheitliche Erfüllung ihm als Resultat seiner eigenen Größen- und Machtwünsche erscheinen muß. Die Bezugspersonen werden zum Werkzeug kindlicher Grandiosität, Mütter werden zu einer Art Marionetten. Das Kind zieht die Fäden und läßt die Mutter nach seinem Willen tanzen. Manipulierte Eltern, die Wünschen sofort nachkommen, versetzen kleine Kinder in eine Position, der sie geistig und seelisch nicht gewachsen sind und die u. a. narzißtische Störungen und Egozentrismus begünstigt.

Ein fünfjähriger Junge, der die Stube vollkotzt, wenn Mutter nicht tut, was er befiehlt, wird sein Erbrechen erst aufgeben, wenn er damit nichts mehr erreicht. Dies bedeutet aber, daß seine Mutter – so schwer ihr das fällt – ihr Verhalten *zuerst* ändern muß.

Mütter und Väter, naturgemäß Alphatiere, sind verantwortlich für das physische und psychische Gedeihen ihrer Kinder, und dazu gehört auch, sie nicht intellektuell und emotional zu forcieren in einem Alter, in dem sie zwischen Ursache und Wirkung noch nicht unterscheiden können. Später haben sie sich daran gewöhnt, Wesen zu sein, die ständig im Mittelpunkt stehen und weder verzichten noch auf andere Rücksicht nehmen. Sie haben Mühe, sich in eine Gemeinschaft einzufügen. Soziales Verhalten muß gefördert werden. Je früher, desto erfolgreicher.

Es ist z. B. durchaus legitim, wenn Mütter von Zwei- bis Dreijährigen sich kurze Freiräume verschaffen, und ein Kind kann dies auch sehr wohl akzeptieren, aber nur, wenn frau ihren Eigenbereich konsequent abgrenzt und sich eine unnötige Störung verbietet. Selbstverständlich gilt auch hier: Das Kind geht vor, wenn es sich weh getan oder ein wirkliches Problem hat.

Die meisten Buben und Mädchen lieben es nicht, wenn Mutter sich zurückzieht in ihren persönlichen gedanklichen Raum, sei es zum Schreiben, Lesen oder Meditieren. Mit seinen feinsten Antennen für alles Unterschwellige spürt das Kind: Mutter ist vom Gelesenen absorbiert, sie spricht am Telefon mit jemand anderem, kurz, sie interagiert nicht mit mir. Kinder sollten trotzdem früh daran gewöhnt werden, daß auch Mütter ein Eigendasein führen, erst nur einige Minuten, eine Viertel-, später eine halbe Stunde und länger Freiraum für sich beanspruchen.

Doch hier beginnt, was sich später so verhängnisvoll auswirkt. Die Mutter sagt drei- bis zehnmal, sie wolle jetzt die Zeitung lesen. Sofie zerrt an ihrem Pullover und plärrt. Aus Erfahrung weiß sie genau, daß, wenn sie nur genügend aufdreht, Mutter sich mit ihr abgibt.

»Ich kann doch nicht lesen, da spiele ich lieber mit der Kleinen«, sagen die Mütter. Im Moment geht es aber weniger um eine ungestörte mütterliche Tätigkeit als vielmehr darum, Kinder zu lehren, daß sie nicht (immer) Mittelpunkt sind. Sie sollen lernen, Bedürfnisse aufzuschieben, sich selber zu beschäftigen, kurzfristige Verstimmungen auszuhalten und daß Mama sie liebt, auch wenn sie ihnen nicht ständig zu Diensten steht.

Die Knirpse spüren natürlich das Hin- und Hergerissensein ihrer Mütter, wenn diese für sich etwas tun und – wie sie fürchten – ihre Kleinen dabei vernachlässigen. Auch eine Folge der Psycholiteratur über mangelnde mütterliche Zuwendung, frustrierte Kinder und daraus resultierende seelische Schäden. Bei vielen Erzieherinnen *kleiner Tyrannen* (Jirina Prekop) besteht aber kein Mangel an Zuwendung, sondern ein Übermaß an Verunsicherung.

Es ist begreiflich, daß Kinder mißmutig herumnörgeln, wenn ihnen ein Wunsch nicht gleich erfüllt wird. Sie haben ein Recht auf Ärger, Gebrüll und Gekränktsein. Nach und nach werden sie aber ihre Größenphantasien nicht auf die Beherrschung der Bezugsperson ausrichten, sondern eigene Grenzen und die der anderen akzeptieren.

In den Einkindfamilien, einer zunehmenden Familienform, ist das Einhalten gegenseitiger Grenzen besonders wichtig. Hier besteht die Gefahr, daß durch zu große Nähe von Kind und Erwachsenen dauernd Grenzüberschreitungen stattfinden, sei es, daß dem Kind eine Partnerrolle zugeschrieben wird (vor allem bei alleinerziehenden Eltern) oder daß es dauernd von den Eltern beobachtet wird und keine Möglichkeit hat, sich mit einem Geschwister gegen diese zu verbünden. Der mangelnde Kontakt zu Gleichaltrigen macht das Kind altklug und erschwert die Identitätsbildung, was zu Identitätsdiffusion führen kann.

Auffällig ist hingegen, daß viele Einzelkinder sich zu Menschen entwickeln, die weniger von Neid und Mißgunst geplagt werden als jene, die ständig mit Geschwistern rivalisieren mußten und noch als 70jährige unter der vermeintlichen Bevorzugung der Schwester oder des Bruders leiden. Soziale Kompetenz ist nicht abhängig von der Geschwisterzahl.

Erziehung, die Frustrationen bewußt ausklammert, raubt Kindern eine wichtige Erfahrung. Statt ihnen Versagungen, Verzicht und Enttäuschungen nach Möglichkeit zu ersparen, wäre es eine wesentliche Aufgabe, sie den Umgang mit solchen Situationen zu lehren. Wie Eltern mit ihren eigenen Tiefs umgehen, wirkt als Vorbild im Verarbeiten von Zurücksetzungen.

Daß in der gewährenden Pädagogik die Einübung von Frustrationstoleranz keinen hohen Stellenwert hat, mag auch an der Verbreitung der Frustrations-Aggressions-Theorie liegen. Jedem Frust folge aggressives Verhalten, heißt es in Ratgebern, die eine allzu nachlässige Haltung fordern. Haß auf Eltern sei die Folge von Einschränkungen in der Kindheit. Doch nicht jedes Verbot, jedes Nein bedeutet Repression. In Liebe gesetzte Grenzen vermitteln Halt, während sich hinter einem Alles-ist-erlaubt Desinteresse verbergen kann.

Mythos: Autorität schadet Kindern
»Ich kann einfach nicht nein sagen«

In einer Elterngesprächsrunde sagte Alex, Vater des zweijährigen Fabian, er sei zutiefst betroffen über die Forderung, in der Erziehung möglichst früh Grenzen zu setzen. Das sei ja autoritär, und er lehne jede Art von Vorschriften und Verboten ab. Basta. Sein Junge solle im Vertrauen in die eigenen Fähigkeiten aufwachsen und aus Erfahrungen lernen.

Im Bemühen, Fabian Liebe und Vertrauen zu schenken, bemerkte der Vater nicht, daß er dem Kleinen verfrüht Entscheidungen zumutete, die dieser von seinem Entwicklungsstand her noch gar nicht treffen konnte.

Nach einigem Zögern gestand Alex, wie schwer es ihm falle, seinem Söhnchen zu verbieten, mit Farbstiften und Schraubenzieher an Steckdosen herumzulaborieren (von Sicherheitsdeckeln hatte er noch nie gehört!). Er sei in einem echten Zwiespalt. Fabian habe sich von Geburt an selbst erfahren, selbst verwirklichen dürfen, ohne fremde Einschränkungen. Als Vater müsse er innere Widerstände überwinden, in Handlungen des Kleinen korrigierend einzugreifen, ihm gar Gegenstände wegzunehmen. Er werde sich aber schweren Herzens dazu aufraffen, das Schraubenzieherspiel zu unterbinden. Der Junge wachse bei seiner Mutter auf, und die lasse ihn unbeaufsichtigt einfach machen (!), da könne doch schon mal was Ungutes passieren (!). Lebte sein Sohn bei ihm, würde es ihm gelingen, Fabian durch Argumente und Ablenken vom Erkunden der Steckdose abzuhalten. Und wenn das nichts fruchtete? Ja, mhm, dann … bei ihm tue der Bub so was Unvernünftiges einfach nicht.

Im besten Fall verfügt Alex wirklich über so viel natürliche Autorität, daß sein Tonfall, sein Blick oder was auch immer dem Kind signalisiert: Gefahr, Halt. Wahrscheinlicher ist indessen, daß er den Kleinen überfordert, sich etwas vormacht. Eine dritte

Möglichkeit: Das Kind gehorcht aus Furcht vor einem Vater, der die Geduld verliert, dem mal die Hand ausrutscht. Das geschieht nicht selten, wenn das Gewährenlassen überstrapaziert wird. Alex ist ein Vertreter der Erzieherzunft, der Kindern kein Nein zumuten kann respektive will und damit oft selbst unter Streß gerät.

Autoritäre Pädagogik ist in Verruf gekommen. Geprügelt, gefesselt, körperlich und seelisch mißhandelt wurde, wer die oft unsinnigen Gebote einer bigotten und verklemmten Erziehergeneration nicht befolgte. Kindheit war oft alles andere als das nostalgisch verklärte Paradies. Für unzählige Menschen war sie eine Aneinanderreihung demütigender und bitterer Erfahrungen. Und für viele ist sie das heute noch.

Um Mißverständnissen vorzubeugen: Handgreifliche Übergriffe auf den Körper und seelische Verletzungen beeinträchtigen die kindliche Entwicklung mit Auswirkungen aufs spätere Leben. Das wurde erforscht und anhand von Untersuchungen belegt. Weder Körperstrafe noch zeitweiser Liebesentzug tragen das geringste bei zur Verhaltensänderung. Beides hat jedoch nichts zu tun mit Autorität, sondern mit Gewalt aus der Position des Mächtigeren und kursiert unter dem Begriff »Schwarze Pädagogik«.

Was aber früher zum Selbstverständnis von Erziehenden gehörte – Autorität –, ist zu einem Reizwort verkommen. Sehen wir von jenen Eltern ab, die aus Überzeugung für eine »Schläge-haben-noch-nie-jemandem-geschadet«-Pädagogik eintreten, treffen wir immer weniger Mütter, Väter oder Lehrkräfte, die als autoritär abgestempelt werden möchten.

Autorität bedeutet »Geltung beziehungsweise Einfluß, den eine Person oder auch ein Sache hat, ohne ständig dafür eintreten beziehungsweise eingesetzt werden zu müssen« (Philosophisches Wörterbuch). Sie kann verschieden auftreten: politisch, wissenschaftlich, religiös und auch pädagogisch. Der Duden versteht »autoritär« als »unbedingt Gehorsam fordernd, diktatorisch«. Vor allem letztere Eigenschaft ist dem Zusammenleben in Familie, Schule und Gesellschaft abträglich. Aus Angst, diktatorisch zu wirken, vergessen wir, daß Autorität auch mit Erfahrung und Ansehen zu tun hat, mit Reife und dem natürlichen Altersvorsprung von Eltern und Lehrenden. Natürliche Autorität besteht in der Verantwortung gegenüber Schwächeren und hilft mit, Kindern durch soziale Regeln das Leben in der Gemeinschaft zu erleichtern und sie zu Eigen- und später auch Fremdverantwortung zu erziehen. Diese Auffassung von Autorität sollten wir nicht voreilig verwerfen. Hinterfragt werden muß das Ziel der Erziehung, das Wie und unser Menschenbild, das dahintersteht.

Überlegenheit gehört zum Elternsein und wird von Kindern in den ersten Lebensjahren nicht in Frage gestellt, auch nicht als »autoritär« empfunden. Für Ein- bis Zweijährige sind Mutter und Vater eine Art Gottheiten, allmächtige Wesen, die manchmal Furcht einflößen, vor allem aber eine Insel der Geborgenheit und eine Sicherheitsbasis in der anfangs unübersichtlichen und unverständlichen Welt bieten. Zur Illustration ein persönliches Erlebnis.

Durch die Gitterstäbe des Kinderbetts sehe ich meine Mutter mit einer Babyflasche ins Zimmer treten. Die Flasche gleitet ihr aus der Hand, zerbricht, meine Mahlzeit zerfließt am Boden. Enttäuschtes Geheul meinerseits. Dann ein Gefühl der Überraschung und Bewunderung: Mutter bringt eine neue Flasche, ein Aha-Erlebnis. Das wunderbare Gefühl von Geborgenheit und Vertrauen. Mutter sorgt für Nahrung und Wohlbefinden. Sie ist allmächtig.

Gedanklich war ich zu solchen Überlegungen natürlich nicht fähig, die Erfahrung spielte sich auf der emotionalen Ebene ab und berührte mich tief. Ich war damals noch nicht eineinhalb Jahre alt, und die Szene ist meine früheste detaillierte Erinnerung.

Der Einblick in Zusammenhänge fehlt kleinen Kindern. Eltern sind allwissend, alterslos und unbegrenzt mächtig. Mutter und Vater trösten, beruhigen, tadeln vielleicht und setzen Verbote. Die elterliche Alphastellung wird gefühlsmäßig noch nicht angefochten. Um sich später ablösen zu können, muß das Kind sich erst einmal der elterlichen Fürsorge vertrauensvoll überlassen können. Dazu gehört auch, unangenehme Situationen zu erleben. Das gute Bild der Betreuenden erleidet einen Riß, wenn die Allmächtigen kurzfristige Enttäuschungen zulassen. Denn gute und schlimme Erfahrungen werden aus Kleinkindsicht an den Bezugspersonen festgemacht. Dauern die Zustände von Trauer und Wut über unerfüllte Bedürfnisse nicht allzulange, werden Kinder mit einer guten Bindung an Mutter, Vater oder andere Menschen mit deren Unterstützung langsam vertraut mit der Wirklichkeit.

Dieses Abwägen zwischen Gewährenlassen und Einschränken, zwischen Autonomie und Bindung belastet alle. Zorn und Verzweiflung kleiner Kinder schmerzen auch Erwachsene. Erweisen wir aber dem Kind auf lange Sicht einen Dienst, wenn wir es möglichst ohne Einschränkungen aufwachsen lassen, nur weil wir seine momentane Zurückweisung nicht ertragen? Ist es nicht sein Recht, auf uns böse zu sein, wütend aufzuheulen, gehalten von einem Rahmen, der nicht nachgibt? Von Menschen, die dank ihrer Verläßlichkeit Konstanz und Sicherheit ausstrahlen.

Kinder verzweifeln an Erwachsenen, die sich ihnen dauernd entziehen. Alleingelassen in der strukturlosen, vorerst noch unvertrauten Welt, suchen sie nach einem Halt und tappen ins Leere. Der kleine Fabian mit dem Schraubenzieher mag ahnen, daß sein Stochern den Vater beunruhigt, doch er weiß nicht warum. Es ist nötig, daß seine Hand festgehalten und ihm das Instrument weggenommen wird. So spürt er sich, seinen Vater und erlebt Grenzen, erfährt sie körperlich.

Das Spiel eines Vierjährigen mit dem CD-Player dient einerseits dem Erforschen von Neuland. Alles Explorieren ist aber verbunden mit der Frage: Wie weit kann/darf ich gehen? Die

Antwort muß von außen, von den Begleitenden kommen. Wie soll ein so junges Geschöpf wissen, woher ihm Gefahr droht, woran es sich verletzen könnte? Was andere Menschen stört, weshalb ein Gegenstand kaputt geht? Nicht immer erleben kleine Mädchen und Jungs die Konsequenzen ihres Tuns am eigenen Leib. Die Brandblase am Finger beim Berühren der heißen Herdplatte ist eine vergleichsweise harmlose Selbsterfahrung. Autoritäres Eingreifen der Bezugsperson schützt vor Schlimmerem, das die Kleinen nachhaltig schädigen könnte, aber auch vor unachtsamer oder mutwilliger Zerstörung fremden Eigentums durch die neugierigen Welt-Eroberer.

»Lieber ein kaputter CD-Player als ein frustriertes Kind«, sagen trotzdem manche Eltern. Statt ihren Jungen festzuhalten und ihm ein anderes Spielzeug zu geben, ihm auch zu sagen, wie traurig sie über den unbrauchbaren CD-Spieler seien – nicht über den »bösen« Buben –, sehen sie tatenlos zu, wie Geräte beschädigt, Wände verschmiert, Möbel zerkratzt, Geschirr zerschmettert, sie selber tyrannisiert und mit den Ausufernden zusammen unglücklich werden.

Platzt den entnervten Eltern, die ständig ihren Ärger über das unerklärlich schwierige Kind unterdrücken müssen, doch einmal der Kragen, verstehen die kleinen Prinzen und Prinzessinnen die Welt vollends nicht mehr. Affektlawinen setzen wohl auch Grenzen, aber durch ihr unvorhersehbares Auftreten vergrößern sie das innere Chaos der Betroffenen. Naturkatastrophen sind keine Orientierungshilfen, und als solche erleben kleine Kinder die heftigen Ausbrüche ihrer sonst grenzenlos duldsamen Umgebung.

Liebevolle Konsequenz ist unerläßlich, um Kinder in die Regeln des Zusammenlebens einzuführen. Schrittweise wächst so ihre Verantwortung. Sie lernen, Grenzen wahrzunehmen und zu wahren und kleinere Widerwärtigkeiten zu ertragen. Dadurch wird ihre soziale Kompetenz und die innere Sicherheit gestärkt.

Am Sandkasten einer Siedlung z. B. funktioniert die Autorität

Erwachsener im Sinne einer Sicherheitsbasis. Kinder werden an kleine äußere und innere Verletzungen gewöhnt, aber noch nicht alleingelassen. Konflikte um weggenommene Sandschaufeln u.ä. werden mit einer vertrauten Person gelöst, bis die Kleinen genügend Sicherheit entwickeln und selbständig mit Herausforderungen fertig werden. Schade, daß so viele Bezugspersonen es bei ersten Ansätzen bewenden lassen.

Das Vorschulkind verlangt nach Autorität, nach Übernahme der pädagogischen Verantwortung durch Erwachsene. Eine anspruchsvolle Aufgabe. Sie fordert ein hohes Maß an Belastbarkeit und Phantasie. Manche Erziehende stoßen dabei an ihre eigenen Grenzen. Sie spüren, wie wenig belastbar sie im Zusammenleben mit Kindern sind. Es fehlt ihnen die Distanz zum Kind, das sie einmal waren.

So leiden sie dreifach: unter dem Protest der aufbegehrenden kleinen Diktatoren, unter den unverheilten Wunden ihres Kinder-Ichs, und am heftigsten als Mutter oder Vater, die sich seelisch von ihren Kindern nicht distanzieren können.

Angst vor der Erwachsenen-Verantwortung versteckt sich in anderen Fällen hinter der Ablehnung von Autorität. Nicht nur, weil sie Kindern schade, wird sie verweigert, sondern auch, weil Eltern die Kraft nicht aufbringen, kurzfristig von ihren Kindern mit Liebesentzug »bestraft« zu werden. Kaum eine andere Reaktion bedroht unsichere Mütter und Väter mehr.

Mythos: Erziehen heißt vernünftig reden
»Bitte, sei so lieb, Katja ...«

Wir können doch mal vernünftig reden miteinander, statt gleich aufzubrausen.

So nimm doch Vernunft an!

Es wäre vernünftiger gewesen, du hättest Vater um Erlaubnis gefragt.

Unvernünftig, dein Fahrrad so verlockend hinzustellen.

Vernunft ist in vielen Familien ein Zauberwort. Mit Vernunft begegnen Vernünftige auch kleinen Kindern. Argumentieren kann nicht früh genug beginnen. Kaum verstehen die Süßen einige Wortbrocken, läuft der verbale Wasserfall. Nicht nur die aufgeweckten Kleinen plappern, was das Zeug hält. Auch Mütter/Väter versuchen, mit Worten die Kinder zu zähmen. Beliebte Wendungen, die kleine Tyrannen begreiflicherweise negieren, sind: »Sei so lieb, hör auf ... bitte, bitte«, erst flötend piano, dann stärker anschwellend bis zum Fortissimo, zweimal, fünfmal, zehnmal ... ohne Wirkung. Mamas Bitten prallen an den Buben und Mädchen ab wie Bälle.

Der strahlende Sproß einer ehemaligen Nachbarin machte ein halbes Dutzend Bilderbücher unseres Sohnes hin, zerriß und zerknüllte Seite um Seite, ohne daß seine Mutter auf ihr flehentliches »Bitte, sei so lieb, so geht es kaputt, bitte, gib mir das Buch« verzichtet und den kleinen Bengel mit einem energischen »nein, so nicht« an den Schultern gerüttelt hätte.

Sebastian habe einfach mit dem Zerrupfen nicht aufhören wollen, begründete sie die aus den Buchdeckeln hängenden Fetzen, ohne Angebot, die Bücher zu ersetzen. Es tue ihr zwar leid, aber ich wisse ja, mit kleinen Buben sei das so eine Sache.

Es wimmelt von kleinen Buben und Mädchen, mit denen es »so eine Sache« ist. Mütter hecheln mit ihrem erbarmungswürdigen »bitte, hör auf« durch Zugabteile hinter ihren Knirpsen her. Diese lehnen unbeeindruckt vom mütterlichen Bittgebet halsbrecherisch aus geöffneten Fenstern, brüllen, wenn sie die geschenkte Schokolade nicht gleich essen sollen – und erhalten sie selbstverständlich.

»Aber nur ein Täfelchen, Katja, sei so lieb». Katja will nicht so lieb sein, ißt fünf Reihen, verziert beim Aussteigen die Hose der gegenübersitzenden Person mit einem braunen Fleck (»aber Katja, paß doch auf«), mag zu Hause keinen Salat, keine Spaghetti, vertreibt auch Mutti den Appetit und verzieht sich mit dem Schokorest schmollend in ihre Spielecke, der gestreßten Mutter eine Verschnaufpause gönnend.

Zum Einkaufen will sie die neuen Sandalen anziehen, obschon es regnet. Mühsam beherrscht sich die Mutter, denn das Geschäft schließt in einer halben Stunde. »Blöde Kuh, vertammi« brüllt die Kleine, bis Mama nachgibt.

Nächste Szene im Laden bei einer Puppe. »Ein andermal, Liebes, ich habe zu wenig Geld, und du hast ja so viele, viele Puppen und Tiere.« Wutanfall. Tritte gegen Mutters Schienbein und »Arschloch, vertammi« ziehen mißbilligende Blicke auf das Duo. Hat die böse Frau ihr Kind mißhandelt?

Auf dem Heimweg wird Katja von ihrer Mutter nicht etwa energisch wegen ihres Quäkens zurechtgewiesen. Diese versucht vielmehr, das arme Kind a) zu trösten, b) ihm zu erklären, warum sie zu wenig Geld für die Puppe hatte. Sie verspricht c) ihm diese ein andermal zu kaufen, hält d) einen Vortrag über den Vorteil, einmal auf etwas zu verzichten und e) erklärt, es sei häßlich, so böse mit Mami umzugehen. Einzeln versteht Katja alles, weiß auch, daß sie sich gegen Mutter unschön benommen hat. Das mütterliche Gerede hingegen läßt sie völlig unberührt. Sie hört nur einzelne Worte, vor allem, daß ihr die Puppe sicher ist. Unbeteiligt an ihrem Schleckstengel lutschend, geht sie neben Mutter her, in Gedanken schon den nächsten Angriff auf deren Standfestigkeit vorbereitend.

»Ich will mit meiner Freundin Alexa telefonieren«, sagt sie zu Hause und torpediert Mutters Versuch, ungestört mit einer Kollegin zu sprechen. »Sei so gut, nur einen kleinen Moment, Liebes, bitte, bitte.« Lautes Gekreisch läßt Mutter den Hörer blitzartig auflegen. Eine Minute später spricht Katja mit Alexa.

Auch ehrlich bemühte Eltern vergessen zu oft, daß Vierjährige mit Argumenten, Begründungen, Bitten und Beschwören nicht zur Vernunft zu bringen sind. Sie *sind* unvernünftig, leben nach dem Lustprinzip und verhalten sich nach ihren Erfahrungen. Die unzähligen »bitte, heute nicht«, »erst morgen, Liebes«, »sei so gut, begreif doch« usw. werden von ihnen mit massiven Wutanfällen, Essensverweigerung und Attacken gegen Kleider, Möbel und Spielzeug beantwortet. Für sie steht fest: Nach dem Geschwätz bin wieder ich dran, und ich sitze am längeren Hebel.

Mythos: Kinder haben immer gestritten, sie hören schon auf, wenn's genug ist

»Soll ich eingreifen, wenn meine Kinder streiten?«

Neulich erzählte mir eine Frau, sie habe zwei ihrer Enkel trennen wollen, die sich ineinander verkeilt hatten. Dabei habe sie einen Schlag auf den Arm gekriegt und einen Bruch davongetragen. Es war ein unglücklicher Zufall, der Junge, ein Siebenjähriger, hatte sie unabsichtlich so hart getroffen. Nie mehr werde sie sich in Kämpfe einmischen, überhaupt sei sie seither vorsichtiger geworden. Vermutlich hätten die beiden ohnehin aufgehört.

Bis vor einigen Jahren hätte auch ich behauptet, kämpfende Buben würden von selbst voneinander lassen. Seit aber bekannt ist, wie schon Kindergartenjungen aufeinander lostreten, auf Schädel, Magen und Schienbein eindreschen, Messer und Wurfgeschosse in ihren Umhängetaschen tragen, sollte man dazwischentreten, wenn die Kämpfe hart und gefährlich werden.

Bei Enkeln mag das noch angehen und wird nicht jedesmal mit einem gebrochenen Arm »belohnt«.

Wenn aber schon bei eigenen Bengeln ein Nein so schwer ist, wie hart muß es sein, fremde Jungen von einer Keilerei abzuhalten oder zu trennen. Kinder sind kein Privateigentum. Sie sind Teil der Gesellschaft, daher auch durch die Gesellschaft, d.h. durch uns zu schützen.

Im Kindesalter wird das kaum Schwierigkeiten bereiten. Anders bei Pubertierenden und starken Jungen. Oft sind ihre

Kämpfe Teil von Bandenkriegen mit Volk im Hintergrund, und unüberlegtes Sicheinmischen bringt eher größeres Unheil. Da bleibt nur eins: Verstärkung holen.

Beispielhaft und entgegen allen Regeln der Vernunft ist das Verhalten einer 68jährigen deutschen Rollstuhlfahrerin:

Am Eingang zur Bank, in der die Frau ihre Rente holen wollte, schlug ein junger Typ brutal auf einen Schwächeren ein. Einige Gaffer beobachteten die beiden, und der Sicherheitsbeamte am Eingang der Bank schaute angewidert zu. Die alte Frau drückte sich nicht schweigend an den beiden Jungen vorbei. Sie hielt an und sagte eindringlich: »Schämen Sie sich. Haben Sie sich schon mal im Spiegel beguckt? So wie Sie möchte ich nicht aussehen« und rollte zum Bankschalter. Beim Verlassen der Bank hielt sie ein Beamter zurück. Nicht, um ihr Schutz zu gewähren. Er warnte sie vor dem brutalen Jungen, der draußen vor der Tür auf sie lauere. Sie sagte: »Wenn der sich rächen will, erwischt er mich ohnehin. Er kann mich auch gleich jetzt umstoßen.«

Der Bursche erwartete sie wirklich, trat neben sie und meinte: »Ich möchte mich entschuldigen. Sie haben recht.«

Kindererziehung gilt als Privatsache. Zu wenig wird berücksichtigt, daß randalierende, an Gewalt faszinierte Flegel auch das Produkt gesellschaftlicher Unzulänglichkeiten sein können.

»Im Rahmen einer institutionskritischen Familiendebatte müßten auch Überlegungen angestellt werden, die nach neuen sozialpolitischen Optionen fragen, die sich auf die neuen pluralistischen Familienformen abstützen«, meint die Soziologin Ruth Hungerbühler Savary und: »Ganz wichtig sind alle Bestrebungen, ... Angebote außerhäuslicher Kinderbetreuung zu unterstützen, die das Entstehen von neuen sozialen Netzen ... im Auge haben« (WoZ, 25/1994).

Soziale Netze tragen dazu bei, brutale Eskalationen zu verhindern – zusammen mit schlichtenden Großmüttern. Gewalt kann nur in gemeinsamen Anstrengungen reduziert werden.

Mythos: Kinder bekommen nicht mit,
was nur Erwachsene interessiert

»Guck weg, das ist nichts für dich!«

Nicht nur wir Erwachsenen, auch unsere Kinder erleben den
Zwiespalt zwischen einer Umwelt, die wir äußerlich als einiger-
maßen intakt wahrnehmen, und den Medien-Informationen,
die hintergründig die Wirklichkeit entlarven. Am Himmel
klafft ein Ozonloch, das Klima kippt, Wälder kränkeln, die
Luft ist smog- und ozonhaltig, Boden, Wasser und Nahrung
sind radioaktiv oder anderweitig vergiftet.

Die schöne neue Welt driftet in immer apokalyptischere Ge-
fahrenbereiche, und das Schlimme ist: Der Mensch hat das
Gleichgewicht der Natur zerstört. Er hat sich gegen das Bewahren und Pflegen entschieden. Das zeigt sich auch im Umgang mit seinesgleichen. Wer sich ohne Rücksicht gewissenlos
durchsetzt, genießt Anerkennung.

Täglich konsumieren wir Nachrichten und Infotainments,
zu den Mahlzeiten, im Auto, am Feierabend. Bruchstückhafte
Häppchen ohne Vertiefung, in rascher Abfolge. Menschen und
Tiere als Opfer unvorstellbarer Grausamkeit. Entsetzliches neben Trivialem. Auf Krieg folgt Sport und Prominentenklatsch,
und dem Wetterbericht wird am TV soviel Zeit eingeräumt wie
der Berichterstattung über Verletzte und Hungernde einzelner
Länder. Nehmen wir als Beispiel einen x-beliebigen Tag:
Pfingstsonntag 1994.

40 000 Leichen treiben auf dem Viktoriasee.

Dann: Killerviren fressen Menschen (eine echte Sensation).
Es handelt sich um mutierte Streptokokken-Viren. Bild: rötli-
che Würmchen ringeln sich unter dem Elektronenmikroskop.
Sie fressen Muskeln und Weichteile, töten innerhalb kürzester
Zeit. Dazu ein Bericht aus England: Seit Januar sechs Todes-
opfer.

Wale sollen in der Antarktis einen Schonraum bekommen.

Tote in Bosnien und ein Raketenangriff in Sanaa. Zerstörte Wohnviertel, Leichen, Verwundete, Bilder des Grauens.

Das Wort ist zur Nebensache verkommen. TV ist ein Bildmedium. Bilder wirken direkt und emotional.

Auch Kinder sehen diese Bilder, hören Fetzen von Erläuterungen, die sie nicht verstehen. Das Schreckliche und Böse der zerstörerischen Bilder prägt sich ihnen umso intensiver ein. Soldaten töten in Bosnien Frauen und Kinder. Wo Bosnien liegt, wissen die Kids nicht. Sie glauben, es sei in der Nähe. Vater ist Soldat. Tötet auch er? Für Jungen enthalten Kriegsbilder zwei Botschaften. Neben der Information vermitteln sie ihnen ein fragwürdiges Männerbild. Die Sensiblen tun sich schwer mit dem Gedanken, als Soldaten später auch einmal töten zu müssen.

Kinder sollen sich an die Realität gewöhnen, sagen viele Väter und finden nichts dabei, wenn Sechs- bis Achtjährige sich die Tagesschau ansehen. Information ist Wissen und Anschluß an die Zeit. An uns satten Erwachsenen rütteln viele dieser Dokumentationen nur mehr oberflächlich. Gewöhnung ist immer auch Abwehr. »Nicht schon wieder«, denken wir, schalten ab und verdrängen Trauer und Wut ebenso wie die tausend potentiellen Bedrohungen, die auch unser Leben unversehens katastrophal verändern könnten. Unerträgliches wird nach Möglichkeit ausgeblendet. Auch das eine Schutzfunktion. Aber aus zuviel Relativierung erwächst bald einmal Gleichgültigkeit und Desinteresse.

Die Abgestumpftheit gegenüber schrecklichen Ereignissen und Bildern demonstrieren wir nicht zuletzt an unseren Kindern und wie wir mit ihren Ängsten vor Gewalt und zerstörter Umwelt umgehen. Kinder sind der Natur näher als Erwachsene. Außerdem sind sie wacher und schon früh oft informierter als ihre Eltern, die aus schlechtem Gewissen und Zeitnot vieles wegschieben.

Angst ist ein Alarmsignal, das wir ernst nehmen müssen. Sie gehört zum Leben, auch zum Leben eines Kindes. Unsere Aufgabe ist denn auch nicht, kindliche Ängste auszureden, zu verharmlosen oder uns schlimmstenfalls darüber lustig zu machen. Kinder brauchen Beistand und ein liebevolles Eingehen auf ihre Befürchtungen, die durch unverstandene und nicht einzuordnende Bilder aus der Tagesschau wenn auch nicht ausgelöst, so doch aktiviert werden.

Beatrice Schärli-Corradini (1994) berichtet aus ihrer Spieltherapie von Kindern und deren durch TV-Konsum gesteigerten Ängsten. Von Eltern, die aus Bequemlichkeit und um ihrer eigenen Ödnis zu entrinnen die Kinder beim abendlichen Fernsehritual dabeisein lassen. Ruhiggestellt, mit unbeantworteten Fragen und seelischen Nöten, werden diese Kinder konfrontiert mit den Abgründen der menschlichen Seele, mit Gut und Böse, brutalen Männern, gequälten, vergewaltigten Frauen. An Tagesschau-Beispielen aus dem Golfkrieg zeigt die Psychologin die Reaktionen von Jungen und Mädchen, beeinflußt vom jeweiligen Milieu und den persönlichen Erfahrungen. Im therapeutischen Spiel setzt sie sich mit den kleinen Klienten auseinander und verhilft ihnen zur Annahme ihrer eigenen wilden, wütenden und dunklen Seite, mit der auch wir Erwachsenen uns so schwer tun.

Gedankenlosigkeit kann so weit gehen, daß Eltern aus Müdigkeit, weil sie »die Nerven nicht mehr haben« oder aus Egoismus kindliche Fragen abklemmen, das Kind mit seinen Sorgen allein lassen und sich erst noch freuen, daß es so still, brav und angepaßt spielt. Nicht nur aggressive, auch depressive Kinder bedürfen besonderer Aufmerksamkeit.

Die Tagesschau ist eindeutig auf Erwachsene zugeschnitten (ausgenommen die Werbung vorher). Wichtig ist, daß Eltern darauf achten, was sie ihrem Kind an bruchstückhaften schrecklichen Eindrücken zumuten. Mißhandelte Tiere (wie der sterbende Kormoran im Golfkrieg) oder verletzte Kinder wecken besonders heftige Emotionen. Aufwühlende Bilder werden von der kindlichen Phantasie zu apokalyptischen Szenarien ausgeweitet und dürfen nicht von Erwachsenen mit ein paar wegwerfenden Bemerkungen zugedeckt werden wie etwa *am besten, du vergißt das Ganze.* Um so verheerender werden die grausamen Ereignisse im Untergrund wirken. Sachlich und verständlich, aber trotzdem mit Teilnahme für die Opfer, sollen Kinder über Zusammenhänge und Länder, die ihnen fremd sind, aufgeklärt werden. Bosnien ist kein direktes Nachbarland, und nicht alle Jungen müssen einmal im Krieg auf Menschen schießen.

Wie aber beantworten wir Fragen nach unserer Passivität, nach unserem trägen Hinnehmen aller Greueltaten, was sagen wir, wenn Kinder fragen: Warum hilft niemand den Moslems in Bosnien? Warum rettet niemand die vielen Menschen vor dem Verhungern? Wir haben doch so viel zu essen.

Wie wir es auch drehen, Kinder verstehen sehr rasch, daß sie in eine Erwachsenenwelt hineingestellt sind. Kaltherzig konsumieren wir Elend. »Schau nicht hin, das ist nichts für dich.« Wegsehen, abschalten. Erledigt.

Tagesschaugespräche mit kleinen Kindern sind heikel. Sie erfordern Zeit und eine Umgebung, in der sich das Kind geborgen fühlt. Ein verpaßter Fernsehkrimi sollte für Eltern kein Opfer sein, wenn ein Kind nach der Tagesschau zu fragen beginnt oder wenn es auf seine Art äußert, daß es das Gesehene beschäftigt.

Viele Väter negieren die Probleme ihrer Kinder, und Mütter wollen sich nicht eingestehen, daß ihr Kind bedrückt und verzweifelt ist über die Zerrissenheit der Welt, in die es hineinwachsen soll.

Wer gibt uns das Recht, über die zunehmende Verrohung von Jugendlichen zu jammern, wenn wir doch alles tun, ihre Sensibilität, ihr Mitgefühl möglichst früh abzutöten, sie zum Zu- und Wegschauen anzuhalten, wenn anderen Unrecht geschieht? Auch diese Passivität ist lernbar. Sie ist die Schwester der Feigheit.

Der 12jährige Paul erzählte mir einmal, er habe manchmal den Drang, seine Mutter mit einem Messer zu töten – ein Junge aus einer Familie, die nach außen sehr heil wirkte. Aggressionen waren tabu, böse Gedanken mußten für sich behalten werden. Pauls Jähzornanfälle waren Explosionen seiner unterdrückten Ängste. Wem hätte er auch anvertrauen dürfen, daß er sich in seinen Phantasien als Anführer einer riesigen Armee sah, die seine Stadt, ja, seine Angehörigen umbrachte? Daß in seinen Tagträumen mörderische Vorstellungen Wirklichkeit wurden? Hin- und hergerissen zwischen seinen guten und seinen zerstörerischen Impulsen, wurde er immer auffälliger, so daß ihn seine Eltern – die sich echt um ihn sorgten – in eine Therapie brachten, wo er erst einmal eine Serie von Kriegsbildern zeichnete, später ein Haus in einem schönen Garten, das voller Skelette war.

Auch Paul war ein TV-Kind. Zur Tagesschauzeit wurde nicht gesprochen. Die Familie hatte sich um den Hausaltar Glotze zu versammeln. Niemand beantwortete die vielen Fragen des Jungen, denn nach den Nachrichten nahmen sich die Eltern nicht Zeit, seine Befürchtungen und Gedanken auch nur anzuhören.

Simon, ein anderer Bub, flüchtete in seinem Tagtraum in eine Parallelwelt. Sie sah aus wie die richtige, war aber paradiesisch heil. Alle Eltern hatten Zeit für ihre Kinder, Hungersnöte waren unbekannt, und er herrschte als gerechter König, der im Notfall sein Land »gegen die Bösen« verteidigt hätte.

Das »... Anliegen kleiner Kinder meint nicht Gewalt, Herzlosigkeit, Desinteresse. Kinder suchen ihr Glück im Erleben von Gemeinschaft, Geborgenheit, Nähe«, schreibt Schärli-Corradini (S. 84/85, 1994).

Diese Güter kosten Zeit. Darum sind sie bei uns zur Mangelware geworden.

2. Schulalter/Vorpubertät anhand dreier brisanter Problemkreise

2a. Wohlstand

Statussymbole, Elternehrgeiz und tyrannische Kids

In der westlichen Welt werden wir täglich konfrontiert mit den Annehmlichkeiten, aber auch mit den Auswüchsen unserer Konsumgesellschaft, die letztlich eine Suchtgesellschaft ist. Ob wir nun zu den Begüterten gehören oder zu den finanziell Benachteiligten, wir müssen lernen, mit unseren Mitteln in einer Welt ständig neuer Bedürfnisse und steigender Ansprüche zu leben. Je besser wir selber den Verheißungen und Verlockungen der Schlaraffenkultur widerstehen können, umso leichter wird es sein, unseren Kindern zu vermitteln, daß das Leben nicht nur aus Erfüllung momentaner Wünsche besteht.

Im Pubertätsalter wollen Jugendliche eigenständig sein und einer bestimmten Gruppe angehören, deren Gesetze mehr wiegen als elterliche Wertvorstellungen. Dies ist die Zeit, da Angehörige sich auf Auseinandersetzungen einlassen müssen, nicht besserwisserisch und von oben herab, aber doch mit einer Haltung, welche von der Jugend im Moment verächtlich als bedeppt und saurierhaft bezeichnet wird, die ihr aber einige Jahre später imponiert. Widerstand gehört zur Ablösung vom elterlichen Gängelband. Ohne Reibung mit den Alten wird dieser Prozeß erschwert.

Junge Menschen verlangen nach ethischen Werten, auch wenn sie dagegen Sturm laufen. Moral muß aber vorgelebt, nicht mit dem Zeigefinger verschrieben werden.

Fruchtbare Streitgespräche entstehen, wenn Erwachsene nicht einfach verbieten, sondern andere Werte vorleben. Mütter und Väter, die bei jedem Unwohlsein zur Pille oder zum Glas greifen, süchtig sind nach TV-Serien oder Fußballmatchs, nach neuen Kleidern und Möbeln (sogar auf Kredit), ihren Kindern sonntäglich Autorasen oder Gartengrill anbieten und sie sonst ihren Computergames überlassen, sind selber Opfer der Wohlstands-Unkultur. Wenn ihre Teens dann aggressiv die Werte der Konsumgesellschaft einfordern, ist das nur logisch.

Die »armen« Kids wissen quer durch alle sozialen Schichten ihre Oldies gefügig zu machen mit der Klage: Ohne dies und jenes bin ich total out. Dies ist der umgängliche Ton. Nachdruck verliehen wird dem aggressiver, oft mit Gewalt.

Wie bringen es aber Mütter und Väter, die sich selber über Statussymbole definieren, übers Herz, ihr Kind in eine konsumabstinente Außenseiterrolle zu drängen? Es gibt Sozialwohnungen, in denen alleinerziehende Mütter mehr vegetieren als leben, Töchterchen und Sohn dafür je ein eigenes Zimmer besitzen, ausgestattet wie ein Spielzeugladen.

Die Jugend fordert ihre eigene Kultur in Mode und Freizeit, geile Bekleidung, trommelfellschädigende Musik, laserbestrahlte Discos, Rhythmus, Action und Plausch.

Immer mehr Eltern hingegen wollen ihre Kinder optimal schulen. Seit die Rezession auch gut Ausgebildete wegrationalisiert, haben die anderen auf dem Arbeitsmarkt noch weniger Chancen. Darum: Nachhilfestunden, Privatschulen, Kurse.

Was in Japan seit der Verwestlichung üblich ist, reißt auch hier ein: Wohlstandsförderprogramme, welche die Kleinen an ihren Talenten vorbei fördern, aus Angst, sie könnten auf der sozialen Leiter nicht genügend hoch klettern. In Japan ist die Zahl der Kinder, die Selbstmord begehen, inzwischen zur weltweit höchsten angestiegen. In der Schweiz sterben jährlich mehr Jugendliche durch Suizid als durch Verkehrsunfälle.

Wir vergällen mit ehrgeizigen, selbstsüchtigen Plänen die Freizeit der Kinder, die ohnehin am Schrumpfen ist. Um Eltern zufriedenzustellen, geben viele Lehrkräfte täglich Aufgaben, obschon sie persönlich ihren Schülerinnen und Schülern einen anderen Ausgleich zum Stillsitzen in der Schule gönnen würden und außerdem den Bildungswert von Hausaufgaben bezweifeln.

Kinder sind keine Statusobjekte. Sie sind überhaupt keine Objekte, die wir nach Gutdünken mal zum Vorzeigen einsetzen können, um uns in ihren Darbietungen zu sonnen, noch haben sie stellvertretend das nachzuholen, was wir selber versäumt haben. Die Begleitung des älteren Kindes müßte – noch stärker als beim Kleinkind – Hand in Hand mit Selbstreflexion einhergehen.

Mythos: Ohne Markenklamotten bin ich ein Niemand

Eltern schränken sich ein für ihre Kinder

Immer mehr Schülerinnen und Schüler finden ihre Identität über Klamotten bestimmter Marken, über Schuhe, Rucksäcke und Shirts, die bei den Kids »mega-in« sind. Buben und Mädchen weigern sich, andere Jeans als die »total heißen« der Marke XY zu tragen, sonst fühlen sie sich als Nobody. Mit der uniformen Kleidung gehören sie zu einer Clique. Die Gruppen-Identität hilft über die schwierige Zeit am Ende der Kindheit. Soweit die Voraussetzungen, welche den Zug zum konformen Lebensstil erklären.

Hier hilft der Zeitgeist kräftig nach. Wir wähnen uns zwar im Zeitalter des Individualismus. Unserer individuellen Entscheidung ist es überlassen, ob und welche der diversen sportlichen, politischen oder religiösen Segmente wir mit unserm Beitritt beglücken wollen. Kaum sind wir dabei, erhalten wir ein Gruppenoutfit verpaßt, eine Jacke, ein Abzeichen, eine Mütze, einen Joggingdreß mit Logo und ähnliche Beweise des Dazugehörens.

Wirkliche Individualität wird aber zunehmend zur Begriffshülse. Die Werbung tut alles, um uns nonkonformes Verhalten abzutrainieren.

Über die Werbung definiert sich auch die Schuljugend. Diesel, für ältere Semester ein Treibstoff, ist für sie momentan eine der begehrtesten Klamottenmarken. In jedem Fall gehen die Statussymbole ans elterliche Portemonnaie.

Eltern, die sich – meist aus finanziellen Gründen – den übertriebenen Forderungen zu entziehen suchen, wird hartnäckig und sehr emotional bedeutet, daß Sohn oder Tochter ohne ebendiese Turnschuhe unmöglich zur Schule gehen könne. Nur ein Sweatshirt der Marke XY komme in Frage, und Jeans unter 120 Mark würden überhaupt nie getragen. Was tun liebevolle Eltern? Sie geben nach.

Mütter gehen zusätzlich arbeiten (putzen!), um ihren Gören die geforderten Kleider, Mountainbikes, Computer und Snowboards bieten zu können. Sie kaufen ihre eigenen Kleider in Second-hand-Shops oder verzichten auch mal auf eine Anschaffung, weil ihre Kinder sie dort zu erpressen verstehen, wo alle Eltern verletzlich sind: Ihr habt mich nicht gern, ihr habt mich nie gemocht.

Also laufen die jungen Despoten im neuesten Look umher, auch wenn ihnen die teuren Schuhe erst nach drei Monaten passen und die Edeljeans mit der Schere modisch gekürzt und gelöchert wurden.

Nicht nur die »Kinder vom Zürichberg« (Ulrike Zöllner) besitzen einen eigenen Fernseher, zwei Mountainbikes und wählen das Urlaubsziel der Familie. Konsumsucht-Kids gibt es in allen Schichten. Doch einigen Eltern fällt das Mithalten ungeheuer schwer. Für andere ist es eine Selbstverständlichkeit, die sie durch eigenes Verhalten unterstützen. Auch sie erleben sich über Autos, Mode, Reisen, gesellschaftliche Beziehungen.

Schweizer Eltern geben jährlich über 500 Millionen Schweizer Franken für das Spielzeug ihrer Sprößlinge aus, nochmals soviel für Kleider, und für Bücher ca. 300 Millionen. Insgesamt »zahlen sie für die zeitgemäße Auf- und Ausrüstung ihres Nachwuchses jedes Jahr rund eineinhalb Milliarden« (Sonntagszeitung, 29.8.93). Schülerinnen und Schüler zwischen 7 und 16

Jahren setzen mit ihrem Taschengeld pro Jahr 200 Millionen um und beeinflussen nach Experten rund ein Viertel der elterlichen Kaufentscheide. In vier von zehn Fällen bestimmen sie den Kauf des Familienautos.

Kinder, denen von klein auf alles Geforderte und noch mehr geboten wird, können keinen Realitätsbezug entwickeln, abgesehen davon, daß sie nicht Sorge tragen lernen und für das ständig neu Angeschaffte keine Verantwortung zu übernehmen brauchen. Die Schlaraffenkids machen sich keine Vorstellungen davon, wieviel Arbeit hinter ihren Wunschwelten steckt, wieviel z.B. eine eigene Wohnung kostet, die ein 15jähriger ganz selbstverständlich von seinen Eltern zum 18. Geburtstag erwartet.

Gesprächsfetzen in der S-Bahn. Zwei Teenies:

A: Was, du fährst schon wieder nach Kalifornien, ganz heiß. Wir fahren immer nur nach Griechenland. Es kotzt mich echt an.

B: Ich hab' einfach gesagt, wenn wir nicht nochmal nach L. A. fliegen, komm' ich nicht mit. Tunesien ist zu wenig geil. Also, ich bleib' einfach hier. Das wollten sie nicht. Jetzt fliegen wir nächsten Donnerstag.

A: Solche Eltern möcht' ich auch ... Meine hätten mich bestimmt allein zu Hause gelassen.

B: Ich hab' noch gesagt, ich eß' nichts mehr. Davor haben die Mega-Schiß. Vater meinte, man soll reisen, solange man noch kann, eigentlich hätte ich recht. Das mit dem Essen funktioniert prima. Ich habe einmal eine Woche lang fast nichts gegessen, wegen dem Reiten. Sie fanden Reiten zu teuer. Aber plötzlich ging es. Lässig, nicht?

Ein unheilvoller Mechanismus.

Worauf können sich Kinder, die mit zwölf auf Weltreisen waren, auf einer Kreuzfahrt, im klimatisierten Wagen das Death Valley durchquerten, die jeden Urlaub im Ausland verbringen, am Sonntag im Auto herumgekarrt werden, worauf sollen sie sich im späteren Leben noch freuen – und woran wertemäßig orientieren? Materieller Überfluß kann in Überdruß umschlagen, in Leere und Langeweile, ehe das Leben recht begonnen hat.

Jungen und Mädchen, die ihre Eltern bis zum Nervenzusammenbruch quälen, sind keine bösen Kinder. Sie sind fast immer das Produkt elterlicher Erpreßbarkeit.

Besonders heimtückisch ist die »Alle-haben-alles-Falle«. In ihr verfangen sich Väter und Mütter besonders leicht, weil das Kind sich zum Außenseiter stempelt. »Ich, als einzige, habe nicht, was alle anderen, wirklich alle, auch die Sofie – besitzen.« Wer erträgt schon, wenn Sohn oder Tochter ausgelacht, verstoßen, gemieden werden.

Einer unserer Söhne mußte in der 6. Klasse als einziger (!) mit Skiern einer verachteten Billigmarke ins Klassenlager. Seine tagtäglichen tränenreichen Versuche, uns unter Druck zu setzen, waren kaum zu ertragen. Vielleicht war er wirklich der einzige? Seine Skier waren aber noch gut, weshalb also neue?

Am Boden zerstört, seiner unverständigen Alten wegen, fuhr er dann doch ins Lager und gewann im Schlußrennen eine Medaille.

Wo der Klamottenkult für Eltern zum Problem wird, können sie sich untereinander und mit den Lehrkräften zusammentun, um gemeinsam nach Alternativen zu suchen. Schüler und Schülerinnen sollen an einzelnen Besprechungen teilnehmen. Zur Toleranzerziehung hilft, mit der Klasse über die Bedeutung der Mode zu sprechen, aber auch aufzuzeigen, wie unsinnig es ist, für gewisse Kleidungsstücke derart viel Geld auszugeben, zumal in einem Alter des schubartigen Wachstums. Die Kinder könnten animiert werden, eine Art Anti-Werbung für ältere Kleider zu starten, Shirts und Turnschuhe im Kunstunterricht zu bemalen, ein Klassenlogo zu entwerfen. Es ist – ich weiß – oft Schwerarbeit, Jugendliche für solche Dinge zu begeistern. In ihren Augen total daneben. Wenn aber nach dem ersten Gemotze die Alpha-kids der Klasse für derartige Aktionen gewonnen werden, ist ein Gegengewicht geschaffen. Wichtig: ihnen möglichst viel Kreativität zugestehen.

Eine weitere Möglichkeit, wenn die monatlichen Kleiderkäufe unverhältnismäßig ins Geld gehen, sind Ferienjobs. Eltern dürfen sich weigern, gewisse Dinge zu kaufen. Im Kollektiv können auch sie die dringend benötigten Grenzen setzen. Oder einen Halbjahresturnus für Kleidereinkäufe aushandeln. Nur noch die aller-, allernötigsten Klamotten beschaffen, modisch, aber nonstop getragen.

Noch wirkungsvoller wäre allerdings, die Erwachsenen würden der kommenden Generation andere Werte zur Identifikation anbieten. Hier beginnt die eigentliche Malaise: Blinde können nicht Lahme führen. Konsumsüchtige nicht Modegeile. Orientierungslose haben keine Richtung.

Übrigens: Mir sind einige Familien bekannt,
a) die drei bis vier Kinder haben (zwischen 8 und 20)
b) die sich keinem Mode-Diktat unterwerfen
c) die weder TV noch Auto besitzen, obschon sie dazu in der Lage wären
d) die Ferien in der Heimat verbringen
e) die weder Probleme mit Gewalt, Drogen noch Unzufriedenheit haben
g) deren Mütter voll berufstätig sind und
h) deren Väter sich trotz anspruchsvoller Arbeit Zeit für die Kinder nehmen.
Anti-Familien?

Mythos: Wer sein Kind liebt, versagt ihm nichts
»Bezieh mein Bett!«

Wenn Kinder erleben, daß ihren Forderungen immer entsprochen wird, gewöhnen sie sich daran, die Betreuenden als eine Art Untertanen zu behandeln. Ein Verhalten, das sie auf andere Erwachsene zu übertragen suchen. Ob auf Besuch oder in den Ferien, die jeweilige Mutterperson soll als eine Art Füllhorn funktionieren, die das Gewünschte bei Bedarf über die Kids ausschüttet: vom Konfekt bis zum Video-Gerät und zum Transport in entlegene Vergnügungsstätten.

Als ich an Internatsschulen für verhaltensauffällige Jungen arbeitete, hatte ich Gelegenheit zu beobachten, wie sich das Verhältnis einiger Schüler zu mir änderte, wenn wir uns »privat«, d.h. außerhalb des Heims begegneten. Sie projizierten dann ihr Mutterbild auf mich, was im Rahmen des Unterrichts kaum geschah.

Valentin, ein schwieriger Junge, benahm sich in der Schule erstaunlich kooperativ. Er war ein Scheidungskind aus einer wohlhabenden Familie. Der Vater hatte Sohn und Tochter in Heimen untergebracht. Einmal konnte Valentin seine Ferien bei keinem Elternteil verbringen, und ich bot ihm an, zu uns zu kommen. So wie ich ihn erlebte, würde er sich problemlos in die Familie einfügen. Unsere beiden Söhne, 12 und 14, also in Valentins Alter, waren gespannt auf den neuen Gefährten.

Kaum war der Junge da, verlangte er mitten am Nachmittag eine warme Mahlzeit, inspizierte sein Zimmer, als wäre er im Hotel, und befahl in einem Ton, den ich an ihm nicht kannte, ich solle ihm jetzt das Bett beziehen. Leicht befremdet bat ich ihn um Mithilfe. In seiner Wohngruppe gehörte das Bettenmachen schließlich zu den täglichen Pflichten. In seinem Alter sollten Jungen ohnehin dazu angehalten werden.

Unwirsch half er, und ich – leicht irritiert – suchte nach dem Grund seines anmaßenden Benehmens. Hatte er Heimweh? Eine

Wut auf seine Eltern, die er an mir abreagierte? War der Dreizehnjährige eifersüchtig auf unsere Jungen?

Das mochte alles mitspielen. Im Laufe der drei Wochen, die er bei uns verbrachte, zeigte sich aber immer mehr, daß er mich begreiflicherweise in eine andere Rolle als die der Lehrerin versetzte. In der Schule war ich eine Frau, die er respektierte. Zu Hause war ich eine Mutter, die Person also, die nach seinen Erfahrungen zu bedienen und vorwiegend materielle Wünsche zu erfüllen hatte. Valentin lümmelte sich in den ersten Tagen stundenlang vor dem Fernseher und bestieg sein Fahrrad nur, wenn es zur Belohnung ein Eis gab. Er plünderte hemmungslos den ganzen Kühlschrank, wollte weder baden noch wandern, sondern neue Klamotten kaufen. Die Beschäftigungen unserer Söhne waren ihm zu wenig geil, und ein Computer fehlte im Haus, was er mit ungläubigem Staunen quittierte, als wäre er zu Steinzeitmenschen geraten. Geringste Forderungen benötigten von meiner Seite einen großen Aufwand an Energie mit endlosen Diskussionen, denn – so sagte der verwöhnte Boy – er habe Ferien und sei zu seinem Vergnügen, sprich TV-Gucken und Musikhören da. Nach einer schwierigen Anlaufphase gewöhnte er sich endlich ein.

Damals dachte ich, Valentins Unangepaßtheit sei Folge seiner Heimkarriere. Inzwischen erlebe ich immer mehr Kinder und Jugendliche aus »normalen« Familien, die äußerst aggressiv ihre Ansprüche durchsetzen, umgeben von verzweifelten Eltern oder frustrierten Lehrkräften, die Sicherheit und Freude im Umgang mit der Jugend verloren haben.

Eine Ursache des selbstherrlichen Benehmens junger Menschen, der entgegengesteuert werden kann, liegt in erzieherischer Zügellosigkeit.

Aus Angst vor Fehlern und der noch fataleren Angst vor kindlichem Liebesentzug gehen Eltern den Weg des geringsten Widerstands. Scheinbar. Und auch nur für kurze Zeit. Die Früchte dieser Haltung können sich schon im Kindergartenalter zeigen, wenn die Kleinen große Mühe haben, sich ins soziale Gefüge einer Gruppe einzuordnen. Unangepaßt und störend werden sie zu ungeliebten Außenseitern und reagieren auf die erste große Frustration ihres Lebens mit hoher Aggressivität. Wird ihnen die vertraute Vorzugsposition entzogen, bricht ihre Welt zusammen.

Mit ihrem tyrannischen Allmachtsgetue erreichen sie nichts als weitere Zurückweisung. Es ist Aufgabe der Kindergärtnerinnen, in Absprache mit den Eltern, einen Weg zu finden, die kleinen Egozentriker in die Gemeinschaft einzuführen. Sie dürfen auf keinen Fall zu Sündenböcken abgestempelt, aber auch nicht zu Rambos emporstilisiert werden.

Valentin ist nur eines der unzähligen Kinder, deren Mütter oder Väter Liebe mit Verwöhnung gleichsetzen.

Mythos: Eltern wissen am besten, was für ihr Kind gut ist
Das Kind als Ziel elterlicher Projektionen

Ein heikles Thema, obschon oder weil es einen zentralen Aspekt im Umgang mit unseren Kindern betrifft. Wer gibt schon zu, daß er in sein Kind projiziert, was er selber nicht verwirklichen konnte, Begabungen, die er an sich vermißt, aber brennend gern hätte, oder daß besondere Fähigkeiten des Nachwuchses auch den elterlichen Narzißmus befriedigen.

Eltern wünschen sich schöne und begabte Kinder. Nicht nur, weil sie – wie wir gern vorschieben – im Lebenskampf bessere Chancen haben, sondern weil wir an ihrem guten Aussehen, ihrer Intelligenz, Begabung, Freundlichkeit oder was auch immer partizipieren. Wir brauchen nicht einmal an die ehrgeizigen und vielgeschmähten Eltern, meist Mütter, von Tennisstars oder Eiskunstläuferinnen zu denken, denn wir alle kennen das zwiespältige Gefühl, wenn andere Kinder an Familienfesten Gedichte aufsagen, vortanzen, fehlerfrei auswendig auf Instrumenten brillieren und was zu dergleichen Vorführungen gehört, während die eigenen bockbeinig danebenstehen.

Unsere Kinder machen so was nicht, sagen wir psychologisch Verbildeten. Sie sind doch keine Tanzbären, keine Dressurobjekte. Das ist ehrlich gemeint. Trotzdem sind wir nicht gefeit vor Neid und dem ewigen Vergleichen. Je jünger das Kind, desto schlimmer. Es beginnt bei etwas so Banalem wie dem ersten Zahn, dem ersten Wort, dem ersten Schritt. Nie vergesse ich meine Verzweiflung über das späte »Zahnen« unseres Erstgeborenen. Sämtliche Gleichaltrigen bleckten aus strahlenden Gebissen. Bei ihm zeigte sich nichts. Zahnlos lächelte er uns entgegen, bis an seinem ersten Geburtstag ein weißes Spitzchen hervorlugte.

Die Identifikation mit unseren Sprößlingen ist bestimmt ein Mittel zur Fürsorge. Wir leiden mit ihnen, freuen uns mit ihnen, sie sind ein Teil von uns. Darum kümmern wir uns um sie. Solange uns das bewußt ist, können wir uns eher von ihnen abkoppeln, unsere eigene Identität leben. Das gelingt umso besser, wenn es den Töchtern und Söhnen gut geht, wenn sie akzeptiert und erfolgreich sind.

Die Mischung von Projektion *auf* und Identifikation *mit* dem Kind verführt viele Eltern dazu, ihre Kinder vom Krabbelalter an zu fördern. MUKI-Turnen, MUKI-Schwimmen, Malatelier und Kleinkindballett, die Auswahl wird höchstens durch mangelnde Finanzen eingeschränkt.

Mütter werden zu Chauffeusen ihrer Söhne und Töchter. Von einem Kurs zum nächsten: Reiten, Englisch, Tennis, Schlagzeug-, Schwimm-, Kanu-, Fußball- oder Gymnastiktraining.

Diese Kids wachsen ohne Eigenverantwortung heran, zwar mit ausgebuchtem Taschenkalender, vollem Kopf, aber leerem Herzen. Verplant, angefeuert von ehrgeizigen Eltern, die bald einmal die Liebe zum Kind mit dem Stolz auf dessen Erfolg verwechseln.

Nichts ist gegen sinnvolle Freizeitgestaltung einzuwenden,

doch sie sollte den Neigungen und Interessen des Kindes entsprechen und von ihm ausgehen. Klavierstunden soll haben, wer sie sich wünscht, nicht weil Musikunterricht im Bildungsbürgertum zum guten Ton gehört.

Verglichen mit der Bandenjugend der Straße, die Ruhm und Ehre durch Gewalt einfordert, erscheinen derart geförderte Kinder privilegiert. Um so größer ist das Entsetzen, wenn die sinnvoll verplanten Jungen plötzlich ihre Kurse schwänzen, aufsässig werden und in die Home-Boy oder Hooligan-Szene abdriften, gar jungen Neonazis nacheifern. Hier können sie endlich sie selbst sein und die Projektionen der Eltern abschütteln, indem sie die verdrängten Seiten ihrer Familien und sich selbst ausleben.

2b. Gewalt

Einleitung

Gewalt beginnt in der Familie. Schon wieder eine dieser Schuldzuweisungen? Jein. Gewiß, Gewalt ist kein ausschließliches Familienproblem (Inzest und Mißhandlung werden in diesem Buch ausgeschlossen). Sie hat gesellschaftspolitische Dimensionen, auch die Jugendgewalt. Trotzdem können sich weder Familie noch Schule aus der Verantwortung heraushalten. Sensibilisierung auf Unrecht beginnt in der Kernfamilie. Schon früh sind Kinder fähig zu erkennen, was »gut« und »böse« ist. Doch wir Erwachsenen müssen sie darauf aufmerksam machen.

Die kindliche Alltagskultur hat in den letzten 50 Jahren einen tiefgreifenden Wandel erfahren. Statt auf Bilderbücher mit niedlichen Tieren sind die heutigen Kids süchtig auf sich immer schneller bewegende Bilder mit immer gewalttätigeren Inhalten oder auf ebensolche Computerspiele. Tempo und Aggressivität haben die beschaulichen Geschichten verdrängt.

Bilder und ihre Botschaften spielen im Leben der Kleinen eine große Rolle. Selbst unruhigste Zappelphilipps sitzen brav vor der Glotze und lassen die Eltern ungestört einer eigenen Tätigkeit nachgehen. Kein Streit, kein Quengeln. Es ist eine Aufgabe des Elternhauses, mit einem sinnvollen TV-Konsum vertraut zu machen, sonst werden die Kinder bald von den Medien beherrscht.

Mädchen und Jungen lernen nicht nur an Bildern, sondern auch an realen Menschen. Als gute Beobachter sind sie hellhörig auf Zwischentöne im menschlichen Umgang. So spüren sie unsere abschätzige Haltung anderen Kulturen oder Ausländern gegenüber, auch wenn wir das nicht explizit äußern. Das Hakenkreuz ist nicht ihre Erfindung, doch sie ahnen bald einmal, daß es Schreckliches bedeutet.

Kinder sind fasziniert von Gewalt, von Banden und Abenteuerspielen. Ihr Lebensraum wird aber immer eingeengter. Sterile, umzäunte Spielplätze, die jedes kreative Spiel unmöglich machen, Straßen sind zu Todesfallen geworden. Also: Rückzug in die Videothek. Aggressionen explodieren in den Asphaltwüsten. Gewalt geht uns alle an.

Solange wir zum Beispiel Geschwindigkeitsbeschränkungen und Wohnstraßen als Einschränkung der persönlichen Freiheit des automobilen Erwachsenen empfinden, die Explorationsfreiheit von Kindern gleichzeitig aber wie selbstverständlich den Zwängen unseres Lebensstils opfern, sind Kinder in Gefahr, Opfer *und* gewaltgeile Provokateure zu werden. Gesunde Mädchen und Buben im Schulalter setzen Lebensqualität nicht gleich mit Bequemlichkeit. Sie brauchen zu ihrem Wohlbefinden Bewegung, Spannung und Freiräume, die ihre Phantasie herausfordern.

Mythos: Grausamkeit ist angeboren
»Der Freund meines Jungen quält Tiere«

Es gibt viele Jungen, die Tiere quälen, sei es, daß sie brennende Zigarettenstummel auf Katzenfelle drücken, Fröschen die Beine ausreißen oder Würmer und Schnecken lebendig herunterwürgen. Das Verschlingen des schleimigen Getiers soll Kameraden und Erziehende ekeln, hat also weitgehend demonstrativ-provokativen Charakter.

Bei jüngeren Kindern (im allgemeinen sind es Buben) mag die Neugier eine Rolle spielen. Sie töten eine Maus, einen Vogel, um zu untersuchen, wie es inwendig aussieht, wie so ein Tier funktioniert. Neugier ist der Antrieb, nicht die Freude am Quälen.

Mißhandeln Kinder Tiere, sollten Eltern weniger an Verrohung denken, sondern herausfinden, *weshalb* ihr Kind das tut. Hat es ein Trauma erlitten, einen brutalen Film gesehen oder einfach »eine Untersuchung« durchgeführt? Einige setzen auch in die Tat um, was sie tagtäglich gezeigt kriegen: sinnlose Grausamkeit.

Fassungslos erzählte letzthin eine Mutter, daß der Nachbarjunge mit Steinen nach einer Katze geworfen, einer anderen einen Zeitungsfetzen an den Schwanz gebunden und angezündet habe. Sie könne sich so was nur erklären mit einer naturgegebenen Aggressivität des Menschen. Theorien, die einen angeborenen menschlichen Aggressionstrieb postulieren – man denke an den Verhaltensforscher Konrad Lorenz und den Ethologen Irenäus Eibl-Eibesfeldt – haben Hochkonjunktur.

Auffallend, wie vor allem Männer nicht müde werden, Krieg und Vergewaltigung, Sadismus und Folterungen mit interessanten Theorien an der menschlichen Natur festzumachen und damit manches Fehlverhalten nicht nur erklären, sondern gleichzeitig entschuldigen. Die genetische Übereinstimmung von Primat und Mensch wird zum Alibi männlicher Gewalt-Euphorie.

Was für Schimpansen recht ist, ist für den Menschen billig. Auch die dunklen Anteile der Jungschen Psyche müssen immer wieder herhalten, um alle Scheußlichkeiten zu begründen und als »normal« hinzustellen.

Gewiß sind Gut und Böse zwei Seiten, die jeder Mensch (Mann und Frau) hat und kennt. Immer stärker überwiegt aber ein gewaltverharmlosender Ansatz.

Wie zwiespältig unser Umgang mit Gewalt ist, zeigt das Lamentieren über die reale Alltagsgewalt bei gleichzeitiger Faszination durch sogenannt künstlerische Darstellungen oder Beschreibungen grausamer und perverser Szenen. Kein Buch kann abwegig genug sein, um von der Kritik nicht hochgejubelt und von angesehenen Juroren mit Preisen bedacht zu werden. Dieselben Mechanismen gelten für den Film. Während Jugendliche in Zürich für ihr fragwürdig-brutales Machwerk »Blutgeil«, das ironisch gemeint war, aber zynisch-brutal daherkommt, vor dem Richter zu erscheinen hatten, werden mindestens so verhängnisvolle filmische Aussagen berühmter Regisseure dank ihrer Pseudo-Ästhetik künstlerisch als epochemachend hochgejubelt. Als im Herbst 1994 aktuelles Beispiel denke ich an Oliver Stones Film »Natural Born Killers«. Dieser Streifen wurde von Kritikern weltweit gelobt, in Irland allerdings von den Behörden verboten. Der Film ist eigentlich nicht wegen seiner blutigen Exzesse ein Ärgernis. Da gibt es Schlimmeres. Bedenklich ist vielmehr die eigentliche Botschaft: Brutalität ist ein natürlicher Vorgang wie Sex. Wenn es über mich kommt, muß ich töten. Die Heldin und den Helden überfällt die Mordlust 52mal. Bei der Frau erklärt sich das Böse durch ein inzestuöses Milieu. Der Mann trägt die Gewalt naturgegeben in sich und verwirklicht sich im Blutrausch.

Rechtzeitig mit den wiederauferstandenen Theorien des Mailänder Nervenarztes Lombroso, der Anfang dieses Jahrhunderts Verbrecher-Typologien aufstellte und verkündete: »Genie ist Irrsinn«, erscheinen Filme, die Gewalt als angeboren propagieren und die neuen Rassenlehren unterstützen, die in den USA durch fragwürdige Intelligenztests untermauert werden und in Europa ebenfalls Aufwind haben. (Die Zeit 17/94). Psycho-Physiognomikkurse erleben eine Renaissance. Sie vermitteln Menschenkenntnis auf unwissenschaftlicher Basis mit rassistischer Färbung. Im September 1995 wurde in den Räumen der Uni Bern ein solcher Kurs verboten. »Natural Born Killers« beruft sich nicht eigentlich auf physiologisch bedingte Bosheit, vertritt aber eine Ethik der Gewalt.

Die Diskussion entzündet sich einmal mehr am Film, nicht an der realen uns umgebenden Gewalt. Das ist bequemer. Oliver Stones Machwerk trägt vielleicht bei zur Abstumpfung gegen die Brutalisierung unseres Lebens. Doch die Ursache der Gewalt sind nicht Filme, sondern Menschen ohne Mut zum Nein, ohne eigenen Standpunkt. Menschen, die nicht wagen, gegen die tägliche verbale und physische Verrohung aufzubegehren, die schweigen, wenn über das Ausländerpack geschimpft wird, und nichts dabei finden, daß Homosexuelle verprügelt werden. Frauenhäuser müssen Ort und Telefonnummer geheimhalten, und in Katalogen werden für Kindersextouristen die exklusivsten Reisen und Geheimtips angeboten. Die Medien stürzen sich auf jede Perversität und entrüsten sich scheinheilig darüber. Das sind die realen Vorbilder der Jugend.

Solange wir Gewalt als naturgegeben hinnehmen und sie mit wissenschaftlichen und philosophischen Behauptungen legitimieren, werden wir nie lernen, Konflikte auf eine andere Weise zu lösen. Die Gewaltverherrlichung hat ein unerträgliches Ausmaß erreicht. Beklagen wir das untätig, entziehen wir uns einmal mehr der Verantwortung. Der Starke wird weiterhin die Schwachen beherrschen, und Kinder wachsen in eine Welt, in der bald alles als normal gilt. Daß in jedem Menschen dunkle Triebe wie eine Zeitbombe auf Explosion programmiert sind, ist die Botschaft eines Mythos, der negiert, daß auch das Gute in uns zur Entfaltung drängt.

Jede Generation hat die Jugend, die sie verdient. Wir leben

heute in einer Zeit, die aus Brutalität mehr Gewinn erzielt als aus Erbarmen und Zuwendung. Wer durch Gewalt zu Besitz kommt, war früher Räuber – heute ist er eher Medienunternehmer. Kunst, Wissenschaft, Wirtschaft und Politik haben sich von der Ethik verabschiedet. Gewalt ist legitim, wenn sie nützt. Auch in der Tierhaltung. Tiere werden millionenfach gequält, geschlachtet, gegessen, unter nicht tiergemäßen Bedingungen gezüchtet. Die Berichte über ausgesetzte Hunde und Katzen füllen zu Beginn des Sommerurlaubs Zeitungsspalten.

Wer erlebt, mit welchem Einsatz Kinder sich für aussterbende Tierarten wie etwa Wale engagieren, weiß, wie einfühlsam sie sein können. Stirbt der geliebte Hund, die Katze, das Meerschweinchen oder der Wellensittich, trauern sie wie um einen Menschen.

Tiere können sich nicht wehren. Das ist mit ein Grund, weshalb kindliche Tierquälerei, auch wenn sie in keinem Verhältnis steht zu den Tierfoltermethoden der Erwachsenen, soviel Abscheu auslöst. Der Einsatz der Buben und Mädchen für Wale dagegen wird als selbstverständlich hingenommen.

Mythos: Wenn Märchen nicht schaden, dann sind auch die elektronischen Medien unschädlich
»Märchen sind brutal, Videos sind nicht schlimmer«

Mein Mann und ich gehörten zu jenen 68er Eltern, die fälschlicherweise Märchen als grausam und nicht für empfindliche Kinderseelen geeignet abqualifizierten. Trotzdem kamen unsere Kinder in den Genuß von »Hänsel und Gretel«, mit dem Erfolg, daß wir uns eine Zeitlang bei Waldspaziergängen keine dreißig Meter von unseren drei- und fünfjährigen spielenden Jungen entfernen durften, ohne daß ihr jämmerliches Geschrei ertönte.

»Kinder brauchen Märchen«, sagte Bruno Bettelheim. Die

Kinder brauchen – so Bettelheim – auch Fernsehen. Wieviel TV brauchen Kinder wirklich?

Zwischen der Grausamkeit im Märchen und im Film besteht ein wesentlicher Unterschied. Märchen zwingen uns keine äußeren Szenen auf. Jedes Kind malt sich eigene Bilder mehr oder weniger detaillierter Gewaltszenen aus, die es je nach seelischer Robustheit oder momentaner Verfassung verstärkt oder abschwächt. Die kollektive Bilderflut des Films dagegen läßt der Vorstellungskraft nur wenig Raum. Allzu Gräßliches wird nicht gemildert. Vor Walt Disneys Schneewittchen hatte jeder Mensch sein individuelles Hexenbild, jetzt bevölkert dieselbe Hexe Millionen von Gehirnen. Auch Gewalt- und Horrorszenen erlangen durch den Film eine andere Qualität als in der Phantasie. Abgesehen davon, daß Kinder mehr Zeit vor dem Bildschirm als neben der Märchenplatte verbringen.

Mit der Zunahme kindlicher Gewalt in Schulen und auf der Straße wächst bei Eltern die Besorgnis über den schädlichen Einfluß der Massenmedien. In vielen Familien haben Kinder uneingeschränkten Zugriff auf alle Kanäle und damit Anteil an sämtlichen Inszenierungen brutaler und perverser Auswüchse der Erwachsenenpsyche. So haben 60000 Kinder zwischen sechs und neun Jahren den Kannibalismus-Thriller »Das Schweigen der Lämmer« gesehen (Focus 26/94). Eltern, die solche Filme zulassen, handeln fahrlässig. Väter und Mütter, die sich Gedanken über den Fernsehkonsum ihrer Kinder machen, sind aber oft nicht in der Lage, das Bildmaterial zu kontrollieren.

Die Diskussion über die schädliche Wirkung von Videos ist wohl nie beendet. Obschon neuerdings ein Zusammenhang zwischen Videokonsum und psychosomatischen Störungen erwiesen ist, wird von gewissen Mediologen ein generell schädlicher Einfluß auf das kindliche Verhalten weiterhin verharmlost. Verständlich, wenn man an die Gewinnmargen der Unterhaltungselektronik denkt. Auch wenn Brutalos sicher nicht die alleinige Ursache von Gewalt sind, ist es doch belegt, daß Kinder und Jugendliche aufgrund von Film-Vorbildern schon Morde begangen haben. So schlimm muß es ja nicht kommen.

Doch ich bin sicher, daß das Fernsehen – um nur ein Beispiel zu nennen – viel zum Anwachsen rassistischer Übergriffe beigetragen, ja diese recht eigentlich unter jungen Menschen salonfähig gemacht hat. Die zum Teil voyeuristische Berichterstattung über neonazistische Gewaltverbrechen in Solingen und anderswo hat bestimmt keine Youngsters abgeschreckt, Ähnliches zu begehen, im Gegenteil.

Werner Glogauer spricht in seinem Buch »Die neuen Medien verändern die Kindheit« von »Verharmlosung von Mediengewalt und Ignoranz gegenüber Erkenntnissen zu deren Wirkungen« (S. 117). Untersuchungen ließen erkennen, daß es einzelnen Kindern in aggressiven Auseinandersetzungen mit Gleichaltrigen vor allem »um die Vernichtung der anderen« geht. »Handkantenschläge ins Genick, harte Tritte in den Magen und ins Glied, Luftabdrücken, Schlagen des Kopfes gegen die Wand, nochmaliges Treten auf die Kinder, die schon wehrlos am Boden liegen, ein spöttisches Abwenden ...« (S. 116), dieses brutale Kampfverhalten sei weitgehend eine Folge der täglichen Horror- und Brutalotrips auf dem Bildschirm.

Schon beim Durchblättern von Glogauers Buch fallen die vielen Beispiele und Studien auf, die einen Zusammenhang zwischen Gewalt-Delikten von Jugendlichen mit dem Konsum von Sexual- und Pornofilmen und entsprechenden Videospielen belegen. Daß Filme unser Verhalten beeinflussen können, ist auch aus den Unsummen ersichtlich, welche die Werbung weltweit für Filme ausgibt.

Wenn Eltern sich einmal mit dem befaßten, was Kinder vor und nach der Schule an Grausamkeiten reinziehn, wenn sie wüßten, wie zynisch, brutal, menschenverachtend und rassistisch auch ein Teil der begehrten Computerspiele daherkommt, sie würden vermutlich die beliebte Verharmlosungs-Theorie in Frage stellen. Seit Jahrzehnten existieren Untersuchungen, die zeigen, wie Kinder sich mit Filmhelden identifizieren und sie auch nachahmen (z.B. Albert Bandura, 1973; Werner Herkner 1983; Herbert Selg, 1971).

Nur Naivlinge nehmen überdies an, Video-Spiele, die Gewalt zelebrieren, d.h. Männlichkeit, Heldentum, Kameradschaft, Frauenhaß und die Faszination sexueller Grausamkeit, würden das Männer- und Frauenbild der Halbwüchsigen nicht beeinflussen.

Dazu ein aufschlußreiches Erlebnis, wie verschieden Gewaltakte von Männern und Frauen wahrgenommen und beurteilt werden.

Einer Gruppe von Studierenden eines LehrerInnenseminars wurde der Film »Kameraden« vorgeführt, der nach zwanzig Uhr in der Krimi-Serie »Tatort« gezeigt worden war. Es ging darum, zu belegen, daß dieser Film – er handelt von jungen Neonazis in Bern und muß seiner Aussage nach als doppelzüngig beurteilt werden – für Jugendliche geeignet sei. Keinem der anwesenden Männer, der Medienexperte inbegriffen, fiel dabei auf, daß in »Kameraden« mindestens drei für die Handlung völlig überflüssige sexistische Szenen eingefügt sind. Beispiel einer unnötigen Sequenz: Die Hauptdarstellerin wird halbnackt von den Neonazis entführt und einer Gehirnwäsche unterzogen. Daß sie früher »mit einem Neger« geschlafen hat, erspart ihr eine anschließende Vergewaltigung. Fast alle Studentinnen waren über diese Darstellung schockiert, während ihre Kollegen und die Filmexperten (von der Abteilung Jugend, Fernsehen DRS) anders reagierten. Die Frau sei ja nicht vergewaltigt worden. Keiner hatte die rassistische Begründung und ihre unterschwellige Botschaft an Jugendliche durchschaut!

Reagieren erwachsene Männer, die sich dazu noch mit Medienpädagogik befassen, so unsensibel, wie viel mehr werden Jungen solche Äußerungen kritiklos hin-, wenn nicht sogar in ihr Verhaltensrepertoire aufnehmen.

Zum Exkurs in die Videowelt gehört auch ein Hinweis auf die oft brutalen Darstellungen in Video-Clips, die MTV nonstop ausstrahlt, dieser TV-Sender, der fast 100%ig von jugendlichen Rezipienten lebt.

Heavy Metal, Satanskulte, neofaschistische Greueltexte sollten von am Geschäft unbeteiligten Müttern und Vätern analysiert und auf ihre Anstiftung zu Gewalt, Suizid und Sadismus hinterfragt werden. Sogar »zwei Drittel der generellen Rockfans sind der Meinung, daß Kinder unter 10 Jahren keine Musik mit Texten über Selbstmord, Tod und satanische Praktiken hören sollten ... Die Zahlen aus unseren Untersuchungen belegen, daß die aggressiven Ausprägungen des Hard-Rock in den letzten Jahren mehr jugendliche Anhänger gefunden haben«, meint Glogauer (S. 139/140). Alarmierende Beobachtungen.

Viele Medien – darum sollten sich Eltern informieren – üben auf Heranwachsende eine Faszination aus, denn sie thematisieren die spezifischen Gefühle dieser Altersgruppe. Die normalen Ablösungswünsche von den Erwachsenen werden zum Haß auf das Erwachsensein, zu Anarchismus, Rebellion, Gewalt hochstilisiert, oder es ist von Selbstmord und Zukunftsängsten die Rede. Kindern ist es aber nahezu uneingeschränkt möglich, an die extremsten Darbietungen der Rockmusik, des Heavy Metal zu gelangen.

Kehren wir zurück zum normalen TV-Konsum. Die schwedische Sozialwissenschaftlerin Inga Sonesson hat in einer Langzeitstudie den Einfluß der Medien auf das Verhalten von 200 Kindern vom sechsten bis zum sechzehnten Lebensjahr untersucht. Ergebnis: Kinder, die von früh an viele Gewaltszenen im TV erlebten, waren später deutlich aggressiver als Gleichaltrige mit weniger Kontakt zu Bildschirmgewalt. Mit zunehmendem Alter verstärkte sich ihre Aggressivität. Die Forscherin: »Als ich die Studien begann, sah ich das Thema ›Kinder und Fernsehen‹ positiv. Heute frage ich mich ernsthaft, wie eine zivilisierte Gesellschaft es überhaupt zulassen kann, daß ihre Kinder vor dem TV sitzen und eine kaum vorstellbare Gewalt über sich ergehen lassen ... Wenn mehr als zehn Prozent aller Kinder emotionale Störungen durch Fernseh- und Videogewalt riskieren, dann ist das etwas, um das sich die Gesellschaft kümmern muß« (Psychologie heute 4/94, S. 20).

Das ist Klartext und widerspricht dem inkompetenten Gelaber von Politikern, Psychologen und Lehrern, die aus dem Bauch heraus verkünden, Gewalt sei vielleicht schon ein wenig gefährlich für gewisse Kinder, aber eigentlich eher nicht, jeder Bub sei ja an Kampf und ein bißchen an Brutalität interessiert, wenn sie ihm nur schön dosiert gereicht werde.

Eltern müßten sich zusammentun und öffentlich gegen die Berieselung ihrer Kinder mit dem medialen Gewaltregen protestieren. Verbote bei Kids bewirken das Gegenteil. Wenn wir uns dazu überwinden, mit den Jungen zusammen einen Brutalostreifen zu betrachten und anschließend ein sachliches Gespräch über Inhalt und Darstellung führen, kann das jung und alt zu neuen Seh-Erfahrungen verhelfen.

Elternvereine könnten eine Vertretung in die Expertenkommissionen der Kinder- und Jugendfilmbegutachtenden fordern; mit Protesten und Petitionen wenigstens für gewaltfreiere Programme bis 22 Uhr und gegen die im Umfeld von Gewaltsendungen werbenden Firmen vorgehen. In Deutschland werden solche Aktionen bereits von »Kinderheilkundlern, Psychiatern, Pädagogen und Kriminologen« und den »Elternsprechern von 7600 Schulklassen« unterstützt. »Keine Werbung im Kontext von Gewalt und menschlichem Leid« lautet die Forderung dieser Bewegung, die sich »quer durch alle gesellschaftlichen Schichten als Widerstand gegen Bildschirmbrutalität und ihre Auswirkungen formiert hat« (Focus 26/94). Die »Explosiv«-Werbeblöcke gehören zu den beliebtesten. Die von ihnen umrahmte Reality-Sendung kann bei Kindern indes nicht mehr mit »es ist ja nur ein Film« entschärft werden.

Immer lauter tönt der Ruf nach einem Pflichtfach Medienerziehung. Doch auch wer den Umgang mit den Bildmedien spielerisch und kreativ lernt, wer die Bildsprache von Grund auf zu beherrschen glaubt, Mechanismen und Bluffs der Filmemacher durchschaut, ist nicht gefeit, Opfer von Fehlinformationen und Täuschungen zu werden, denn immer unmöglicher ist es, Schein und Sein auseinanderzuhalten. Fiktion wird als Realität erfahren und entsetzlichste Wirklichkeit zur Fotomontage verharmlost. Mit Erfolg, wie die Auschwitzlügner und ihre jungen Anhänger beweisen.

Für Eltern ein Grund zur Wachsamkeit in bezug auf den Filmkonsum ihrer Sprößlinge ist das Fazit des deutschen Medienforschers Michael Schenk: »*Eine* wirklich gesicherte Erkenntnis haben wir. Das Ansehen von Gewalt im Fernsehen oder im Kino macht niemanden friedlicher.« Nicht nur das Medienverhalten des Nachwuchses ist zu hinterfragen. An erster Stelle steht der eigene Umgang mit TV und Videos.

Mythos: Die Faszination der Waffen gehört zur männlichen Entwicklung
»Jan und seine Freunde gehen nicht ohne Messer zur Schule«

Der Inhalt von Schulmappen und Rucksäcken läßt oft eher auf Waffenschieber schließen als auf Schüler. Waffen statt Pausenbrot: Stahlkugeln, Selbstgebasteltes und vor allem Messer jeder Sorte. Neben Büchern und Heften liegen Mordwerkzeuge.

Unberührt vom Unterricht hängen die Boys rammdösig in den Stühlen und erwachen erst zum heißen Pausenspiel. Erpressen ist geiler als Mathe. Die Lehrer gucken eh weg.

In einer repräsentativen Befragung von 13–18jährigen Jugendlichen in Horgen in der Schweiz (eher ländliche Verhältnisse) gab fast ein Viertel der Burschen an, schon mit einem Messer bedroht worden zu sein (22% gegenüber 2% bei den

Mädchen). 40% der Gewalt ereignete sich auf dem Pausenplatz (Tages Anzeiger 10.6.94).

Messer haben mit einer Selbstverständlichkeit in den Schulen Einzug gehalten, die schockiert. Nicht Militärmesser, sondern Klapp- und Schmetterlingsmesser. Spricht mensch die Jungen auf ihre Bewaffnung an, heißt es: Verteidigung. Andere meinen zynisch, was für die Kanaken gut sei, sei für sie nichts als billig. Schon tönt es von den Stammtischen: Unsere Jungen müssen sich vor den kriminellen Ausländern schützen, auch mit Messern, das ist ihr gutes Recht.

In Kulturen mit fundamentalistisch patriarchalen Strukturen gehört das Tragen der Waffe ab einem bestimmten Alter zur Männlichkeit. Das entspricht einer oft jahrhundertealten Tradition und Sitte.

Doch warum macht man aus der Not eine Männlichkeitstugend, statt einzugestehen, die Gewaltbereitschaft in Schulen unterschätzt zu haben? Weshalb wehrt sich niemand gegen das Klischee, patriarchale Kultur mit dem selbstverständlichen Griff zur Waffe im Alltag gleichzusetzen?

Zu lange wurde die Eskalation von Gewalt in Schule und Familie verharmlost. Heute schütteln Erziehende besorgt den Kopf. Daß sich nach entsprechenden Fernseh- und Videofilmen neue und immer gefährlichere Waffen und »Gewaltspiele« auf Schulweg und Pausenplatz einschleichen, wird zwar festgestellt, aber in keinen anderen Zusammenhang gebracht, als daß die Faszination der Gewalt auch bei uns zur männlichen Entwicklung gehöre. Die weniger bedrohlichen Pausenspiele der letzten Jahrzehnte seien eine Folge der autoritären Erziehung, der Unterdrückung aggressiver Triebe durch sture Lehrer, Frontalunterricht (!) und strafende Eltern gewesen, die allesamt ein Ausleben männlicher Aggressivität brutal unterdrückt hätten.

Männliche Jugendliche sind häufiger mit Gewalt konfrontiert und üben sie eher aus als Mädchen. Die Horgener Studie führt das »zu einem schönen Teil auf das traditionelle Rollenverhalten zurück: Mann hat erfolgreich zu sein, sich durchzusetzen. Frau neigt im Konfliktfall zum Rückzug, wird magersüchtig oder suizidal«, depressiv oder delegiert ihre Aggressivität an die Jungen. Statt neue Formen männlicher und weiblicher Aggressionsverarbeitung zu entwickeln und zu fördern, wird die Waffen-Gewalt-Euphorie zur Notwendigkeit im männlichen Entwicklungsprozeß verharmlost.

Mythos: Eine Reaktion auf jugendlichen Rechtsdrall verstärkt rechtsradikales und provokatives Verhalten

»Ich übersehe absichtlich das Hakenkreuz auf dem Etui meines Sohnes«

»Als ich letzthin im Zimmer meines Sohnes auf eine Fahne stieß mit hakenkreuzähnlichem Emblem, war ich sprachlos. Was sollte ich tun? Ich beschloß zu schweigen: So würde ich ihn nicht weiter provozieren.«

Wie diese Mutter reagieren die meisten Eltern und Lehrkräfte in derartigen Situationen. Ich denke dabei nicht an gedankliche Mitläufer rechtsradikaler Bewegungen. Es ist allerdings erwiesen, daß zum Beispiel deutsche Jugendliche, die mit rechten Parteien sympathisieren, häufig Eltern haben, die Republikaner wählen (Spiegel Special 11/94). Aber auch in der Schweiz und in Österreich blüht eine neonazistische Jugendszene.

Meine Ausführungen richten sich an politisch gemäßigte Erwachsene, die den wuchernden Faschismen mit Abscheu begegnen und in ihrer Hilflosigkeit falsch handeln: nämlich gar nicht. Umso gieriger stürzen sich die Medien auf die bösen Jungs (es gibt inzwischen auch wieder braune Mädels). Wären Hakenkreuze und faschistoides Geschwafel »nur« provokatives Imponiergehabe von verunsicherten Jugendlichen, könnte das Thema unter Pubertätsrituale eingeordnet werden. Doch es erhält bald einmal eine politische Brisanz.

Zunächst sind das Schmieren von Nazisymbolen, das Tragen

von Bomberjacken, Springerstiefel und weitere Attribute unheimlicher Rückwärtsorientierung als Herausforderung gedacht. Anecken, die Gruftis ärgern, sich beweisen, eine eigene Identität finden. In diesem Alter, wie schon erwähnt, nicht nur legitim, sondern notwendig.

Jede Bandenzugehörigkeit erleichtert die Abgrenzung und Lösung von der Familie. Kameradschaft wird großgeschrieben, Mutproben sichern die Mitgliedschaft, Gewaltakte werden positiv verstärkt. Wer schlägt, ist ein Held. Der inkompetente Griff nach einer von den Erwachsenen noch unbewältigten Vergangenheit ist für die Jungen anfänglich ein Aufhänger, um zu schockieren, um Bedeutung und Aufmerksamkeit zu erlangen.

In Deutschland war ein Teil der Großeltern – auf welche Weise auch immer – persönlich in die Verbrechen von Nazideutschland verwickelt. Großmütter und Eltern wissen um die Schuld vieler Männer, die sich nicht mit der »Gnade der späten Geburt« herausreden können. Die 50jährige Verdrängung dieser Epoche rächt sich. Im Moment ist eine Verschiebung der Problematik auf die DDR-Vergangenheit zu beobachten. Die SED-Anhänger sollen nicht ungeschoren davonkommen. Statt die eigene Nazi-Vergangenheit endlich aufzuarbeiten, stürzt sich die Prominenz auf die Verbrechen der Ex-Kommunisten. Die Enkel dagegen sind fasziniert vom Tabu-Thema und bewältigen es auf ihre Weise. Sie werden zu Fürsprechern des Verbotenen, sekundiert von den Boulevard-Medien, die ihnen Sendezeiten und Spalten widmen und damit für die zynischen Neofaschos Gratiswerbung machen.

Darum, denken besorgte Bürgerinnen und Bürger, reagieren wir nicht. Doch jedes Schweigen wird von den Provokateuren als Duldung ihrer Wühlarbeit verstanden und als geheime Übereinstimmung, was sie leider oft auch ist. Hinter den unwissenden, biersaufenden, grölenden und nichtorganisierten Skins und Einzeltätern steht eine Anzahl von cleveren Lehrern und Intellektuellen, die sehr wohl wissen, was sie tun.

In Mitteleuropa erschrickt die Öffentlichkeit zunehmend über einen Prozeß, der sich über viele Jahre hinwegzog und nur von wenigen in seiner Gefährlichkeit und Vernetzung erkannt wurde: die Wiedererstarkung der Neonazis, kräftig angeheizt von den fälschlicherweise so genannten Revisionisten. Sie wollen die Geschichte revidieren. Nicht, indem sie die Vergangenheit unter einem neuen Blickwinkel ausleuchten, sondern indem sie lügen und historische Tatsachen wie Judenvergasung und KZs als jüdisch/bolschewistische Verschwörung negieren und mit sogenannten Beweisen schlecht informierte Zeitgenossen und -genossinnen verunsichern. Witwen von KZ-Mördern antworten auf Fragen ihrer Kinder nach ihrer Vergangenheit mit Lügen, und ein Vater soll seiner Tochter gesagt haben, falls sie oder ihr Bruder krank oder behindert gewesen wären, hätte er sie umgebracht, denn in seiner Rasse müßten alle gesund sein. Der Israeli Dan Bar-On hat in Deutschland Kinder von NS-Tätern interviewt und beschrieben, wie diese Kinder unter dem Schweigen ihrer Eltern als späte Opfer des Nationalsozialismus leiden.

Bald sind die letzten Überlebenden der Nazigreuel gestorben, niemand ist dann noch unmittelbar dabeigewesen, also wird unter dem Deckmantel der freien Meinungsäußerung immer schamloser gelogen und das Hitlerregime reingewaschen. Beobachterinnen und Analytiker des Zeitgeists wundern sich ohnehin, wie lange es dauerte und was alles geschehen mußte, bis einige kraft ihres Amts Gegensteuer geben, politisch Verantwortliche, aber auch jene, die Geschichtsunterricht erteilen und die vielen, die sich (noch) erinnern können.

Grabsteine werden auf Judenfriedhöfen angeblich von Kindern zerstört. Ausländer raus. Juden sind Schweine. Türken: klatschen. Antirassismusgesetz: ablehnen. Unsere Werte sind Recht, Leistung, Freiheit, Landesverteidigung. Hitler hatte in vielem recht, und Gaskammern hat es nie gegeben.

Spätestens, wenn unsere Kinder derartige Sprüche oder Witze

nach Hause bringen, müssen wir uns mit dem Alltagsfaschismus auseinandersetzen. Und plötzlich sind wir bei uns. Ob Mann oder Frau: Wie gehe ich mit den populistischen Wahlreden um, die neuerdings wieder hoffähig sind? Was tue ich in Gegenwart meiner Kinder, wenn jemand sagt: »Ich habe nichts gegen Ausländer, aber die Asylanten sind Dealer, verführen unsere Kinder und fressen uns arm. Sie erhalten Unterstützung, wir weder Arbeit noch Wohnung.« Wer in der eigenen Familie Arbeitslosigkeit kennt, ist vor solchen Gedanken nicht gefeit. Aber wir wissen auch, daß Menschen überall Menschen sind.

Kinder verstehen, wenn wir ihnen erklären, wie schwer es ist, in einem fremden Land zu leben, ohne Sprachkenntnisse, ohne Freunde, mit ungewohnten Speisen und einem fremden Klima. Solchen Menschen darf man das Leben nicht zusätzlich mit Haß und Ausgrenzung erschweren. Wenig Frauen mit Kindern fliehen freiwillig, und nur ein geringer Prozentsatz der Flüchtlinge gehört zu den Dealern. Statt alle Energie auf die Bekämpfung der organisierten Mafia zu konzentrieren, die von »unbescholtenen« Paten gelenkt wird, verlegt man sich auf die kleinen Fische. Mit Kindern sollen auch derartige Probleme, die zwar kaum gelöst werden können, besprochen werden.

Auf diesem Hintergrund sind wir aufgefordert, das Hakenkreuz auf dem Etui ernstzunehmen. Nicht, indem wir ausrasten. Wir haben vielmehr die Pflicht, unsere Kinder über Tatsachen aufzuklären.

Leider bleibt der Geschichtsunterricht in der Schweiz erneut an der Verherrlichung eidgenössischer Heldentaten kleben. Einer unserer Söhne lernte auch zweimal Interessantes über die Französische Revolution, erfuhr aber nichts vom zweiten Weltkrieg. Nichts vom »vollen Boot« der Schweiz, nichts vom »J« in den jüdischen Pässen, das in der Schweizer Botschaft in Berlin ausgeheckt wurde und für Tausende den Tod bedeutete.

Wenn Schulen diese Epoche weiter vernachlässigen oder gar im Sinn der Revisionisten korrigieren, müssen Eltern in die Bresche springen. Als erstes: Informationen beschaffen. Nur so können wir unsere Kinder aufklären. Das Tagebuch der Anne Frank (seine Echtheit wurde von gewissen Kreisen ebenfalls angezweifelt, doch sie ist inzwischen einwandfrei bewiesen), gemeinsam mit ihnen gelesen, ergibt einen kindgerechten Einstieg. Eine Dreizehnjährige erlebt aus einem Versteck mit ihrer Familie den Krieg, wird tragischerweise kurz vor Kriegsende deportiert und ermordet.

Videos sind ebenfalls geeignet für Gespräche über die Vergangenheit. Als Parallele zur Gegenwart dient vielleicht eine Zeitungsnotiz wie die folgende über den Physiklehrer eines deutschen Gymnasiums. Dieser Pädagoge fragte seine Schüler am 20. April, welcher »große deutsche Führer« heute Geburtstag habe und erläutert seit Jahren (!) das Gesetz der schiefen Ebene am Beispiel, »wie schnell ein oben parkendes Auto den unten stehenden Türken umfahren könne«.

Als eine Schülerin gegen den rechtsradikalen Hetzer klagte, erhielt sie einen Zettel mit »schönen Grüßen von den Reps« sowie anonyme Drohungen per Telefon, und der Lehrerin, die sie unterstützte, »wurde die Heckscheibe im Auto eingeschlagen«.

Ein Vater, »Arzt von Beruf«, schrieb in einem Leserbrief: »Deeskalation ist angesagt, nicht weitere journalistische Einmischung«, denn man könne dem Lehrer »lediglich eine Gesinnung, nicht aber ein kriminelles Delikt vorwerfen« (Die Zeit 47/94).

Unter dem Eindruck des heutigen Deutschland, dem Aufleben von Nazi-Ideologien und Überfällen auf Asylsuchende, Schwache und Alte hat die Psychoanalytikerin Judith S. Kestenberg den Text zu einem deutschen Bilderbuch über den Holocaust geschrieben. Sie ist der Meinung, um Kriege zu verhindern, Fremdenhaß abzubauen, müßten wir den Kindern die Wahrheit sagen – so früh wie möglich. Schon den Dreijährigen.

Manche Eltern werden einwenden, man belaste Kinder damit unnötig. Doch wir haben auch keine Hemmungen, Kinder mit Nachrichten und TV-Gewalt zu konfrontieren. Kestenbergs Buch will zum Hinschauen ermutigen. Da deutsche Kinder seit dem zweiten Weltkrieg kaum noch Großeltern erleben, die ihnen Geschichten von früher unbefangen und ehrlich zu erzählen vermögen, hat die Autorin mit der Zeichnerin Vivienne Koorland die Geschichte »Als eure Großeltern jung waren« aufgeschrieben. Kinder, sagt sie, müssen mit der Vergangenheit vertraut werden, dann, wenn sie zu fragen beginnen. Das sei die beste Zeit. Verschweigen mache sie argwöhnisch, denn sie ahnten die Wahrheit dahinter.

Kinder wollen nicht fehlerlose, sondern ehrliche Bezugspersonen. Das Aufarbeiten eigener Schuldgefühle macht Eltern toleranter und weniger mißtrauisch.

Deutsche Beobachter der Nachkriegszeit sind der Ansicht, daß nicht das große Schweigen »nach 45« verhängnisvoll war, sondern die Vorzeichen, unter denen über die unmittelbare Vergangenheit geredet wurde. Mütter und Väter stellten sich ihren Kindern gegenüber als Opfer dar. Das Problem der Deutschen sei, daß sie sich permanent als Opfer sähen und in dieser Opferstruktur verharrten, so der Psychiater Dierk Juelich.

Diese Haltung steht einem offenen Dialog in den Familien entgegen. Alexander und Margarete Mitscherlich schrieben schon 1967 in ihrem Buch »Die Unfähigkeit zu trauern«, daß das Verschweigen oder Nicht-wahrhaben-Können elterlicher Fehler die Kinder auch für andere Bereiche der Außenwelt blind mache oder diese verzerrt sehen lasse. In einer Gegenwart, die Kindern kaum stabile Bezugspunkte erleben läßt, vermittelt die Zeitachse Vergangenheit-Gegenwart-Zukunft eine gewisse Kontinuität.

Eine Vergangenheit, die weniger aus Fakten denn aus Mythen besteht, ist immer in Gefahr, glorifiziert zu werden. Es wundert daher kaum, daß der Nährboden für neofaschistische Exzesse besonders in Familien gelegt wurde, in denen die Kids keine Gelegenheit hatten, sich mit der NS-Zeit offen auseinanderzusetzen.

So wird das Tabu-Thema von Generation zu Generation weitergegeben. Nadine Hauer vom Institut für Tiefenpsychologie in Wien interviewte in ihrer Studie »Die Mitläufer. Oder die Unfähigkeit zu fragen« 150 Deutsche und Österreicher der Jahrgänge 1942 bis 1952 über die Vergangenheit ihrer Eltern und deren Auskünfte zum Nationalsozialismus. Dabei mußte sie feststellen, daß die wenigsten über das Leben ihrer Väter und Mütter während der Nazi-Zeit Genaues wissen. Diese Sprachlosigkeit zwischen den Generationen ist nach Hauer von beiden Seiten gewollt. Zwar habe die Kriegsgeneration mit dem Gefühl gelebt, Unrecht begangen zu haben, doch aus Angst vor einem Autoritätsverlust hätten sie geschwiegen, oft bis kurz vor dem Sterben. Die Nachkriegsjahrgänge drückten sich vor der belastenden Erkenntnis, Kinder von »Mitläufern« und »Mittätern« zu sein. Die Politologin vermutet, die Art und Weise, eine Meinung zu vertreten, würde von den Kindern kopiert, auch wenn diese andere Ansichten hätten. Doch habe der Rede- und Argumentationsstil der Familie auch einen Einfluß darauf, wie Kinder sich später politisch orientieren. Ohne die Mitläufer wäre der Nationalsozialismus nicht möglich gewesen.

Das Abwehrbündnis zwischen den Generationen der sogenannten Mitläuferfamilien funktioniert bis heute. Schon wieder wird der Jugend vorgelebt, es sei besser, nichts zu sehen, nichts zu wissen, sich rauszuhalten. Der Weg des geringsten Widerstandes.

Keine Zeit, keine Lust. Mir reicht's mit den eigenen täglichen Problemen und den Krisen der Gegenwart. Was soll die Auseinandersetzung mit den Greueltaten von früher? Was vorbei ist, soll man endlich ruhen lassen, mögen manche denken. Das ist genau die Haltung der Mitläuferinnen. Die politische Orientierung beginnt früh und ist daher in den meisten Familien Sache der Mutter. Eine Chance! Mütter müssen sich dieser Verantwortung bewußt werden. Kinder hören gut und machen sich aus Halbverstandenem ein eigenes Bild. Die Achtung des anderen erfahren sie zuerst über uns. Erziehung ist also immer auch politisch, mögen wir uns noch so »unpolitisch« geben.

Erziehung heute spielt sich nicht mehr im Privatraum ab. Die

Familie, wir alle sind eingebunden in ein gesellschaftliches Umfeld, das auch durch uns bestimmt wird. Die Gesellschaft, die Politik, das sind nicht nur die anderen. Gleichgültigkeit, Trägheit und jedes Schweigen wirken sich aus. Wir und unsere Kinder sind das Volk. Wir dürfen weder uns noch sie an Menschenverachtung gewöhnen.

Wir Frauen machen uns mitschuldig am zunehmenden Fascho-Kult, wenn wir uns nicht engagierter zur Wehr setzen.

Kein Überhören rassistischer Witze bei Jungen oder Alten, auch wenn wir uns damit exponieren oder die eigenen Kinder das »so nicht gemeint« haben. Immer wieder erstaunt mich die angebliche Unwissenheit über Umtriebe von Skins und jungen Rechtsradikalen in der Schweiz. Die Abneigung, die dieses Thema auslöst. In Jugendsendungen über Gewalt wird es abgeblockt, an Elternabenden ist es kein Thema, da niemand davon betroffen. Die Disco wurde einmal von solchen überfallen, heißt es beiläufig, aber die seien von auswärts gekommen.

Gewalt, speziell rechtsextreme, geschieht nur bei anderen. Es mutet mich an wie die Aids- und Drogenszene, in der sich auch die anderen bewegen. Eltern haben auch keine schwulen Söhne oder lesbischen Töchter. Verschweigen ist eine Tarnkappe. Schon einmal sagten viele, sie hätte nichts gewußt, und sie wiederholen es bis heute.

Es wird wieder zu lange geschwiegen, bagatellisiert, weggeschaut. Was scheinbar harmlos mit einem Hakenkreuz beginnt, verfestigt sich schneller, als uns lieb ist, zu einer Ideologie. Sind die Jungen erst im Netz der braunen Jugendver-Führer gefangen, sind Diskussionen sehr schwierig. Wie schwer es ist, junge Menschen aus ideologischen Verstrickungen zu befreien, wissen wir von vielen mehr oder weniger gelungenen Befreiungsversuchen aus diversen Sekten. Mutige Erziehung bedeutet Zivilcourage im Alltag.

Ermuntern wir Söhne und Töchter, sich aktiv gegen Unrecht und Gewalt an Schwachen einzusetzen und sich von den diversen Populisten nicht ködern zu lassen, indem wir ihnen vorleben, was das konkret heißt.

2c. Mann/Frau

Sexualität/Geschlechterrollen/Männermythen

Erziehung beginnt im Mutterleib, ein Schlagwort, das hinsichtlich der Geschlechtererziehung seine Berechtigung hat.

Ob nun vor allem das aggressive Verhalten der männlichen Individuen angeboren oder erworben wurde, scheint mir weniger wichtig als die Tatsache, daß die Geschlechterdifferenzierung im Kinderzimmer nie überwunden wurde.

Mädchen und Jungen sind gewiß nicht gleich – es sind zwei Geschlechter. Das darf aber niemals zur Höherbewertung sogenannt männlicher Eigenschaften führen, wie das immer wieder mehr oder weniger plump der Fall ist.

Besonders im Hinblick auf den wiedererstarkten Faschismus mit seiner rechtslastigen Männer- und Burschenherrlichkeit und auf einen religiösen Fundamentalismus, der sich gegen Errungenschaften der Gleichberechtigung stellt, muß auf die Gefahr einer Rückkehr zu alten Männer- und Frauenstereotypen hingewiesen werden. Unüberhörbar ist die Forderung nach einer Jungenerziehung zu wahrer Männlichkeit.

Bücher mit Titeln wie »Eisenhans« (Robert Bly), »Die Helden sind müde« (Willard Gaylin), »Männer, Mythen, Mächte« (Allan Guggenbühl), »König, Krieger, Magier, Liebhaber« (Douglas Gillette/Robert Moore) und andere versuchen, unserer kultarmen Zeit die Notwendigkeit von Ritualen und Mythen für die vom Feminismus gebeutelten Männer beizubringen.

Die Protagonisten altneuer Männerherrlichkeit gründen ihre Ideologie nicht auf wissenschaftliche Studien, sondern auf Behauptungen. Die Autoren wissen, wie Männer und Frauen von Natur aus sind. Aus dem Anderssein leiten sie Fragwürdiges ab.

Die inhaltliche Übereinstimmung der neuen Männermythen mit dem Credo politischer Rechtsaußen-Gruppen ist teilweise frappierend.

Nicht alle, die den Mythos Mann kreieren, meinen das politisch. Naiv ist indessen, wer glaubt, Geschlechtermythen seien nicht unentwirrbar verstrickt in unheilvolle Ideologien der bekannten Art. Das ist mit ein Grund, den Eisenmännern, den Kriegern, Magiern und Liebhabern in die Bücher zu schauen. So erklären Gillette/Moore (1992), die Neigung und Bereitschaft zum Kampf, das aggressive Streben überhaupt sei »heilige Naturanlage« der Männer. Wie damals »würde der ›fragile Teil‹ der Menschheit beschworen, diesen ›innern Krieger‹ im Sinne einer heilenden Selbstverwirklichung aus der Verdrängung zu erlösen und wieder auszuleben«, schreibt der Psychologe Urs Aeschbacher in Intra (15/93). Aeschbacher zeigt die Übereinstimmung des vor Jahrzehnten neuen Menschentyps mit dem angestrebten Ideal des gegenwärtigen Macho-Kults. Der grandiose Mann dient einem Ideal, das über dem einzelnen steht: einem Gott, einem Volk, einer Aufgabe, einer Nation. Das kann auch ein Mensch, ein Führer sein. Guggenbühl versteht unter »mythisch« die »seelische Kraft, die über das Kollektive und die Werte unserer Zivilisation Macht ausübt«. Seelische Manneskraft, wohlverstanden.

Gillette/Moore singen das *Lob der Krieger-Traditionen,* die in der Geschichte so erfolgreich waren, und für Gaylin ist der »Mann mit seiner Steinzeitseele« ein Produkt der Gene, Hormone und Neurotransmitter: expansiv, unberechenbar und kämpferisch. Männliche Eigenschaften wie Entschlossenheit, Risikofreude, Heldenmut, Autorität, Führung, Sinn für Gerechtigkeit, Pflichttreue usw. werden durchwegs idealisiert, die Frau wird auf Beziehungsfähigkeit und Psychologie zurechtgestutzt.

Frauen werden aus biologischen Gründen wieder an den Platz verwiesen, den sie neuerdings mit den Männern teilen wollen: den innerfamiliären Bereich. Dort kochen sie unmythisch, putzen psychologisch und dürfen dem Nachwuchs die Windeln

wechseln – nichts für Väter, die in »mythischen Bildern denken«
(Guggenbühl).

Jung hätte Freude: das Weib, dienend den Mitmenschen zuge-
wandt als Psychologin, der Mann, ein Schöpfer neuer Mythen,
ein Visionär.

Das Unheimliche am neuen Männlichkeitskult ist die Selbstverständlichkeit, mit der er daherkommt, und die Akzeptanz, die
ihm zuteil wird. Nach Bly sollten sich Jungen an Männern orientieren und an tradierten männlichen Eigenschaften wie Wildheit
und Entschlossenheit. Sie müßten dem verweiblichenden Einfluß der Mütter entzogen werden, männliche Mentoren endlich
wieder den wilden Mann hervorkehren. Sonst messen die Männermythologen der Sozialisation wenig Bedeutung bei, und sie
negieren, daß Rollenverhalten weitgehend ein Produkt der Anpassung an die Forderungen einer bestimmten Gesellschaft ist.

Bei den erwähnten Männerbüchern handelt es sich im weite-
sten Sinn um psychologische Werke, die auch Maßstäbe für die
Jungenerziehung setzen möchten. Darum sollte uns ihre Botschaft hellhörig machen.

Weder Männer noch Frauen sind nur »so« oder »so«. Der typische Mann, die typische Frau sind psychologische Konstrukte.
Beide Geschlechter haben sowohl männliche wie weibliche Anteile. Statt uns in fruchtlosen Diskussionen über das männliche
Aggressionspotential zu ergehen und darüber, wie der Mann
seine Vorherrschaft im Zeitalter von Pille und gut ausgebildeten
Frauen biologisch oder mythologisch aufrechterhalten kann,
sollten wir endlich mit einer Erziehung zur Ganzheit und
Menschlichkeit beginnen.

Doch allein die Durchleuchtung der Klischees kann uns im
Umgang mit Kindern vom geschlechtsspezifischen Denken zu einem neuen Menschenbild führen, in dem beide Geschlechter
ihre männlichen und ihre weiblichen Seiten leben können. Bisher
fehlen leider genügend Vorbilder. Das erschwert eine grundlegende Neuorientierung.

Jedes Kind, jeder Mensch müßte endlich das Recht haben, sich so zu entfalten, wie es seinen Neigungen und Fähigkeiten entspricht, intellektuell, aber auch in Hinsicht auf seine Geschlechtsidentität. Feminine Jungen dürften nicht länger dem Spott und der Verachtung preisgegeben werden. Viele Eltern, vor allem Väter, fürchten, gefühlvolle oder unsportliche, an weiblichen Tätigkeiten interessierte Jungen würden unweigerlich schwul. Abgesehen davon, daß diese Meinung falsch ist, zählen nicht nur viele der größten Künstler von Leonardo da Vinci bis zu Leonard Bernstein, von unzähligen Dichtern ganz zu schweigen, zu den Homosexuellen, sondern auch Herrscher wie etwa Alexander der Große oder der römische Kaiser Hadrian.

Auch jungenhafte Mädchen sind keine zukünftigen »Mannweiber«. Der Angst vieler Eltern vor einer »widernatürlichen« Veranlagung ihrer Kinder läßt sich nur mit Aufklärung begegnen.

Männer und Frauen, die sich zum gleichen Geschlecht hingezogen fühlen, tun dies nicht wegen, sondern *trotz* der Erziehung. Weder eine dominante Mutter noch ein schwacher Vater sind die Ursache für Schwule oder Lesben, sondern nebst Umwelteinflüssen vor allem bestimmte hormonale Voraussetzungen. Gleichgeschlechtliche Neigungen sind weder pervers noch pathologisch und kein Anlaß für eine Psychotherapie, so wenig wie Heterosexualität. Mit diesen Mythen sollte endlich ein für allemal aufgeräumt werden.

Unsere Sorge von wegen schwul oder lesbisch ist eine überflüssige Angst. Eltern können das zukünftige Sexualverhalten ihrer Kinder nicht steuern.

Wer weiß, daß es nicht nur eine Art von Geschlechtsidentität gibt, sondern daß viele Spielarten normal sind, läßt Jungen und Mädchen in ihrer sexuellen Ausrichtung mehr Freiheit. Kinder haben nicht einfach unsere Gene weiterzugeben und uns im Alter mit Enkeln zu erfreuen. Sie sollen ohne Schuldgefühle so leben dürfen, wie sie es für richtig erachten.

Nicht nur die Geschlechterrollen, auch unser Sexualverhalten ist abhängig vom gesellschaftlichen Umfeld, von der Kultur und der Zeit, in der wir leben.

Im griechischen Altertum gehörten erotische Männerfreundschaften zur Adoleszenz, und das Liebesverhältnis zu älteren Männern wurde »für die männliche Entwicklung bis zum ersten Bartflaum als normal angesehen«. Nach kretischem Ritual ging der Jüngling mit seinem Mentor »für zwei Monate ins Gebirge. Dies war die Phase der Initiation zur Jagd und zu anderen Geheimnissen des Lebens und gleichzeitig die Phase sexueller Unterwerfung. Zu Ende des Aufenthalts im Busch überreichte« der Mann dem Jungen »drei Geschenke, um ihm zu bedeuten, daß er das Erwachsenenleben erreicht hatte: einen Becher, eine Kampfausrüstung und einen Ochsen. ... Vor dem Aufenthalt im Busch wurde der Junge als ein Nicht-Mann betrachtet. Die Initiation sollte nur seine weibliche Seite austreiben und ihn fürs Eheleben bereit machen«. Auch die Schulen auf Lesbos »gestanden unter der Leitung der Dichterin Sappho jungen Mädchen gewisse Freiheiten nur als Vorbereitung auf die Ehe zu« (Dominique Fernandez, 1992, S. 137–139).

Im Mittelalter gab es – entgegen unserer Auffassung des finsteren Zeitalters – Epochen großer sexueller Freiheit. Der amerikanische Historiker John Boswell schreibt über das 12. Jahrhundert n. Chr.: »Einen so mächtigen Berg an homosexueller Literatur hatte es in Europa seit dem 1. Jahrhundert nach Christus nicht gegeben, und erst im 14. Jahrhundert wird er wieder so hoch werden« (zitiert ebd., S. 143).

Dies nur als Beispiel für eine offenere Gesellschaft als die unsere, die derartige Zeugnisse der Allgemeinheit eher vorenthält. Für viele Menschen wäre es eine echte Hilfe, wenn sie sachlich über hetero- und homosexuelles Liebesleben aufgeklärt würden.

Setzen wir uns ein für eine ganzheitliche Persönlichkeitsbildung des Kindes, für sein positives Selbstwertgefühl. Wenn wir zu unseren Schwächen und Wünschen stehen, muß es auch seine nicht verleugnen. Scheue Kinder werden sich getrauen, ihre Aggressivität offen zuzulassen, und die kleinen Vulkane sollen zu mehr Kontrolle ihrer Eruptionen angeleitet werden. Wer Kinder ernst nimmt, stärkt ihr Vertrauen in die eigenen Fähigkeiten und lehrt sie, ihre Bedürfnisse auf konstruktive Art zu vertreten. Werden sie nicht der Lächerlichkeit und Verachtung preisgegeben oder physisch gedemütigt, lassen sie sich durch Schwierigkeiten nicht so rasch entmutigen, denn sie fühlen sich akzeptiert und mit allen Unzulänglichkeiten geliebt.

Mythos: Eine geschlechtsneutrale Erziehung bringt nichts
»Mein Junge spielt nicht mit Puppen«

»Wir haben unserem Vierjährigen einen Puppenwagen und eine Puppe gekauft. Was tut er? Er schmeißt nach einiger Zeit die Puppe in eine Ecke und funktioniert den Wagen in ein Auto um.« Brrrmm, brrrmm, alle Eltern von kleinen Jungs kennen dieses Geräusch.

»Von Anfang an habe ich unsere Tochter zur Gleichberechtigung erzogen. Statt mit der Eisenbahn spielt sie viel lieber mit Puppen, auch ist sie eitel, vernarrt in schöne Kleidchen und in ihr Spiegelbild.«

»Mädchen haben kein Interesse am Handwerklichen«, seufzt ein Vater, der seine Tochter gern an der Hobelbank sähe, derweil sie lieber Jazztanz macht. »Ich würde schon etwas schreinern«, mault sie zurück, »aber nicht so, wie du es mir vorschreibst.«

Feststellungen von Eltern, die das Scheitern der geschlechtsneutralen Erziehung mit angeborenen und daher unüberbrückbaren Geschlechtsunterschieden begründen. »Warum um alles in der Welt Kinder in ein Schema zwängen, das ihnen nicht entspricht? Mädchen interessieren sich nicht für Computer und Fußball,

Jungen nicht für Jazztanz und Pferde. Das ist nun einmal so.«

Einverstanden. Aber werden nicht die Kinder auf subtile Weise gewaltsam in unser Mann/Frau-Denken gepreßt, schon durch die Bewertung dessen, was als männlich und weiblich gilt? Solange alles, was in unserer Welt von Bedeutung ist, dem männlichen Geschlecht zugeteilt wird, sind Frauen trotz Gleichberechtigung benachteiligt. Welcher Junge möchte schon als weibisch gelten, wo doch Gefühle mit schwach und unkompetent gleichgesetzt werden? Und Mädchen, die sich auf Männerterrain vorwagen, als »untypisch« apostrophiert werden. Der Begriff »typisch« trägt in der Geschlechterdiskussion nicht zur Klärung bei.

Das typisch Männliche, typisch Weibliche ist abhängig vom Zeitgeist. Unsere karrierebesessene Männerwelt würde den unverklemmten Freundschaftsbeteuerungen der Romantiker hilflos begegnen. Im 18. Jahrhundert taten sich Männer mit dem Emotionalen weniger schwer. Matthias Claudius (»Der Mond ist aufgegangen«) beendet einen Brief an Johann Gottfried Herder mit den Worten: »Leben Sie wohl, Ihre Liebe ist mir wie die Liebe der Frauen« (S. 873, 1958). Claudius nimmt mit diesen Worten Bezug auf den biblischen David, der den Tod seines Freundes Jonatan mit folgenden Worten beklagt: »Ich habe große Freude und Wonne an dir gehabt – deine Liebe ist mir wundersamer gewesen, als Frauenliebe ist« (2. Sam. 1, 26).

Die sogenannt emanzipatorische Pädagogik hat bisher in der Praxis nur ansatzweise stattgefunden. Gewiß sind Riesenfortschritte in Sachen Gleichberechtigung erzielt worden. Trotzdem werden Mädchen und Buben nur oberflächlich betrachtet gleich behandelt.

Nicht nur werden Babys anders gehalten und angesprochen, je nachdem, ob es Buben oder Mädchen sind, Eltern stimmen sich auch verschieden auf das Kind ein, wenn sie nach der Ultraschall-Untersuchung sein Geschlecht kennen. Letzthin traf ich eine Schwangere, die sagte, sie warte mit dem Kauf der Säuglings-ausstattung bis zum nächsten Arztbesuch, dann wisse sie endlich, ob sie für einen Jungen oder ein Mädchen einkaufen müsse!

So beginnt die sogenannt »geschlechtsneutrale« Erziehung bereits vor der Geburt mit den alten Geschlechterstereotypien im Hinterkopf.

Mädchen, die mit kurzen Haaren manchmal als Buben und deshalb völlig anders angesprochen werden als mit Zöpfchen und Kleid, merken sich solche Botschaften früh. »Dein Kleidchen ist entzückend, und erst diese hübsche Frisur.« Kaum ein drei- bis achtjähriger Junge hört jemals ein derartiges Kompliment. »Du bist aber stark. Was für ein tolles Auto. Du boxt ja wie ein Champion.« Dergleichen Aufmunterungen gelten Jungen.

Und da wundert sich eine ganze Generation von Pädagogen, Psychologinnen, Eltern und Lehrpersonen, daß Kinder schon mit drei bis vier Jahren »typisch« männliche oder »typisch« weibliche Verhaltensmuster an den Tag legen, vom Verhalten in der Pubertät ganz zu schweigen. »Wir haben zwanzig Jahre lang zur Gleichberechtigung erzogen, Buben mädchenhafter und Mädchen jungenhafter machen wollen. Die Natur obsiegte.« Vielgehört ist diese Behauptung, aber das macht sie nicht wahrer. Denn was als emanzipatorische Pädagogik ausgegeben wird, zementiert nur zu oft altes Rollenverhalten.

In Spielzeugläden, auf Packungen von Modelleisenbahnen, bei Puppen samt Zubehör, in diversen Filmen, beim Fußball, in der Werbung, die sich immer mehr an Kindern vergreift, noch immer wird das Geschlecht unterschieden. Der Junge ist Zahnarzt, das Mädchen seine Gehilfin. Im lässigen Kindercabriolet sitzt er am Steuer. Fragt Mutter ihre Kinder um Rat wegen einer Schokomarke, antwortet der Boy, das Girl schleckt. Es gibt Hunderte solcher Beispiele. Wir wissen es aus unzähligen Untersuchungen: Kinder lernen aus Situationen und von Personen, mit denen sie sich identifizieren können. Die Nachahmung beginnt früh.

Ein fußballspielender Dreikäsehoch (ca. sechs) erklärte am Fernsehen, er würde nie mit Mädchen spielen, schon gar nicht Fußball. Weiber seien doof.

Ein Vater in hoher Position zeigt einem Besucher das Zimmer seines Siebenjährigen. Elektrisch Betriebenes herrscht vor. Die fünfjährige Schwester führt den Gast an der Hand in ihr Reich. Puppen, Bären, Niedliches. Mehrmals knipst sie die Nachttischlampe an und sagt leise: Ich habe auch etwas Elektrisches.

Sogar in modernen Schulbüchern sind die interessanten Berufe von Männern besetzt: Pilot, Grafiker, Abteilungsleiter, Hotelier, Journalist. Väter unternehmen Radtouren mit ihren Kindern, spielen mit Jungen Fußball, bedienen den Gartengrill. Frauen sind Sekretärinnen, Coiffeusen, Lehrerinnen, helfen bei Aufgaben. Von einer Ärztin oder Professorin ist nie die Rede.

Mädchen sehen von klein auf Frauen, die Babys füttern, pflegen, frisieren, sich mit Kindern, nicht mit Maschinen beschäftigen. Sie werden einmal Frauen. Ist es da abwegig, daß sie sich an den täglichen Vorbildern orientieren? Auch in neuen Lehrmitteln ist häufiger von Jungen und Männern die Rede als von Mädchen und Frauen.

Niemand bestreitet, daß Jungen und Mädchen verschieden sind. »Wir haben unterschiedliche Hormone und unterschiedliche Körper; es wäre doch seltsam, wenn wir 100%ig identische Gehirne hätten«, schreibt Barbara Ehrenreich (Time 20.1. 1992). Eine Vielzahl von Psychologen folgert daraus, es sei unsinnig, Mädchen, die lieber mit Puppen spielen, auf Computer zu programmieren, in einen Männerberuf zu zwängen, wenn sie Friseusen werden wollen. Scheinargumente, die mit Forschungsergebnissen aus verschiedenen Fachrichtungen der Psychologie abgesichert werden. Eine ausführliche Beschreibung der folgenden Erklärungsversuche finden sich u. a. in meinem Buch »Kinder schlagen zurück«. Ich beschränke mich hier darauf, einige davon in Kürzestform vorzustellen.

— *Neuropsychologie:* Buben haben aufgrund ihrer Hirnstrukturen das bessere räumliche Vorstellungsvermögen. Mädchen sind sprachbegabter, intuitiver. Bei Frauen ist die Verbindung zwischen den beiden Hirnhälften, das sogenannte Corpus Callosum dicker, daher fällt ihnen der Zugang zum Emotionalen leichter.

— *Hormone:* Bei männlichen Individuen ist der Testosteronspiegel höher. Sie sind dadurch aggressiver, Mädchen sozial angepaßter.

— *Biologie:* Jungen sind von Natur aus kämpferischer, gewalttätiger, konkurrenzfreudiger, durchsetzungsfähiger, weil Männer seit rund 100 000 Jahren Gewalt in ihre Identität integrieren mußten. Frauen sind anpassungsfähig, sozial orientiert, sie besorgen seit 100 000 Jahren Brutpflege und Kinderaufzucht.

— *Genetik:* Bei Männern ist Aggressivität vererbt. Die Theorie vom genuinen männlichen Gewalttrieb spielt gleich zwei Trümpfe aus: der angeborene Ethnozentrismus des Menschen, d. h. die Angst vor dem Fremden, und die biologisch gerechtfertigte Aggressivität gegen Eindringlinge, denn nichts anderes sind, so betrachtet, Angehörige fremder Völker. Fremdlinge, das ist tief im männlichen Gen eingegraben, müssen kriegerisch vertrieben, d. h. bekämpft werden. Ein kurzer Schritt durch 100 000 Jahre. Direkt vom Kampf gegen andere Urzeit-Stämme zum Rassismus der Gegenwart.

Naturgegeben seien Buben wieder aggressiv, heißt es. Die repressive Erziehung der vergangenen Jahrzehnte hätte ihre Gewaltfaszination kurzfristig unterdrückt, nun sei sie wieder ausgebrochen. Raubzüge und frühere Bandenkämpfe zwischen Dörfern werden als Beweis für angeborene Kampfeslust herangezogen.

Doch können die gewaltgeilen Verfechter der biologischen These keine befriedigende Antwort auf die Frage geben, weshalb zwar schon immer mit Fäusten gekämpft wurde, sogar auf dem Pausenplatz, aber selten mit so schrecklichen Folgen, wie sie heute oft beobachtet werden. Wenn Gewalt genetisch oder biologisch bedingt ist, wozu müssen Frauen soviel Sorgfalt auf die Erziehung der Kinder legen? Die Boys bleiben ja ohnehin, wie Gaylin herausfand, emotionale Steinzeitmenschen wie ihre Erzeuger.

Die vier Erklärungsansätze verraten eine Neigung zur Einteilung der Menschen aufgrund fragwürdiger wissenschaftlicher Kriterien, wie sie auch Intelligenztests und Verhaltensbeobachtungen bedeuten, wenn daraus eine Diskriminierung von Einzelpersonen oder »Rassen« abgeleitet wird. Seminare zur Beurteilung der Mitmenschen aufgrund ihrer Physiognomie, der Nasenform, der Augenstellung, des energischen oder schlaffen Kinns sind ein Hit und fördern weniger die Menschenkenntnis als Vorurteile. Dieser Trend zur populärpsychologischen Rassen- und Geschlechtertypologie verschafft manchen die willkommene Rechtfertigung, Fremde abzulehnen und Frauen noch immer gewisse Bereiche des öffentlichen Lebens zu verwehren (wie in der katholischen Kirche).

Neben all diesen Begründungen zur Erklärung der geschlechtsunterschiedlichen Verhaltensweisen scheinen die Ergebnisse der *sozialpsychologischen Lerntheorie* an Bedeutung zu verlieren. Diese zeigen aber, »wie begrenzt der Erklärungswert biologischer Geschlechtsunterschiede ist, wenn es um mehr als nur räumliche Vorstellungskraft oder verbale Ausdrucksfähigkeit geht« (Ursula Nuber, Psychologie heute 4/1992).

Weitere Studien bestätigen ebenfalls geschlechtsunterschiedliche Interessen und Fähigkeiten, nur werden diese Verschiedenheiten anders erklärt: als langfristiges Resultat kultureller und sozialer Faktoren, denn »die meisten bislang entdeckten Geschlechtsunterschiede sind, statistisch gesehen, sehr klein« (Christine Gorman, Time, 20.1.1992).

Frauen beschäftigen sich z. B. nicht naturgemäß sowenig mit Technik, Naturwissenschaften und Mathematik. Die American Association of University Women untersuchte 3000 Jugendliche über mehrere Jahre und stellte fest: In der Grundschule interessieren sich für Mathematik noch 81% der Mädchen und 84% der Jungen, auf der Highschool nur noch 61% der Mädchen und 72% der Jungen. Dieser Unterschied stellt sich mit zunehmender schulischer Erfahrung ein. Auch die Psychologin Jaqueline Eccles und andere Forscherinnen beobachteten diese negative Entwicklung. Laut ihrer These handelt es sich nicht um angeborene Begabungsunterschiede, sondern um mangelndes weibliches Selbstbewußtsein. Mädchen hätten im Gegensatz zu ihren Kollegen weniger Vertrauen in die eigene Leistung, trotz gleich guter Noten. Langfristig bewirke das schlechtere Leistungen und eine Abwehr gegen die sogenannt männlichen Fächer Mathematik und Naturwissenschaften.

Dieses geringe Selbstwertgefühl führen die Forscherinnen vor allem auf elterliches Verhalten zurück. Gute schulische Leistungen begründen Eltern mit dem Talent ihrer Söhne und dem Fleiß ihrer Töchter. Fremdbeurteilung beeinflußt aber die Einstellung zu sich selbst. Mädchen verinnerlichen: Ich bin nur gut, weil ich brav und fleißig bin, nicht wegen meiner Intelligenz.

Zum selben Ergebnis gelangen auch weitere Studien (Anita Heiliger vom Deutschen Jugendinstitut, Uta Enders-Dagässer, der Sozialwissenschaftler Ellen Greenberger u. a.). Sogar Eltern in hochqualifizierten Berufen, die in ihrer Beziehung Gleichberechtigung praktizieren, schenken schon früh ihren Söhnen mehr Aufmerksamkeit als den Töchtern, was die intellektuelle Förderung und das Eingehen auf Fragen betrifft. Eine Fortsetzung folgt in Kindergarten und Schule. Ohne es wahrzunehmen, behandeln Lehrkräfte ihre Schülerinnen und Schüler verschieden.

Ab dem 10. Lebensjahr vergrößert sich die Kluft zwischen den Geschlechtern drastisch. Um diese Zeit, so stellten deutsche und US-Wissenschaftlerinnen und die Jugendforscher Engel/Hurrelmann fest, kommt es zu einem Bruch in der weiblichen Entwicklung. Im Gegensatz zu ihren Altersgenossen finden sich die 12–14jährigen Mädchen nicht gut genug in bezug auf Schule und Aussehen, glauben, daß andere sie für überflüssig halten, erleben sich als unwichtig, reagieren auch eher mit körperlichen und psychischen Problemen auf Streß und geben zu, öfter mal traurig und ängstlich zu sein. Bis zum Alter von zehn, elf, sagten L. Brown und Carol Gilligan, stünden Mädchen zu ihren Gefühlen und zu ihrem Wissen, begännen aber in der Pubertät *ich weiß nicht* zu sagen. Nichtwissen sei ein Weg, um Konflikte zu bewältigen, die Mädchen hängten sich selber einen Maulkorb um.

Auch Heiliger stellt fest, daß Mädchen noch immer weniger gelten als Jungen. Zu Beginn der Pubertät werde ihnen klar gezeigt, was von ihnen und ihrer Geschlechtsrolle erwartet wird. Anpassung an die Wünsche anderer, verfügbar sein für Schule, Familie, überall. Zwangsläufig nehme ihr Selbstwertgefühl dramatisch ab. Auch heute noch wolle kein Mädchen als unweiblich gelten, und weiblich seien sie nur, wenn sie gut und schön funktionierten (vgl. Naomi Wolf: The Beauty Myth).

Jungen geraten, den Studien zufolge, weniger in Konflikt mit den Erwartungen von Eltern, Lehrenden, der Umwelt. Sie trauen sich, ihre Argumente zu vertreten, und sie lernen früh, daß sie die Maßstäbe setzen. Schon im Kindergarten beginnt die Dominanz der Jungen, ist sexistisches Verhalten gang und gäbe. Sie heben den Mädchen die Röcke hoch, ohne zu wissen, was sie tun. In diesem Alter setzen sich die Mädchen aber noch zur Wehr.

Jungen werden von klein an egoistische Ziele und die Unterwerfung gleichaltriger oder jüngerer Mädchen zugestanden. Diese hingegen sollten den Jungen sozialeren Umgang beibringen.

Eltern und Lehrkräfte, die klagen, eine emanzipatorische Erziehung verändere nichts, müssen folgendes bedenken: Solange Kinder in ihren Geschlechtsunterschieden weiterhin massiv bestärkt werden, haben individuelle Maßnahmen, wie etwa der Kauf einer Puppe für Buben, wenig mit geschlechtsneutraler Haltung zu tun. Diese besteht nicht in gutgemeinten Einzelaktionen, sie setzt ein entsprechend sensibilisiertes Umfeld voraus. Bemühungen um eine echte Emanzipation verpuffen, wenn Kindergarten und Schule – ohne sich dessen bewußt zu sein – im Sinne traditioneller Rollenzuweisung erziehen.

Weil im allgemeinen anschauliche Modelle für ein gleichberechtigtes Zusammenleben fehlen, übernimmt die Mehrzahl der Jugendlichen nach wie vor die tradierte Männer- oder Frauenrolle.

Selbst Eltern und Erziehende, die sich für eine partnerschaftliche Pädagogik einsetzen, staunen immer wieder darüber, wie sie Klischees verfallen.

Was biologisch vorgegeben in einem bestimmten Stadium der Menschheitsentwicklung zum Überleben diente, muß heute nicht durch die Umwelt verstärkt werden. Mädchen dürfen ruhig zu mehr Selbstbehauptung, Widerstand und Aufbegehren angehalten werden, während die zukünftigen Männer, ohne ihre Identität und ihr Anderssein zu verleugnen, friedlichere Arten der Konfliktbewältigung lernen müssen. Nur eine neue Jungenerziehung, verbunden mit einer anderen Einstellung zu Männlichkeit, kann die männliche Vormachtstellung entscheidend abbauen.

Mythos: Jungen sind kaum erziehbar
»Jungen sind von Natur aus aggressiv«

Immer lauter wird über schwierige Jungen gejammert. Erziehung scheint an ihnen abzuprallen. Verbote und Strafen beeindrucken sie wenig. Die Lust am Raufen und an Waffen überwiegt das Interesse am Schulstoff. In der Familie terrorisieren sie Mütter, lassen sich nichts sagen und sind nicht nur mit Worten gewalttätig.

Mädchen dagegen werden als anpassungsfähig, wenn auch als hinterhältig und verbal aggressiv geschildert. Der Blick der gesamten Erziehergilde ist aber ausschließlich auf das aufregende Treiben der Bengel gerichtet. Daß der Umgang mit Jungen *und* Mädchen angesichts der gegenwärtigen Verunsicherung in Sachen Erziehung eine Neuorientierung braucht, liegt auf der Hand.

Statt dabei verschiedenste Einflüsse zu analysieren, begnügen sich diverse Jugendforscher mit relativ simplen, vordergründigen Erklärungen. »Wir sind mit geschlechtsspezifischen Verhaltensweisen konfrontiert, obwohl bereits eine Generation Eltern und Lehrer versucht, die Kinder geschlechtsneutral zu erziehen …«, schreibt Allan Guggenbühl (NZZ 22/94). Was das faktisch bedeutet, wurde bereits im letzten Kapitel aufgezeigt. Der Autor spricht von der Utopie einer emanzipatorischen Erziehung, aber so, als hätte sie einzig wegen den angeborenen Geschlechtsunterschieden versagt.

Betrachten wir einige seiner weiteren Statements. Er behauptet, aufgrund ihrer Veranlagung müßten Jungen ihre Wildheit, »ihr anarchistisches Potential entfalten« können, nur so sei »es ihnen möglich, ihre wilde chaotische Seite kreativ in die Gesellschaft einzubringen«. Denn statt wie ihre Altersgenossinnen »für Brieffreundschaften, Tanz oder den Schulstoff, interessieren sie sich oft für Stinkbomben, Feuerwerk, Gewehre oder in schneller Abfolge für verschiedene Sportarten« (ebd.). (Das Hauptinteresse der Mädchen gilt gegenwärtig zwar vor allem den Pferden, auch gewissen Sportarten. Brieffreundschaften sind Hobbys vergangener Tage. Und für den Schulstoff interessieren sich viele nur gezwungenermaßen [Anmerkung der Autorin].) Der Therapeut und Vater meint ferner, Jungen wünschten, daß die Erwachsenen an ihren grandiosen Projekten partizipieren. Sie sollen ihnen bei der Realisierung beistehen, »im Wissen, daß vom Buchprojekt schließlich nur zwei Seiten oder vom Band-Keller ein paar Plakate an den Wänden und eine Trommel bleiben. Durch solche großartigen Phantasien fühlen sich die Jungen existentiell herausgefordert. In ihrer Wahrnehmung sind sie Teil des großen Geschehens in der Welt dort draußen. Dank der grandiosen Überhöhung ihrer Tätigkeit haben sie das Gefühl, daß ihr Einsatz notwendig ist« (NZZ 22/94). Woher nimmt der Autor die Gewißheit, daß nur Jungen hochfliegende

Pläne und grandiose Phantasien haben, Filme drehen und Bücher schreiben wollen? Sind die Phantasien kleiner Mädchen, große Reiterinnen, berühmte Models, Tänzerinnen, Schauspielerinnen, Wissenschaftlerinnen, Künstlerinnen, Schriftstellerinnen zu werden, weniger wert, da sie einer »psychologischen Motivation« entstammen? Was das Bücherschreiben anbelangt: Es gibt mindestens so viele Schriftstellerinnen wie Autoren, wenigstens in der Belletristik. Daß die Schreiberinnen weniger wahrgenommen und unter der Bezeichnung Frauenliteratur abgestempelt werden, liegt nicht an ihren weniger grandiosen Plänen, sondern an der Reaktion der Umwelt. Der schreibende Mann ist im allgemeinen weder alleinerziehend, noch muß er für Kinder und Partnerin den Haushalt besorgen.

Buben wachsen in die mythische Männerwelt hinein, in der Gewißheit, durch ihre Bedeutung auf die Umwelt einzuwirken. Wie wir gesehen haben, wird den Mädchen ebendieses Gefühl, von Bedeutung zu sein, schon früh abgesprochen. Guggenbühl schreibt im Klappentext zu seinem Buch »Männer, Mythen, Mächte« (1994): »Als junger Mann stellte ich mir vor, daß ich eine eigene Schule gründen und einen neuen Ansatz in der Pädagogik initiieren würde. Ich besuchte das Lehrerseminar. Solche großartigen, mythisch fundierten Vorstellungen gaben mir die Energie, neue Lebensziele anzustreben. Großartige Vorstellungen sind für den Mann wichtig. Heute gilt es, solche männlichen Grandiositäten wieder zuzulassen, eine Kultur zu entwickeln, die Platz dafür hat, ohne daß Männer dadurch bessere Stellungen oder mehr Macht beanspruchen. Männer dürfen nicht in das Korsett der Psychologie gezwungen werden, sondern wir müssen ihnen ihre Großartigkeit, ihre Suche nach den Mythen erlauben, damit sie ihre Energien in die Zivilisation einbringen können.« In der NZZ (22/94) lesen wir: »Die Projekte der Jungen sind jedoch nicht nur grandios, sondern sie sind in einem Spannungsfeld angesiedelt: Knaben wollen Polaritäten aufspüren, ›action‹ wird verlangt ... Der Lehrer oder der Elternteil soll in

solchen Situationen nicht einfach Frieden herstellen, sondern ...
am Spannungsfeld partizipieren.« In einem Interview (Brückenbauer 25/94) sagt der Autor: »Werden Männer emotional herausgefordert, ist ihre Bereitschaft, die Situation mit Gewalt zu
bereinigen, groß. ... Männer neigen zu Gewalt, weil eine Gegen-
satzspannung ihr Wesen prägt, die sie nicht aushalten können
und deshalb auflösen wollen.« Dieses Spannungselement ist für
Jungen »ein Lebenselixier«.

Nochmals: nichts gegen die Feststellung einer gewissen Un-
gleichheit der Geschlechter. Das ist eine Binsenwahrheit. Daraus
aber gleich wieder Kapital für den maskulinen Teil der Menschheit herauszuschlagen, ist wohl einer der grandiosen Winkel-
züge der männlichen Phantasie. Nach Guggenbühl gehört es
zum »Kern des Mannes«, sein »Herzblut für Ideen und Bilder zu
geben«, er vergißt, den Kindern zu kochen, wenn er »gerade mit
etwas beschäftigt« ist, während die kompromißbereite Frau,
psychologisch motiviert, ihre Pflicht ohne Murren erledigt
(Sonntagszeitung 1.5.94).

Klar, daß schon Buben viel stärker über solche Mythen funktionieren dürfen als Frauen. Später muß ihnen die Arbeit wichtig
sein. Denn sie »suchen sich Mythen aus und richten ihr Leben
danach aus. In Institutionen, in Firmen, ja sogar in der Politik
kann man das sehen« (ebd.).

Guggenbühl gelangt in seinem Artikel zum Schluß, Jungen
seien das unerziehbare Geschlecht. Es sei aufgrund ihrer angeborenen Wildheit und archaischer Impulse nicht möglich, sie mit
dem »emphatischen Blick des Erziehers oder Lehrers« zu zähmen, noch durch eine »enttäuschte Lehrerin«. Für Angehörige
des männlichen Geschlechts sei ohnehin »zuviel Gemeinsamkeit
und traute Eintracht« mit den Mitmenschen unerträglich.
Schlußfolgerung: Explizit fordert der Gewaltexperte und Kri-
seninventor – und damit ist er nicht allein – von den Erwachsenen mehr Teilnahme an den Projekten, Phantasien und Aktionen (auch aggressiven) der Jungen. Männer seien von klein auf
an »der Sache interessiert« und verlangten nach Antworten,

während Mädchen nach wie vor mit der »Zauberformel verbale Konfliktlösung« abgespeist werden könnten. Im Unterricht sollte aus Rücksicht auf die Buben die Konfrontation mit Fragen im Vordergrund stehen.

Dieses Postulat ist mehr als berechtigt. Aber weshalb nur für Jungen? Muß das neue Leitbild, das der Männermythologe entwirft, wieder auf Kosten der Mädchen gehen? Seine Schilderungen der Verhaltensunterschiede zwischen Jungen und Mädchen zeigen leider eine deutliche Abwertung letzterer: Im Unterricht begnügen sie sich damit, höflich auf Vorgegebenes zu antworten, die bösen Buben zu zähmen (weil die Lehrkräfte das nicht zuwege bringen) und ihre Klassenkameraden hinterrücks hereinzulegen und seelisch zu quälen. Ätzend langweilig sind diese Geschöpfe, echte Gefühlssusen, ganz das Produkt der »geschlechtsneutralen Erziehung«, wie sie im vorangegangenen Kapitel beschrieben wurde.

Genau die ständige Bevorzugung der Jungen läßt Mädchen verstummen, an sich und ihrem Gebrauchtwerden in der Welt zweifeln, nicht, weil sie keine Aggressionen, hochfliegenden Pläne und Sachinteressen haben, sondern weil die Erwachsenen ihnen all das nicht zugestehen. Statt nun eine Schule mit mehr Eingehen auf *weibliche Grandiosität* zu fordern, die Jungen eher zum Sich-Einfügen anzuhalten, soll männlich-anarchistische Provokation unterstützt, weibliche Fremdbestimmung dadurch noch mehr verstärkt werden.

Dazu eine persönliche Erfahrung. Als Kind träumte ich von einer grandiosen Zukunft als Forscherin im Dschungel, in den Steppen, der Arktis, bei den Indianern. Neue Stämme wollte ich entdecken, am liebsten eine Insel, die noch unerforscht war. Da ich mit lauter Jungen zusammen aufwuchs, sah ich mich nicht als Helferin fremder Völker, sondern als Entdeckerin. Journalistin war das mindeste, das ich mir als Beruf vorstellen konnte.

Als Primarschülerin wurde ich zum Hüten fremder Babys

eingesetzt. Dabei wurde meine »psychologische« Begabung entdeckt.

In der Pubertät verlegte ich mich aufs Künstlerische: Malerin wollte ich werden, ein weiblicher Van Gogh. Größenphantasien also auch bei Mädchen. Das war kurz nach dem zweiten Weltkrieg, und ich genoß insgesamt eine für jene Zeit untypische Mädchenerziehung. Lehrerin wurde ich nur auf Wunsch meiner Eltern. Noch während der Ausbildung hätte ich an die Kunstgewerbeschule übertreten können, doch mein Vater verweigerte die Erlaubnis.

Die Sozialisation ist bestimmt für jeden Menschen von großer Bedeutung. Jahrzehntelang lebte und arbeitete ich mit aggressiven und verhaltensgestörten Jungen und erlebte sie als differenzierte Persönlichkeiten. Die schwierigen und zu Recht als schwer erziehbar eingestuften Jungs verweigerten sich keineswegs erzieherischen Maßnahmen. Sie konnten sich für eine Sache begeistern, bearbeiteten selbständig Fachbereiche, die sie interessierten und waren auch fähig, wenn dazu angeleitet, hochsensibel und differenziert auf andere einzugehen und ihre Gefühle zu äußern. Vielleicht ist das allerdings in reinen Jungenklassen, wie ich sie positiv erlebte, eher möglich, als wenn Mädchen dabei sind.

Ich stelle fest: das »Problem Jungen«, dem unzählige Elternabende gewidmet werden, ist in erster Linie eine Folge schwacher, unsicherer Erwachsener, also ein Problem Lehrperson/Schüler, Eltern/Kinder respektive Väter/Söhne.

Die hohe Zahl der Anmeldungen zur Abklärung von Jungen (4mal mehr als Mädchen) in kinderpsychologischen und jugendpsychiatrischen Institutionen bezeugt auffälliges, aggressives Verhalten männlicher Kinder, nicht aber ihre höhere Gefährdung. Mädchen richten Aggressionen noch immer vermehrt gegen sich selbst: Depression, Magersucht, Medikamentenmißbrauch und Prostitution. Mehrheitlich Jungen randalieren, machen Radau und Lärm, fallen schnell auf. Das bereitet uns Sorge, sagt aber nichts aus über ihre natürliche Veranlagung zur Aggressivität.

Guggenbühl behauptet: Jungen sind kaum erziehbar. Er illustriert diese Behauptung mit folgendem Beispiel von zwei Jungen: »Trotz strengem Verbot fahren sie mit dem Lift auf und ab, mißbrauchen die Hotelgänge als Wettrennstrecke oder spielen Fußball in der Eingangshalle. Ihr Benehmen ist unerträglich.« Sie treiben ihren Vater zum Ausruf: »Ein Hotelaufenthalt mit meinen beiden Jungen ist ein Horror« (NZZ 22/94).

Dazu fallen mir spontan einige Fragen und Antworten ein: Wie alt sind die beiden? Handelt es sich um 3–6jährige, sind ihre Unarten normal. Sie wollen explorieren. Gleich verhalten sich unter Umständen auch Mädchen. Vielleicht sind sie auch nur übermütig und können nicht aufhören, weil sie »überdreht« sind.

Zwischen 7 und 12 provozieren sie den Vater, weil sie sich langweilen. Begreiflich in einem Hotel. Älter können sie nicht sein, sonst dürften sie Lift fahren.

Wenn diese Jungen – trotz mehrmaligem Verwarnen – nicht gehorchen, liegt es aber nicht daran, daß ihnen, wie vielen Angehörigen des männlichen Geschlechts »zuviel Vertrautheit mit Erwachsenen unerträglich« ist, sondern daß die Kids entweder ein Produkt elterlicher Wohlstandsverwahrlosung sind und/oder daß der Vater von den Kids tyrannisiert wird. Diese eskalieren in ihrem Verhalten so lange, bis sie eine Grenze spüren.

Nicht die Jungen sind das Problem, sondern der Vater. Wer droht und verbietet, gleichsam ins Leere, kann zuletzt Kinder nur noch mit Gewalt zum Gehorchen zwingen. Doch gerade das möchte Erziehung verhindern. Dieser Vater versucht es auf die unverbindliche Tour. Er nimmt die Jungen nicht ernst. Sie gehorchen ja doch nicht, also was soll's. Auf diese Haltung reagieren die Buben. Er traut ihnen keine Einsicht zu, und sie nehmen seine Anweisungen nicht für bare Münze.

Kindliche Provokation ist die Folge, wenn wir Kindern nicht vertrauen, wenn Erziehende aus Furcht vor den eigenen Spröß-

lingen klein beigeben, jammern und – statt ihnen endlich stand-
zuhalten, nach mehr Freiheit zum Ausleben der eben beklagten
Verhaltensweisen rufen. Spannungen lassen sich auch kanali-
sierter abbauen.

Warum sollen übrigens Mädchen keine Spannungen ausleben
dürfen? Auch sie erleben welche, doch die werden ihnen nicht
einmal zugestanden. Ihr Lebenselixier soll sich aufs Briefeschreiben und die Herstellung von Harmonie beschränken.

Unsere Welt braucht dringend Männer und Frauen, die endlich
begreifen, daß wir füreinander verantwortlich sind als Teil einer Gemeinschaft. Der Platz auf dem Boot, in dem wir alle sitzen, wird immer enger und ein Fluchtversuch immer aussichts-
loser. Statt den kleinen Buben weiszumachen, die Welt sei ein
Dschungel und jeder Mann ein Tarzan, der nur dank seiner
spezifischen männlichen Identität überlebensfähig sei, wäre es
an der Zeit, den Kindern andere Werte vorzuleben. Im Moment
durchdringt aber eine Faszination der Grausamkeit und Perver-
sion alle Lebensbereiche. Noch bevor Kinder lesen können,
kriegen sie mit, worauf Erwachsene abfahren. Die Titelseiten
der Magazine, TV-Programme, Bestseller, Talkshows, Filme,
die bildende Kunst, viele Formen der Unterhaltung inspirieren
sich an den Abgründen der menschlichen Seele und nennen das
dann »Kern des menschlichen Wesens«, »wahres Gesicht der
Männlichkeit«, »Überlebensstrategien im modernen Groß-
stadt-Dschungel«. Serienmörder werden zu Helden, wie etwa
der amerikanische 16fache Knabenfolterer und Mörder Jeffrey
Dahmer, dessen Vater voyeuristisch die Taten seines pathologi-
schen Sohnes als Buch herausgab. Der Kritiker David Nichol-
son urteilte darüber in der »Washington Post«: »Immer, wenn
man denkt, daß die Verlagswelt nicht tiefer sinken kann,
erscheint ein Buch wie dieses.« Dahmer wurde im Gefängnis
erschlagen, und sein Mörder scheint den Heldenstatus des »Rä-
chers« zu erlangen.

Wenn die Umwelt den Jungen von früh bis spät einhämmert,

wie man mit Brutalität zu Ansehen gelangt, haben Gegenstimmen Mühe, überhaupt vernommen zu werden. Der coole Junge ist ein bequemer Mythos, die Männer lebenslang im nachpubertären Stadium verharren zu lassen und ihnen die Beteiligung zu erleichtern an gewaltgeilen Exzessen, welche die Welt zuletzt endgültig an den Abgrund bringen.

Ich kenne die Argumente von den mordenden, bösen Frauen, und ich weiß, daß Frauen ebenso dunkle Seiten in sich tragen. Im Unterschied zu den Männern sind sie aber geächtet, wenn sie Gewalt öffentlich ausleben.

Daß von gewissen Kreisen lauthals verkündet wird, alle Bemühungen, Jungen zu »zivilisieren«, müßten scheitern, finde ich als Mutter von zwei Söhnen hanebüchen und als Beobachterin der Renaissance von Rechtsextremismus und Rassenwahn äußerst gefährlich.

Hören wir endlich auf, mit Gewalt zu liebäugeln.

Kleine Macker, die sich aggressiv verhalten, müssen gestoppt werden, ehe sie Familien und ganze Klassen terrorisieren. Ein klares »Nein, so nicht« ist die einzige Antwort auf fieses Grinsen und machohaftes Benehmen gegenüber Mädchen und/oder Anrempeleien und Erpressung von Mitschülern und von Lehrkräften. Hier ist Schluß mit Freiraum und Duldung. Beim allerersten Mal.

Buben brauchen Grenzen – und akzeptieren sie auch. Sie sind unter ihrer erworbenen rauhen Schale ein sehr verletzliches Geschlecht. Diese Seite findet zu wenig Beachtung, denn niemand will wahrhaben, daß Jungen ebenfalls empfindsam und zärtlich sind und sich nicht nur durch körperliche Überlegenheit und Gewalt verwirklichen möchten, sondern häufig allein durch die verletzenden Sprüche der Umgebung zu Rambos gemacht werden.

Noch eine Beobachtung: Im Gegensatz zur Männermeinung sind Frauen im Umgang mit aggressiven Jungen oft sehr erfolgreich. Sie sprechen die Kids auf einer Ebene an, welche diese wegen der Angleichung ans herrschende Männerideal ständig unterdrücken müssen.

Feine Töne werden absichtlich aus der Jungenerziehung verdrängt. Grandiosität und Action überwiegen. Damit sind wir beim nächsten Mythos.

Mythos: Männer brauchen Mythen, Frauen genügt die Psychologie

Was wir unseren Kindern an Haltungen, Wertmaßstäben und Rollenbildern vermitteln, geschieht sehr direkt über unser eigenes Verhalten. Eine Mutter, die den älteren Herrn nicht zurechtweist, der zu ihrem weinenden Dreijährigen sagt: »Ein richtiger Junge weint doch nicht«, bestärkt den Knirps in seiner Befürchtung, Tränen beeinträchtigten seine Mannwerdung. Hundert kleine, anscheinend nebensächliche Szenen bündeln sich zu einem Appell: Dies darfst du tun, jenes nicht, sonst bist du kein rechter Bub, kein richtiges Mädchen.

Darum ist es wichtig, daß Eltern sich über die neue Propagierung männlicher Grandiosität kritisch informieren.

Deutschlands erster Männertrainer, der Italo-Amerikaner John Bellicchi, bekannte, er sei Faschist und Rassist, die Autoren Gillette/Moore beginnen ihren kurzen Geschichtsabriß wie folgt: »Die eingehende Betrachtung der Kriegertraditionen läßt erkennen, wie erfolgreich sie in der Geschichte waren«, und Guggenbühl beschwört die gesellschaftlich nützliche Grandiosität des Mannes, die halt auch einmal pathologisch durchbrechen könne (Jugoslawienkrieg).

Diesen Ideologen ist gemeinsam, daß sie ihre Männlichkeit gegen weibliches Denken und Sein abschotten mit Begriffen wie »Energie des innern Kriegers« als »ein universelles Element in uns Männern und in den Zivilisationen, die wir erschaffen, verteidigen und ausdehnen«, eine »primär männliche Energieform«, ein »Grundbaustein der männlichen Psyche«, d. h.

»so gut wie sicher in unseren Genen verankert« (Gillette/Moore).

Guggenbühl grenzt Männer und Frauen mit Begriffen voneinander ab, die eine eindeutig positivere Wertung des von ihm als männlich Bezeichneten enthalten. Er ist überzeugt, daß die psychischen Verschiedenheiten, die sich aus den organischen ableiten, das Wesen von Mann und Frau bestimmen. Die Frau orientiere sich an der Psychologie, der Mann an Mythen. Als Feststellung mag das angehen. In seinem Buch »Männer, Mythen, Mächte« finden sich aber Stellen, die wie aus einer Geschlechterpsychologie der Jahrhundertwende anmuten.

Für ihn sind Mythen grundlegende Geschichten, die großartige Bilder enthalten, seelische Wirklichkeiten, an denen der Mann partizipiert. »Wir müssen von einem Mythos erfaßt sein, damit wir das Gefühl haben, das Richtige zu tun. Unsere Seele braucht den Anschluß an das größere System ...«

»... Der Mythos ruft uns an, entfesselt uns, so daß wir uns jenseits der persönlichen Befindlichkeit einem Thema widmen. Die Hingabe zum Mythos entpersonalisiert« (S. 63). Im Gegensatz zur einfacher strukturierten weiblichen Seele, die für den Mythos irgendwie zu klein ist, wird das ganze Männerleben von Mythen bestimmt, angefangen bei der Berufswahl. Die Motivation einer Frau erfolge immer aufgrund persönlicher Überlegungen, eben der Psychologie, während der Mann sich von einem Mythos gerufen wähnt. Kein Wunder, fühlt er sich dauernd zu Höherem geboren.

Der durch den Feminismus »domestizierte Mann«, der sich vom patriarchalen Denken gelöst hat und dadurch sich selbst verliert, »widmet sich zwar *psychologisch* der Familie, vernachlässigt jedoch seine Pflicht, die Kinder in die Welt der Mythen einzuführen ... Da dem Interesse an Mythen in der weiblichen Psyche nicht dieselbe Bedeutung zukommt, wird die Auseinandersetzung mit ›den großen Notwendigkeiten des Lebens‹ aus der Familie ausgegrenzt. Die Bedeutung der Familie reduziert sich zu einem Gefäß der Psychologie. Wenn Beziehung, das Individuum und das Private im Vordergrund stehen, wird den Kindern vorgegaukelt, daß die Familie das Zentrum der Welt sei. ... Die Kinder merken nicht, daß es draußen in der Welt wichtige Territorien gibt, für die es lohnt, sich anzustrengen. Das Ritual fehlt, durch das die Kinder dieser neuen Väter an den Mythen der Zivilisation teilhaben. ... Der Vater ist auch Vermittler zu den kollektiven Mächten außerhalb der Familie. ... Konkret bedeutet dies, daß die Väter versuchen, ihre außerfamiliären Interessen und Bezüge einzubringen: wortreiche Erklärungen über neue medizinische Forschungsresultate, das Interesse an römischer Geschichte, Gedanken zur Verlegung der Bundeshauptstadt von Bonn nach Berlin oder über das bevorstehende Heimspiel eines Fußballclubs. Nicht nur das Kopfweh des Sohnes, das vielleicht vom unberücksichtigten Mythendruck herstammt, oder die Einrichtung des Kinderzimmers ist wichtig, sondern auch Visionen über die Nation, die Arbeit und das Geschehen im Dorf oder der Stadt« (S. 138/139, 1994).

Die Frauen aus dem Umfeld des Männermythologen erinnern mich an blutleere Romanfiguren einer voremanzipatorischen Zeit. Der Autor versichert zwar, er sei für Gleichberechtigung der Geschlechter. Doch widerlegt er sich selbst mit dem oben zitierten Abschnitt. In Interviews erklärte er, Frauen redeten vornehmlich über Freundinnen und Kinder, Männer über Grundsätzliches. Es klingt, als hätten Frauen außer Haushalt und Kinderbetreuen nichts anderes im Kopf, seien kaum zur Schule gegangen. Sie fragen nach dem inneren Bereich, nach Träumen. Männer interessieren sich für Theorien, Kunst, Hierarchie und Tüchtigkeit. Männer schreiben Bücher, Frau therapiert. Knallharte Logik ist nichts für sie.

Die modernen Mythen werden auf Schlachtfeldern, in Wirtschaft und Betrieben abgehandelt, Bereiche, die Frauen »von Natur aus« nicht sehr interessieren. Die knappe Seite, die der Autor den Töchtern im über 300seitigen Band widmet, schließt mit dem aufschlußreichen Hinweis: »Mädchen müssen jedoch zu diesen außerfamiliären Gebieten hingeführt werden, da sonst die Gefahr besteht, daß sie das Persönliche verabsolutieren und die Außenbereiche als irrelevant abtun. ›In der Geschäftswelt geht es sowieso nur ums Geld!‹ oder ›Alle Politiker sind sowieso nur Gauner und Lügner, in dieses Getümmel will ich mich nicht stürzen‹ « (S. 141). Andere moderne Mythen, die sich den Frauen verschließen, sind Sozialismus, die Mobilität und natürlich der Fußball, »eine Domäne der Männerpsyche«. Durch das Mitfiebern an einem Match distanziert mann sich für kurze Zeit von seinen persönlichen Sorgen und Wünschen und geht »in der grandiosen kollektiven Aufgabe auf«. Er vereinigt sich mit den Spielern zu »Trägern nationaler Symbole, die auf die Mythen des jeweiligen Landes hinweisen« (Der Brückenbauer 25/94). Wie diese Mythen politisch gefährlich abdriften, können wir jede Woche in der Zeitung lesen.

Neue faschistoide Jungen- und Männerbünde, in denen Grandiosität in Rassen- und Größenwahn übergeht, blühen in den USA und in Europa auf. Ebenso therapeutische Männergemeinschaften, Studentenverbindungen oder militärisch organisierte Rechtsradikale. »Männerbund« sei nicht nur das, was sich als solcher deklariert. In jedem Fall blieben aber Frauen ausgeschlossen, so die Politikwissenschaftlerin Eva Kreisky. »Diese männliche Sichtweise ermöglicht es einzelnen Männern, an der gesellschaftlich idealisierten ... Männlichkeit teilzuhaben. Der einzelne Mann verkörpert niemals ›das Männliche‹ an sich ... Für das Überdauern patriarchaler Strukturen ist es daher wesentlich, die Spannungen zwischen ›Männlichkeit‹ und einzelnen Männern anzusprechen und zu kompensieren. Diese ... Funktion wird über verschiedene männerbündische Gemeinschaften« (Intra 15/93), aber zunehmend auch durch die Massenmedien und aufklärende Bücher erfüllt.

»Um die drohende ›Verweiblichung‹ der Männer sowie die ›Verweiblichung‹ wirtschaftlicher, staatlicher und politischer Tätigkeit abzuwenden, klammert man(n) sich an die alte patriarchale Werteordnung«, schreibt die Autorin. Das Aufweichen der »natürlichen« Hierarchie in der Geschlechterordnung soll

mit allen Mitteln, die männlicher Allmachtsfantasie und Großartigkeit entspringt, verhindert werden. »Fernab von allen Möglichkeiten sozialen Lernens« wird laut Kreisky »mit einem neuen
Männlichkeitsschub ein eventuell wirksam gewordener Einfluß
der Frauenbewegung hintertrieben«. In Zeiten des drohenden
Verlusts männlicher Privilegien suche die gefährdete Männlichkeit Zuflucht in Männerbünden. Die Frauenbewegung würde
zur Wurzel allen Übels erklärt und sogar »für ›die vaterlose Gesellschaft‹ verantwortlich gemacht, nicht jedoch wird die Flucht
der Väter aus ihrer Verantwortung thematisiert« (ebd.). Zu diesem Thema mehr im nächsten Kapitel.

Der moderne sanfte Macho, als den sich Guggenbühl nicht un-
gern bezeichnen läßt, ist eine Mischung aus dem Jungschen
Schattentheater, kollektiven und individuellen Archetypen, gefährlichen faschistoiden Geschlechtertheorien, verworrenen
Phantasien von Grandiosität, Liebäugeln mit Gewalt und Höherbewertung des sogenannt Männlichen. Daraus resultiert die Re-
duzierung der Frauen auf Psychologie und persönliche Betroffen-
heit. Das Ganze enthält viele Widersprüche und ist ziemlich dif-
fus. Aus der Sicht einer berufstätigen erwachsenen Frau könnte
über viele der Behauptungen gelacht werden, kämen sie nicht einem männlichen Bedürfnis entgegen. Wieder einmal haben sie es
schwarz auf weiß: Hausarbeit und Familienalltag sind für die existentielle Herausforderung der Männer eine Nummer zu klein.
  Doch nicht nur Jungen sind kreativ, aggressiv, sachorientiert
und wollen existentiell herausgefordert werden. Kinder und Erwachsene beiderlei Geschlechts haben das Bedürfnis, grandiose
Projekte zu entwerfen und Eigenständiges zu inszenieren. Dies
ist ein menschliches Bestreben. Und nicht nur Mädchen sind sozial vermittelnd und glauben an verbale Konfliktlösung.

Der Sozialwissenschaftler Jochen Hoffmann schreibt in seinem
Artikel »Die Lüge vom coolen Jungen« (Erziehung & Wissenschaft 2/94): »Jungen sollen etwas darstellen, was sie nie und

nimmer sind. Und sie werden hart dafür bestraft, wenn sie sich schwach oder weinerlich zeigen: dann zweifelt jedermann und so manche Frau an ihrer Männlichkeit ... Die Geringschätzung von Weiblichkeit und sogenannt weiblichem Verhalten, die für Mädchen und Frauen so schlimme Folgen hat, führt bei Jungen zu verhärteten Charaktereigenschaften, die unter geschlechtsspezifischen Bewertungskriterien fatalerweise als gelungene Entwicklung zur Männlichkeit angesehen werden.« Weder Jungen noch Mädchen entsprechen den Geschlechterstereotypen, und beide Geschlechter leiden, wenn sie weiterhin an Mythen gemessen werden.

Schluß mit dieser Art Zwei-Geschlechter-Pädagogik. Gewiß sind Männer und Frauen nicht gleich. Die Unterschiede sind aber nicht so simpel, wie sie sich aus der Paar-Therapeuten-Praxis oder der Beobachtung einzelner Kinder ergeben.

Als Eltern und Lehrende sind wir gut beraten, Theorien, die so durchsichtige Geschlechtszuschreibungen entwerfen, abzulehnen. Buben und Mädchen sind nicht einfach »so«. Besonders Väter sollten sich nicht vorschnell von der bestechenden Un-Logik der Männerverherrlicher angesprochen fühlen. Ihre Söhne könnten Gewalt plötzlich geiler finden, als den Erzeugern lieb ist, und die Töchter innerlich vor ihnen fliehen.

Mythos: Jungen sind etwas Besonderes, das weiblichem Einfluß entzogen werden muß
»Mütter können Jungen nicht erziehen«

Obwohl Frauen die väterliche Abwesenheit beklagen und anprangern, wird von der Gesellschaft, durch die Krise verstärkt, Müttern vermehrt die gesamte Erziehungsarbeit aufgebürdet. Väter seien mit Geldverdienen genügend aus- und belastet, verkünden auch einzelne Psychologinnen. Alleinerziehend bleiben deshalb nicht nur alleinstehende Mütter.

Was immer mehr Frauen von ihren Partnern vergeblich wünschen, nämlich engagierteren Umgang mit den eigenen Sprößlingen, (Beck-Gernsheim fordert gar eine »Vermütterlichung der Väter«), wird jetzt ansatzweise – wenn auch unter anderem Vorzeichen – plötzlich von Männerseite unterstützt. Nicht länger soll die Erziehung der Jungen ausschließlich in Frauenhänden liegen.

Allerdings wird keine Vermütterlichung des Vaters angestrebt, sondern erst einmal eine Vermännlichung der Söhne, sprich die Erziehung zum (richtigen) Mann. So postuliert es Burkhard Oelemann, Erziehungswissenschaftler und Therapeut der Hamburger Beratungsstelle »Männer gegen Männer-Gewalt« in einem Radio-Interview (DRS II 2. 5. 94). Mütter müssen von der Beeinflussung ihrer Jungen entlastet werden, denn ge- und befangen in ihrem Frau-Sein seien sie unfähig, Jungen allgemein und ihren elementar maskulinen Ansprüchen im Besonderen gerecht zu werden. Eine neue Sorge hat die Männerwelt erfaßt: die Angst vor dem Verlust jener Eigenschaften, die den Kern des Mannseins betreffen, nämlich Härte, Selbstbehauptung, Machtanspruch, Gefühlsabspaltung, auch Lust auf Gewalt vielleicht, weil erwachsene Söhne alleinerziehender Frauen häufig den Eindruck haben, nicht »typisch männlich« zu sein, wie Anita Heiliger in einer Studie herausfand.

Als Gegengewicht möchte Oelemann den Mann in die Erziehung einführen. Er stellt fest, Väter seien nicht konkret da, träten nur als Funktionsträger in Erscheinung, als Förderer von spektakulären Anlässen wie Fußball, Raufen, Ausflügen oder als Bestrafer, immer aber in einer aktiven Rolle. Nie erlebten Kinder ihre Väter in Situationen, die sie von ihren Müttern zur Genüge kennen: konkret überfordert, hilflos, nervös und ängstlich. Durch die lange Abwesenheit der Väter lernten Buben, daß Frauen und Kinder zusammengehören, Männer und Kinder nicht. Ihr Lebensgefühl signalisiere: Kleiner Junge ist ein Nichts, er muß ein Mann werden. Männlichkeit werde für ihn zu etwas, das permanent zu erkämpfen sei. Dieses Verlorenheitsgefühl der

Jungen – das ist Oelemanns positiver Ansatz – könnte durch vermehrte Vater-Präsenz vermieden werden.

Frauen erleben Männer als beherrscht. Nur der eigene Sohn zeigt Emotionen. Das sei selbst für viele Mütter unerwünscht, so Oelemann. Gefühle von Angst und Schwäche würden dem Jungen aberzogen. Ab seinem 5. Lebensjahr (!) erhalte er weniger Trost von beiden Eltern. Die Mutter wolle kein Muttersöhnchen, der Vater keinen schwulen Sohn. Das Ideal und gleichzeitig die Pervertierung der Knabenerziehung und der männlichen Identität sei Reinhold Messner mit seiner Botschaft: Jungen müssen sich in jeder Situation wehren können, keinen Schmerz kennen, massiv Angst abwehren und später zu Fuß zum Südpol laufen.

Da Angst gar nicht mehr wahrgenommen wird respektive werden darf, gilt Angstfreiheit als Männlichkeitsbeweis. Das erklärt die hohen Unfallraten. Fast doppelt so viele Jungen wie Mädchen sterben zwischen 1–15 Jahren durch Vergiftungen, Stürze, Unfälle und Ertrinken, so die Autoren Schnack und Neutzling in ihrem Buch »Kleine Helden in Not«. Die traditionelle Rollenerziehung führt nach Joëlle Huser (Amtl. Schulblatt Kt. Zürich 7+8/94) in der Schweiz dazu, daß von 1988–1990 dreimal soviel Jungen wie Mädchen im Straßenverkehr tödlich verunglückten.

Als Produkt einer systematischen Desensibilisierung orientieren sich Jungen an entsprechenden Idolen, an ›echten‹ Männern. He-Man, Rambo, Machos und Helden, die in jeder Hinsicht zu weit gehen. Mann-Sein ist für sie das Gegenteil von Frau-Sein: hart, unzugänglich, finanziell unabhängig. Männer definieren sich über Funktionen. Die Abwesenheit der Väter als männliche Identifikationsfigur bewirkt eine negative Besetzung des Weiblichen. Zartheit, Hilflosigkeit und Angst gelten als weiblich. Daher haben viele Jungen Angst vor der Angst und können keine Gefühle zulassen. Sie werden schon von klein auf, wenn sie Nähe suchen, zurückgewiesen und bleiben emotional auf sich allein gestellt. Das vermittelt ihnen den Eindruck, sie müßten Probleme selber lösen. Als einsame Kämpfer identifizieren sie sich mit den Helden der Mattscheibe, die ebenfalls gegen den Rest der Welt erfolgreich angehen.

Zwingend ist für Oelemann eine Beschränkung der Mutter auf eigene Bereiche. Nie werde sie ihren Sohn in seinem Mann-Sein verstehen, in seiner Geschlechtlichkeit. Durch die übermächtige Mutterpräsenz würden Jungen denn auch gewalttätig (bis zu 60mal häufiger als Mädchen), erlitten achtmal mehr psychische und psychosoziale Störungen, begingen dreimal häufiger Selbstmord. Dabei handle es sich keineswegs um biologisch vorgegebene Destruktivität.

Ich überlege mir bei solchen Äußerungen, warum die männliche Misere wieder einmal in erster Linie den Müttern und nicht direkt den selten anwesenden Hobbyvätern angelastet wird.

Es stimmt, daß Mütter ihren pubertierenden Söhnen hilflos gegenüberstehen und sie mit ihren Nöten und dem innern Chaos alleinlassen, daß Jungen in dieser Zeit eine männliche Bezugsperson brauchen. Doch die Geschlechtsidentität bildet sich in den ersten Lebensjahren. Warum sollten sich Väter so lange um ihre Verantwortung drücken dürfen?

Obwohl der Männertherapeut klar erkennt, daß das väterliche Vorbild für den Großteil der Jungen weit entrückt ist und der Einbezug der Väter in die Kindererziehung Fortschritt und Bereicherung wäre, will er dennoch die Männer nicht für den gewöhnlichen Familienalltag begeistern, sondern für die hehre Aufgabe des Mentorats. Hier erliegt auch er dem Grandiositätsdenken. Er verlangt weder nach Teilzeitstellen noch nach einem neuen Karriereverständnis. Zwar beklagt er das Zerrbild der Freizeitväter, erwartet aber Alltags-Präsenz nach wie vor nur vom weiblichen Elternteil, denn sie schließt unweigerlich Gewöhnliches mit ein: Geschirr spülen, aufräumen, einkaufen und dergleichen Unspektaküläres, das weder existentiell herausfordert noch eine angemessene Arbeit für Träger bedeutender Funktionen ist.

Wenn Oelemann also nach Vätern ruft, dann eher in einem übertragenen Sinn. Männliche Jugendliche suchten sich ihre Väter selbst. In der Person von Mentoren, d.h. im Lehrer, Jugendarbeiter, Polizisten (!), und wenn es nicht anders geht auch im leiblichen Vater. Es ist ein Appell an Männer, Begleiter und Führer orientierungsloser Jungen zu werden.

Entscheidend sei der Austausch von Mann zu Mann, nicht die Dauer. Diese Begegnung erhalte eine neue Qualität. Ein kurzer Einwurf: Jede Beziehung lebt von der Qualität, auch die zwischen Mutter und Kind. Dort aber wird weiterhin behauptet, sie sei in erster Linie abhängig von der zeitlichen Präsenz.

Hören wir noch einmal Oelemann: Für den Vater muß klar sein, daß er dem Jungen (ob absichtlich oder nicht) in allem ein Vorbild ist. Wenn er in seinem Sohn den Mann sieht, nicht nur ein Kind, findet er endlich den Kontakt zu seinem eigenen inneren Kind.

Im psychosozialen Bereich fordert Oelemann Pädagogen nicht für Jugend-, sondern für *Jungenarbeit*. Erfolg und fruchtbare Bereicherung stellten sich ein, sobald sie diesen Job nicht als Funktionsträger ausübten, sondern als Männer. Das klingt hoffnungsvoll und deckt sich mit neuen Forschungsergebnissen, die belegen, wie wichtig für Kinder der Bezug zu außerfamiliären Erwachsenen sein kann. Lehrer und Lehrerinnen können einen sehr positiven Einfluß auf Kinder aus zerrütteten Verhältnissen ausüben. Die soziale Unterstützung durch Nachbarn, Verwandte und Gleichaltrige ist ein Faktor, der erklärt, weshalb Kinder trotz schwieriger Kindheit lebenstüchtig sein können und weder gewalttätig noch delinquent werden (Psychoscope 7/94).

In seiner Arbeit mit gewalttätigen Männern (jeder vierte Mann hat schon einmal zugeschlagen) erlebt Oelemann, daß Gewaltveranlagung veränderbar und kein Männer-Schicksal ist. Seine Vorschläge für eine neue Jungenerziehung enthalten viel Bedenkenswertes.

Doch wieso sind Väter nur für heranwachsende Jungen so wichtig? Und warum spielt dabei die Kultivierung des Mann-Seins die zentrale Rolle? Wozu das Maskuline derart überbetonen? Es bestimmt ohnehin unsere Welt. Mit dieser Zentrierung der Jungenerziehung geht – entgegen der Absicht des Therapeuten – eine Abwertung des Weiblichen einher.

Traditionelle Rollenmuster müssen vielmehr aufgebrochen werden, da sie jede Form von Gewalt begünstigen. Darum ist auch diese Art von Väterlichkeit, die den Mann über den Menschen stellt, abzulehnen. Väter sind Identifikationsobjekte. Damit sie Jungen eine wirkliche Orientierungshilfe geben können, müssen sie sich zuerst im Trivialen bewähren: am Familientisch, beim Windelnwechseln, in der Küche. Mit der verständlichen Abneigung der meisten Männer gegen derartige Tätigkeiten beschäftigt sich das nächste Kapitel.

Wer Jungen wegen ihrer Besonderheit dem Einfluß der sie nie verstehenden Mütter zu entziehen versucht, übersieht die Gemeinsamkeiten der Geschlechter und verfestigt Gegensätze, die zuletzt denen nützen, vor denen wir unsere Söhne und Töchter bewahren wollten. Die Verkünder des »rechten« Weges wußten schon immer ihre Mentorfunktion an Pubertierenden, allen voran an männlichen, zu erproben.

Oelemann kritisiert die Rolle der Töchter. Noch immer gelten Mädchen als Prinzeßchen. Sei schön, sauber, bleib klein, sei ruhig. Erwartungen, die sie verinnerlichen. Unter der Abwesenheit des Vaters litten auch sie. Sie erlebten ihn ebenfalls als Strafer oder Organisator von Spektakulärem, aber nicht auf der emotionalen Ebene. Später suchten sie sich einen ebensolchen Partner. Damit schließe sich der Kreis und setze sich fort über Generationen. Bei dieser Kritik wird die Problematik belassen. Gewiß, weibliche Abhängigkeit wird beklagt, aber sie ist leider vorerst nicht zu ändern.

Wenn die Identifikation mit dem Vater für Söhne gewiß von

existentieller Tragweite ist, für Töchter ist die An- oder Abwesenheit des Vaters ebenfalls prägend. Noch einmal: Vatersein beginnt nicht erst in der Pubertät, und Väter haben auch Töchter.

Warum sollen wir in Kindern nicht in allererster Linie Menschen sehen? Warum pressen wir sie von klein auf ins Mann/Frau-Schema und begegnen ihnen nicht als einmalige Geschöpfe mit individuellen Anlagen?

Frauen können keinen männlichen Weltbezug vermitteln. Das mag stimmen. Aber brauchen wir nicht dringend Menschen mit humanen Eigenschaften? Individuen, nicht Prototypen.

Mütter sollen sich vermehrt von ihren Söhnen abgrenzen, sie den eigenen Bereich, das eigene Geschlecht leben lassen. Dagegen läßt sich nichts einwenden. Mütter dürfen ihre Söhne nicht vereinnahmen, weder als Ersatz-Männer noch als ewige Bubis behandeln. Doch auch von Töchtern müssen sich Mütter abnabeln.

Sobald die Söhne in die Vorpubertät kommen, verlangt Oelemann einen Rückzug der Mütter. Wie aber gestaltet sich diese Ent-Bindung? Das ist das Ärgerliche an seinem Postulat: Mama darf wohl als Dienstleistungsfrau weiterfunktionieren. Was sie zu tun hat, ist naturgegeben weniger großartig als was Papa tut. Sie soll Nachwuchs und Partnern Unspektakuläres abnehmen: einkaufen, waschen, alltäglich kochen, putzen, bei Aufgaben helfen, pflegen usw., sich – da nervös und überfordert – bei »geilen« Aktionen zurückhalten, damit sie ja dem tradierten Mutterbild entspricht.

Dagegen die Väter, diese idealisierten Übermenschen! Sie sind zu Hause nie müde, lesen weder vom Kinderlärm abgeschirmt die Zeitung, noch wollen sie ungestört die Tagesschau sehen. Action ist angesagt, wenn Paps heimkommt. Selten ist er da, aber dann: aufgestellter Supermann, der die Brut ungeheuer beeindruckt mit Grillen im Freien, Rucksackferien, Ausflügen nach Disneyland und ähnlichen Attraktivitäten, die sich an

Spannung kaum überbieten lassen. Oelemanns Hobbyvater entspricht ganz einem Klischee.

Trotz manch positiven Anstößen zur Jungenerziehung muß Oelemanns Thesen weiter entgegengehalten werden: Mütter und Frauen sollen sich nicht nur in der Mädchenerziehung engagieren, ihren Boys nebenbei die Windeln wechseln und den Hintern wischen dürfen, sondern sie auch mit Dingen vertraut machen, die das Gegenteil männlichen Imponiergehabes sind. Die Balance zwischen Nähe und Distanz gilt ebenso für Töchter. Oder meinen die Männerseparatisten, daß Mädchen weniger unter mütterlicher Omnipräsenz litten?

Ist nicht vielmehr eine Erziehung anzustreben, in der beide Elternteile ihre Kinder gleichwertig als Menschen begleiten? Engagierten sich Väter regelmäßig und über längere Zeit in der Familie, lernten Buben am väterlichen Modell, sich mit ihrem Mannsein auf eine neue Weise zu identifizieren. Schon der Talmud sagt: Der Erzieher verdient den Namen Vater mehr als der Erzeuger, und Elisabeth Badinter schreibt in ihrem Buch »XY. Die Identität des Mannes«: »Robert Bly hat bei den Amerikanern große Erfolge, wenn er erneut vom Bruch zwischen Mutter und Sohn und von der Rolle des Mentors ... spricht, ohne sich darüber im klaren zu sein, daß die Männlichkeit von heute schon eine ganz andere ist als die von gestern: vielfältig, subtil, unlösbar mit der Weiblichkeit verquickt. Die Männlichkeit von morgen wird weniger das Ergebnis eines ... Bruchs mit der Frauenwelt sein, sondern eher die Folge einer Mitsprache des Vaters ab der Geburt in einer Weise, wie es dies noch nie gegeben hat« (S. 121, 1993), und für die Erziehungswissenschaftlerin Christine Brinck ist ein Kind ohne Vater wie ein Fisch ohne Flossen.

Mythos: Frauen eignen sich besser zur Hausarbeit als Männer

»Männer langweilen sich, wenn sie Windeln wechseln oder abwaschen, sie haben Höheres im Sinn«

»Ich bereue nichts, aber mein Lebensentwurf war ein anderer«
(ein Deutscher nach drei Jahren Hausmann-Dasein)

Noch heute liegt das Durchschnittseinkommen der Frauen um ein Drittel tiefer als das der Männer. In sogenannt reinen Frauenberufen ist die Entlöhnung besonders niedrig. Paradebeispiele finden sich bei den Hortnerinnen, dem Pflegepersonal und den Kindergärtnerinnen. Seit jedoch eine Handvoll Kindergärtner in diesen Beruf eingestiegen ist, hört man von Lohnforderungen des »Verbands Kindergärtner und Kindergärtnerinnen«. Interessant, was ein paar Männer vermögen. Umpolen der Berufsbezeichnung in die männliche Form, Lohnforderungen und Hebung des Sozialprestiges. Umgekehrtes bei den Lehrern. Je höher die Stufe, desto männlicher der Lehrkörper. In der Grundschule aber überwiegen Lehrerinnen. Trotzdem war (und ist noch häufig) die Berufsbezeichnung männlich. Das berufliche Ansehen sank parallel zur Zunahme der Frauen. Das heißt: Männer werten Berufe sozial auf. Das Schwinden des öffentlichen Ansehens macht besonders den Männern zu schaffen. Das mag mit ein Grund sein, warum bei immer mehr älteren Lehrern die Begeisterung für ihren Beruf erlahmt (mehr dazu im nächsten Kapitel).

Am höchsten in der Wertung stehen noch immer die ehemals reinen Männerberufe wie Pilot, Arzt, Professor, Manager, Pfarrer, etc. Tief unten auf der Rangliste sind dagegen – allen Erkenntnissen über die Bedeutung der ersten Lebensjahre für die spätere Entwicklung zum Trotz – Berufe, die sich mit der Betreuung kleiner Kinder befassen: Arbeit in Krippen, Horten, Kinderheimen und familiale Erziehung.

Schöne Worte aus Politikermund über den Stellenwert von

Familie, Kleinkind-Betreuung, Mutterschaft und über die ins Erwachsenenalter ausstrahlende Wirkung der frühen Kindheit entpuppen sich als hohle Bekenntnisse. Beim Sparen setzt der Rotstift zuerst bei Einrichtungen an, welche Früherziehung, Sozialhilfe an Mütter, Gehälter in Krippen und Horten u. ä. betreffen. Frauen und Kinder sind erste Opfer der Sparwut. So ist es nicht verwunderlich, daß Kleinkindpflege – von löblichen Ausnahmen abgesehen – noch immer eine Domäne der Frau ist: schlecht oder nicht bezahlt.

Noch immer setzen Männer oder ihre Rollen den Maßstab. Das ist aber keine echte, sondern eine Einbahnstraßen-Gleichstellung. Wirklich gleichberechtigt werden die beiden Geschlechter erst sein, wenn nicht die Frauen sich nach den Männern ausrichten, sondern die Männer auch das Recht auf Betreuungs- und Beziehungsarbeit fordern.

Erst dann wird die Versorgung von Kindern, Kranken und Alten auch materiell und vom Ansehen her nicht mehr ausgegrenzt werden.

Weiterhin können Männer naserümpfend und unwidersprochen prahlen: Windelnwechseln ist für mich keine Herausforderung, es ödet mich an, ist langweilig. Anders die wilden Spiele mit meinen Buben. Dort kann sich meine Phantasie und die der Kinder kreativ entfalten, in großartige Dimensionen vorstoßen.

Das führt bis zur absurden Behauptung, Männer und Frauen würden auf verschiedene Weise kochen. Frauen kochen psychologisch, d. h. auf die Essenden bezogen. Sie wollen den Kindern mit dem Abendessen Freude bereiten. Guggenbühls Männer kochen mythisch. Ihnen geht es um einen schöpferischen Prozeß. Ihr schottischer Haferbrei ist genial. Während der Kreation können sie daher ohne weiteres vergessen, daß die Kinder vor allem eine Mahlzeit brauchen.

»Ein Prozent des deutschen Vätervolkes« (Focus 25/94) nimmt nach der Geburt seines Kindes einen Erziehungsurlaub, das sind 4000 Väter. Der deutsche Durchschnittsmann »hält an der klassischen Rollenverteilung fest: Karriere und Kantine statt Kind und Küche«. Jutta Ebeling vom Frankfurter Schul- und Bildungsdezernat: »Offenbar entzieht es sich der Vorstellungskraft, daß ein ›richtiger‹ Mann aus Zuneigung und geändertem Rollenverständnis sich mit der Frau die Lasten und Freuden der ersten Lebensjahre seines Kindes teilt.« Deutsche Väter machen von ihrem Recht auf Bildungsurlaub nach wie vor keinen Gebrauch. Würden Männer nicht mehr verdienen als Frauen, wäre der Gehaltsunterschied kein stichhaltiger Grund mehr, den Urlaub zu verweigern.

Trotzdem ist es weniger das Geld als der Männlichkeitswahn, der Väter vom Kinderzimmer fernhält. In Zürich ergab eine Untersuchung (Evi Janssen/Eva Zeltner, 1991) ähnliche Resultate: Angehende Ärzte und Juristinnen beiderlei Geschlechts wurden zu ihren Lebensplänen befragt, beruflichen und familiären. Ein einziger Mann (von 225) war bereit, sein Kind nach der Geburt selbst zu betreuen. Dafür war der männliche Kinderwunsch (zwei oder mehr Kinder) größer als der ihrer Kolleginnen. Diese übernehmen schon in der Vorstellung (!) zu fast 80% die Kinderbetreuung selbst, wünschten sich aber weniger Kinder (auffallend viele nur eines). Die befragten Männer sprachen sich aber mit großer Mehrheit für die Gleichberechtigung der Geschlechter aus, vermutlich eine ihrer großartigen Ideen, die wenig mit ihrer Realität zu tun haben.

In Schweden verlieren Ehepaare ein Monatsgehalt ihres einjährigen Elternurlaubs (bei dem 90% der Lohnsumme als Elterngeld bezahlt werden), wenn sich die Väter nicht mindestens einen Monat selbst mit vollem Einsatz um das Baby kümmern. Eine erfolgreiche Regelung: Jeder fünfte Vater steht bereits am Wickeltisch.

Die Suche nach einer existentiellen Herausforderung könnte für einen reifen (auch männlichen) Menschen durchaus bedeuten, sich einer total unspektakulären Tätigkeit hinzugeben. Stinkende Windeln zu wechseln ist gewiß nichts Grandioses. Zu erleben, wie ein Baby sich freut, frisch verpackt auf Vaters Arm zu sitzen, zu wissen, daß es ohne Fürsorge und Liebe nicht überleben kann, müßte eigentlich auch den emotional in der Steinzeit Gebliebenen berühren, mindestens so sehr wie etwa Guggenbühls Männer-Ferientraum, einmal Auge in Auge einem Grizzlybären gegenüberzustehen. Das Kind ist schließlich Träger der väterlichen Gene. Motivation genug, sich optimal um ihre Weitergabe zu kümmern.

Sobald eine größere Zahl von Männern die Herausforderung des Existentiellen in der Kleinkindbetreuung entdeckt, die darin besteht, die ewig gleichen, zum Teil auch unappetitlichen Handgriffe zu wiederholen und dafür belohnt zu werden mit Kinderlachen, oft auch mit uneinsichtigem Gebrüll, wenn Väter diese Herausforderung annehmen, nicht aufgeben, Eintönigkeit, Alltagstrott, Nachtruhestörung, Selbstaufgabe eine Zeitlang aushalten, dann wird der Stellenwert der Elternschaft in der Gesellschaft grundlegend verändert. Männer werden erkennen, daß Kindererziehen eine herausfordernde, anspruchsvolle Aufgabe ist, die auch finanziell entschädigt werden muß. Was zählt, wird bezahlt, und was bezahlt wird, zählt. Mut zur Erziehung ist auch ein Appell an die Väter. Dann erst, denke ich, sind Männer kompetent, pädagogische Ratschläge zu erteilen, als Psychologen, Lehrer, aber auch als Väter. Die Erfahrungen der Kleinkindpflege werden dabei weder einer Karriere noch grandiosen Bestrebungen im Weg stehen.

Daß sich Kinderbetreuung und Männerarbeit ausschließen, ist ein Mythos, der dasselbe bezweckt wie die übrigen Geschlechtermythen. Männer werden von ihrer natürlichen Verantwortung für die Nachkommen befreit. Darum verspüren sie auch wenig Schuldgefühle, wenn sie ihre Vaterpflichten auf die leichte Schulter nehmen und sie im allgemeinen aufs Materielle beschränken.

Vielfach sind allerdings Frauen nicht ganz unschuldig an der männlichen Abneigung gegen Kinderpflege und Haushalt. Mütter, die ihren Selbstwert aus dem Kind und der Familienarbeit beziehen, sind eifersüchtig, wenn der Vater vom Kind ebenso geliebt wird wie sie, oder sie haben Mühe, dem Partner Küche und Kinderbetreuung zu überlassen, die er auf seine Weise bewältigt. Es lohnt sich aber, wenn frau mit psychologischem Fingerspitzengefühl die »mythischen Prozesse« männlicher Tätigkeit nicht durch Nörgeln stört. Für Gluckenmütter ist dies zugleich eine lehrreiche Übung im Sich-abgrenzen-Lernen.

Die Vater-Kind-Beziehung ist wichtig schon für ein Neugeborenes. Sie ist nur weniger erforscht, da sich das Heer der Psychologen bisher ausschließlich der Mütter annahm. Kinder sind aber mehr als interessante Studienobjekte. Das bestätigen auch die wenigen Männer, die sich zu einem Erziehungsurlaub durchringen oder freiwillig in die Rolle des Hausmannes schlüpften.

3. Fehlverhalten in der Schule/ Burn-out-Syndrom

Schattenseiten eines Berufs

Immer häufiger beklagen sich Lehrkräfte aller Stufen darüber, von ihren Schülern gezielt fertiggemacht zu werden. Die Provokationen reichen von rüdesten Anrempeleien bei der Übernahme einer neuen Klasse – »Am besten gehen Sie gleich wieder, Sie Sau« – bis zu Drohungen mit Waffen. In vielen Klassen geben schwierige Jungen den Ton an, und kürzlich gestanden entnervte Lehrer, sie gingen bewaffnet zur Arbeit. Der Unterricht wird enorm erschwert durch Renitenz, Aufgabenverweigerung, mühsame Untersuchungen von Vandalenakten und einer falschen Solidarität der Klassen mit den Aufwieglern, zum Teil aus Angst vor Repressionen.

Viele Lehrerinnen und Lehrer beklagen eine mangelnde Unterstützung durch Schulbehörden, aber auch durch Kollegen. Besonders jüngere Lehrpersonen leiden an Isolierung und haben oft das Gefühl, mit ihren Problemen allein zu sein. Eltern von Problemkindern ergreifen nicht selten deren Partei und geben der Schule die Schuld am Versagen ihres Kindes.

Alle kennen ja die Schule aus eigener Erfahrung. Viele verbinden sie mit negativen Erlebnissen, Ressentiments steigen ihnen schon beim Einatmen des Schulhausgeruchs hoch. Lehrpersonen beurteilen können alle. Keine andere Berufsgattung sieht sich ständiger Kritik durch so viele »Experten« ausgesetzt. Das ist mit ein Grund, warum vor allem junge Lehrer und Pädagoginnen vor Elternabenden zittern. Einige Probleme mit den Kids ließen sich im Einvernehmen aller Beteiligten erfolgreich angehen. Statt sich gegenseitig (und gemeinsam dem Fernsehen) den Schwarzen Peter für die »sooo coolen abgestumpften Jungen und Mädchen« zuzuschieben, wäre eine Zusammenarbeit von Schule, Elternhaus und Behörden erfolgreicher.

Vor allem junge Lehrkräfte haben oft noch eine zu einseitig auf Wissensvermittlung respektive Didaktik ausgerichtete Ausbildung. Darum treffen viele völlig unvorbereitet auf schwierige Situationen, in denen sie nicht auf Vorgegebenes zurückgreifen können. Wenn Knaben sich weigern, ihre Waffen abzuliefern, ist die nach modernster Methodik präparierte Lektion im Eimer.

Wer vor eine neue Klasse tritt, sollte sich erst einmal mit ihr verständigen können. In einer Sprache, die ankommt. Doch Junglehrerinnen mangelt es oft an der Selbstverständlichkeit, ihren Platz zu behaupten. Oft genügt es, dem Hauptprovokateur cool zu sagen, frau habe ihn sehr wohl bemerkt, sie erwarte, daß er nicht nur mit dem Mund, sondern auch mit seinen Leistungen brilliere. Überraschende Reaktionen wirken zumindest momentan entspannend. Körpersprache signalisiert: Ich möchte am liebsten weglaufen. Aber auch: Ich lasse mich nicht vertreiben. Nonverbale Kommunikation kann eingeübt werden. Ebenso läßt sich der Umgang mit Konfliktsituationen teilweise lernen. Hier hapert es unter der Lehrer- und Lehrerinnenschaft noch bedenklich. Jeder für sich und gegen die anderen. Dies, behaupten viele Berufseinsteigerinnen, sei das Motto der älteren Jünger Pestalozzis.

Menschen, die so viel Lebenszeit ins Zusammensein mit Heranwachsenden investieren und ihnen neben Bildung auch soziale Fertigkeiten vermitteln und vorleben sollen, brauchen eine permanente Selbst-Erziehung. Nur so können sie ihren Erziehungsauftrag wahrnehmen.

Pygmalion-Effekt
Buben werden zu Rambos, Mädchen sozial angepaßt

Worauf beruht der Erfolg der vielgeschmähten Sonder- und Heimschulen, die ich, völlig unzeitgemäß, für bestimmte Kinder nach wie vor befürworte? Er ist nicht nur in der begrenzten Schülerzahl begründet, sondern vor allem in der positiven Haltung, mit der die dort tätigen Lehrkräfte grundsätzlich ihren Schülern (mehrheitlich Knaben) begegnen.

Nicht einmal das kannst du?

Wieder nicht aufgepaßt.

So bringst du's zu nichts.

Die richtigen Ergebnisse hast du sicher abgeschrieben.

Bei jeder Rauferei bist du der Anführer.

Solche und ähnliche Sprüche sind Ausrutscher, die den Lerneifer schlechter Schüler gänzlich ersticken, überforderten Lehrenden an sogenannt normalen Klassen aber nicht selten entfahren. Wer Kinder unterrichtet, die Mühe mit dem Lernen haben oder sich sozial nicht einfügen können, weiß, daß die Schüler nicht dem Durchschnitt entsprechen. In der Normalschule sind sie aus dem Rahmen gefallen, sonst wären sie nicht in Sonderschulen versetzt worden.

Der Name Sonderschule sei diffamierend, heißt es. Würde aber das Augenmerk auf *besondere* Unterrichtsart und *besondere* Kinder und weniger auf das Ausgrenzende der Bezeichnung gelegt, bekämen diese Klassen einen neuen Status, die Stigmatisierung fiele weg. Es handelt sich bei den Schülerinnen und Schülern um

besonders sensible

besonders verletzliche

besonders beeindruckbare

besonders schüchterne

besonders vorlaute

besonders freiheitsdurstige

besonders aggressive

besonders (einseitig) begabte

besonders hyperaktive

kurz, auf allen Gebieten um *besondere* Kinder. Darum legen es die besonders ausgebildeten Lehrkräfte nicht darauf an, Ungenügen und Versagen zu betonen. Sie konzentrieren sich auf die positiven Fähigkeiten, die in diesen Jungen brachliegen. Verschüttete Begabungen werden durch eine Erwartungshaltung gefördert und verstärkt, die hervorlockt, was sich unter mangelndem Selbstwertgefühl verbirgt. Angeberei und jede Form von Gewalt – verbale, körperliche, sexualisierte – kann ohne Herabsetzung des Täters in Handlungen umgepolt werden, die diesen befriedigen, z. B. Sport, chinesisches Kampfsporttraining, Wettspiele, aber auch geistige Herausforderungen, die nur allzuoft solchen Kindern gar nicht zugetraut werden. Ein Großmaul hält Vorträge, wird Klassensprecher. Der Kraftprotz beschützt Schwächere. Schüchterne lernen, sich zu behaupten. Wer mit der Orthographie kämpft, schreibt vielleicht Aufsätze, die ihres Inhalts wegen über dem Durchschnitt stehen. Der Einzelgänger entpuppt sich als begabter Karikaturist, der notorische Verweigerer tobt sich am Schlagzeug aus und gründet eine Schülerband. Die meisten erleben die Kleinklassen-Gemeinschaft als Schonraum zum Training ihrer sozialen, musischen und intellektuellen Fähigkeiten. Teamarbeit wird geübt sowie die Erkenntnis, daß Menschen unterschiedliche Fähigkeiten besitzen, was an sich weder gut noch schlecht ist, und daß jeder und jede individuelle Plus- und Minuspunkte hat, inklusive Lehrperson.

In einer meiner Jungenklassen hing eine Zeitlang an jedem Pult (auch an meinem) ein Zettel, auf dem je eine Stärke und Schwäche der betreffenden Person stand, z. B.:

Ich kann super rechnen und fußballspielen – aber ich bin jähzornig.

Ich weiß viel über Tiere – leider habe ich Mühe mit Mädchen.

Ich bin sehr sportlich – wenn ich verliere, muß ich heulen.

Ich schreibe gern Aufsätze – doch ich hasse Geometrie.

Es gibt keine Kinder, die nichts Lobenswertes aufweisen können. Oft braucht es Geduld, ihr Selbstwertgefühl zu stärken. Jungen, die Erwachsenen mißtrauen, sind anfänglich verschlossen und widerborstig. Kleinste Erfolge müssen anerkannt, das flegelhafte Benehmen niemals persönlich genommen, aber auch nicht einfach geduldet werden. Und nach einem Jahr wundern sich die ehemaligen Schulversager oft selber am meisten über ihre erstaunlichen Fortschritte.

Meine Erfahrungen werden von Lehrerinnen und Lehrern, die an Sonderschulen unterrichten, bestätigt. Positive Erwartungen können die Leistungen bei Jungen mit Schulangst und abweichendem Verhalten erstaunlich heben und ihre Gemeinschaftsfähigkeit verbessern.

Die Zahl der Problemkinder wächst auch in sogenannten normalen Klassen beängstigend. Aus der Grenzenlosigkeit elterlicher Bequemlichkeit und Gleichgültigkeit gelangen sie nicht selten unter den Einfluß einer schulischen Zufallspädagogik, die Strukturen und Regeln ebenso mißachtet. Hier wie dort beziehen Erwachsene oftmals erst eindeutig Stellung, wenn die Interaktionsprozesse im Zusammenleben bereits schwer gestört sind. Bis es soweit ist, werden hundert Augen zugedrückt und den störenden Jungs möglichst viel Freiraum für ihre Selbstverwirklichungsmanöver zugestanden, auch wenn ihre Aktionen die Grenze des Tolerierbaren längst überschritten haben. Kinder finden das geringe erzieherische Engagement nur eine Zeitlang »lässig«, später erklären sogar die rebellischen Klassenleader: »Mein Lehrer ist ein Waschlappen«; »unsere Lehrerin weiß selber nicht, was sie eigentlich will«. Selbst für die Durchsetzung von Regeln, die im Schulhaus als verbindlich gelten sollten, scheint es vielen Lehrerinnen und Lehrern an Willen und Energie zu fehlen. Mit Konsequenz könnte manch unheilvolle Entwicklung gestoppt werden. Leere Drohungen sind verhängnisvoller als Nichteingreifen.

Kinder, die sich anders verhalten als erwünscht, verlangen ihren Bezugspersonen einiges ab. In erster Linie wollen sie wahrgenommen werden. Sie erwarten unsere Reaktion. Leider reagiert eine Vielzahl von Pädagoginnen und Pädagogen statt mit humorvollem Gegensteuer und aktivem Einbezug der Jungen in den Unterricht mit Verstärkung des negativen Verhaltens: »Buben sind halt aggressiver« ist eine beliebte und billige Ausrede. Nach vergeblichen Zurechtweisungen werden die Störaktionen der kleinen Rebellen zähneknirschend, aber anscheinend gelassen hingenommen. Mit Achselzucken, froh, wenn diese nicht lautstark über die Schule lästern, den Lehrenden frech kommen und Schwächere erpressen. Gezielte Bosheiten werden geflissentlich übersehen. Vogel-Strauß-Politik rächt sich auch hier. Gewalt beginnt mit Worten. »Scheißtürke, Judensau« ist verbale Gewalt. Auch Mädchen werden verbal diskriminiert. Wer Rassenhaß und sexistisches Verhalten bei Schülern nicht bemerken will, macht sich zum Mittäter, zur Komplizin, und erleichtert dadurch den Klassenbossen die Ausübung physischer Attacken.

Mit der durch die neuen Männermythen verstärkten und sogar explizit verlangten Duldung jugendlichen Bandenunwesens im Schulzimmer werden unverhohlen kleine Rambos herangezüchtet.

Wir projizieren in Jungen ein Männerbild, das nur einem Teil dessen gerecht wird, was Mann-Sein ausmachen könnte. Die »urmännlichen« Verhaltensmuster werden durch Rückblenden in die Steinzeit legitimiert und dadurch gefördert. Statt endlich den Mut zu haben, Jungenerziehung unter Einbezug von Aspekten sogenannt femininer Anteile wie Zärtlichkeit und Schwäche zu diskutieren, wird von einflußreichen Pädagogen die Hinwendung zu einem Männlichkeitsideal vergangener Epochen verlangt. Jungen dürfen und wollen deshalb nicht »weibisch« sein und verdrängen ihre Ängste durch Flucht in den Kampf. Lieber männliche Täterschaft als weibliche Opferrolle. An Schwächere geben Buben weiter, was sie selbst erfahren haben.

Lust auf Gewalt ist mitnichten *der* Antrieb männlicher Energie. Erziehende verbergen hinter den Erwartungen, die sie an die Jugend herantragen, ihr eigenes Bild der Geschlechtsrollen, ihre Erfahrungen, Bedürfnisse und Ideale. Das Menschenbild ist gesellschaftsabhängig und durch die Sozialisation geprägt. Verharren wir in der Überzeugung, Jungen seien potentielle Verweigerer – besonders, wenn ihre emotionale Seite angesprochen wird, was wir auch tunlichst vermeiden –, prägen wir sie in der Schule weiter auf Mädchenverachtung, Coolheit und Dominanzgehabe. Sie werden sich nach unserem Bild richten und uns mit ebendiesen Eigenschaften »überraschen«.

Der römische Dichter Ovid (43 v.–ca. 18 n. Chr.) erzählt in seinen »Metamorphosen« die Geschichte des zypriotischen Bildhauers Pygmalion, der aus Elfenbein die Skulptur einer Frau formte, in die er sich verliebte. Auf seine Bitte erweckte die Göttin Aphrodite das schöne Bild zum Leben. In Anlehnung an diese Gestalt der griechischen Mythologie steht in der Psychologie die Bezeichnung *Pygmalion-Effekt* unter anderem für die Tatsache, daß Kinder, welche für intelligent gehalten werden, während der Schulzeit ein höheres Leistungsprofil aufweisen als solche, die als weniger intelligent gelten. Letztere leiden unter einem *negativen Pygmalion-Effekt*. In beiden Fällen passen die Kids ihre Leistung den Erwartungen der Erwachsenen an.

Wie man in den Wald hineinruft, so tönt es zurück, nennt der Volksmund den Pygmalion-Effekt. Was wir Kindern zutrauen oder absprechen, was wir von ihnen erwarten, drücken sie in ihrem Verhalten aus. Die sich entwickelnde kindliche Persönlichkeit formt sich nach den Ansprüchen, die von außen an sie herangetragen und Teil ihres Selbstbildes werden. Jugendliche, die wenig Zuneigung erfahren, fühlen sich minderwertig. Traut ihnen niemand selbständige Entscheidungen zu, lernen sie nicht, verantwortlich zu handeln. Nicht nur Dummheit ist lernbar. Auch Gewalt, Rebellion, Resignation und Gefühlsimmunität sind Ausdruck von Erwartungen und Einstellungen der Umwelt.

Stellen Unterrichtende differenziertere Ansprüche, kann das Jungen und Mädchen motivieren, Dinge zu tun, die nicht dem Rollenklischee entsprechen, dafür aber den Neigungen des betreffenden Kindes.

Jungen müßten nicht zwangsläufig unangenehm und tonangebend auffallen, wenn nicht der Pygmalion-Effekt zusätzlich ihr Selbstbild im Sinne der Männerklischees beeinflussen würde. Ängstliche, gefühlvolle Jungen werden nicht nur von Mädchen belächelt, sondern von Erwachsenen beiderlei Geschlechts als nicht »richtige« junge Männer kaum ernstgenommen. Ihr Verhalten wird als »weiblich« abgewertet und dadurch ihr Selbstvertrauen verletzt. Welcher Junge möchte schon als »unmännlich« gelten?

Ähnlich läuft's bei Mädchen. Von ihnen wird prosoziales, psychologisches Verhalten erwartet: sich einfügen, anpassen, die Wünsche anderer erfüllen, selbstlos sein, nicht aufbegehren, sich schutzbedürftig und nie allzu selbstbewußt geben und schon gar nicht aggressiv, höchstens mit Worten.

Je näher die Pubertät rückt, desto stärker schreien Plakate und Werbung den jungen Frauen zu, wie sie zu sein haben: in erster Linie schlank, von makellosem Äußeren. Bisher unbekümmert drauflosfutternde Elfjährige fühlen sich plötzlich in ihrem Frausein angesprochen, fasten, schämen sich ihres pummeligen Körpers, hören befangen in der Schulbank die sexistischen Taxierungen der großsprecherischen, aber ebenso verunsicherten Jungen.

Im Gegensatz zu den Burschen müßten junge Frauen zu aggressiverem Feedback ermuntert und Erwartungen von Stärke, Durchsetzungsvermögen und Sich-wehren-Können an sie herangetragen werden. Frauen seien an sich gar nicht friedfertiger. Ihre »Friedfertigkeit« sei lediglich ein Mangel an geförderter Aggressivität, stellt der amerikanische Anthropologe David Gilmore fest (nature 10/93).

Kein erneutes Gegeneinander, sondern ein Miteinander könnte endlich den ewigen Geschlechterkampf beenden, wenn

Buben und Mädchen schon in der Schule lernten, sich vorurteilsfrei zu begegnen, und gegenseitig voneinander lernen dürften.

Die Soziologinnen Benard/Schlaffer (1994) fordern dafür das Schulfach »Zusammenleben«. Ein Fach genügt dazu nicht. Es braucht eine tolerante Umgebung und Atmosphäre, die weitgehend von den Lehrkräften und ihrem Männer- und Frauenbild getragen wird. »Zusammenleben« ist kein Schulfach, sondern eine Grundhaltung.

Kein Mythos: Die (geheime) Angst der Pädagogen vor dem Schüler

Schülerinnen und Schüler sind nicht grundsätzlich anders als vor zwanzig Jahren, nicht einmal die »bösen« Buben. Die Bedingungen, unter denen sie aufwachsen, haben sich allerdings kraß verändert. Einflüsse von außen bekommen mehr Gewicht, denken wir nur an die Vielzahl der »geheimen Miterzieher« wie etwa die Gruppe der Gleichaltrigen und die Werbung.

Die Fülle an Reizen und Bildern, die ständig auf Kinder einstürmen, haben sie früher intellektualisiert als jede Generation zuvor. Grundschüler sind im Umgang mit Computern ihren Eltern meistens überlegen. Pädagogen sprechen von »alten« Kindern und beklagen das »Verschwinden der Kindheit«. Sie werden im Durchschnitt körperlich größer als ihre Eltern, das Wachstum hat sich beschleunigt (Akzeleration), und die Pubertät setzt früher ein.

Mit der physischen und intellektuellen Frühreife hält die emotionale Entwicklung nicht immer Schritt. Die Kinder scheinen egozentrisch, frustrationsanfällig, schwer zu begeistern und was der negativen Eigenschaften mehr sind, die sie der Erwachsenenwelt abgucken. So tragen sie auch Gewalt und Aggressivität in die Schule. Das soll uns zumindest bewußt sein, wenn wir über »böse« Kinder jammern. Sie spiegeln ihre Mitwelt.

Dominieren aggressive Aufwiegler über längere Zeit eine Klasse, kann das in keinem Fall den Lehrenden allein angelastet werden. Es gibt ungünstige Konstellationen auch unter Schülern. Und doch spielt das Verhalten der Lehrerin oder des Lehrers eine nicht zu unterschätzende Rolle.

Statt gemeinsame Strategien auszuarbeiten, wie den selbstbewußten Alphakids zu begegnen ist, warten viele Lehrkräfte, bis eine sogenannte Krisenintervention sie aus der Misere befreit und Schülerinnen und Schüler durch Mythodramen und Geschichten zur Überzeugung gelangen, ohne Gewalt wäre das Zusammenleben eigentlich schöner. Ein relativ aufwendiges, teures Unternehmen für eine so simple Einsicht. Nach drei Nachmittagen unter der Anleitung eines Psychologinnenteams leuchtet den Achtjährigen ein: »Es ist doch gescheiter, einen Sack zu schlagen als Menschen« (Intra 20/94). Vieles muß schiefgehen, bis Zweitklässler so widerspenstig werden, daß nur mit Hilfe von außen der brutale Klassenalltag entschärft werden kann.

Die Alphastellung gehört unter allen Umständen den Erwachsenen. Sonst gerät ins Wanken, was friedlicheren und schwächeren Kindern Halt und Sicherheit vermittelt: eine neutrale, überlegene und verständnisvolle Ansprechperson, die in Notfällen auch beschützend eingreift. In Notfällen. Nicht bei jedem Dispütchen. Die großmäuligen Messerzücker müssen unter allen Umständen spüren, daß die Lehrerin durch Machotum nicht zu beeindrucken ist. Nicht Körperkraft macht die Alphaposition aus, sondern echte Überlegenheit, und die besteht auch darin, keine Angst zu zeigen (nicht keine zu haben).

Das Thema »Angst des Lehrers vor dem Schüler« findet zur Zeit wenig Aufmerksamkeit. Doch liegt hier ein Schlüssel zu den Schwierigkeiten, die Pädagoginnen und Pädagogen lähmen, den Grenzüberschreitungen in ihren Klassen adäquat zu begegnen. Ihre Antwort heißt zu oft wegsehen, bagatellisieren, oder sie ergehen sich in verbitterten Vorwürfen über die Schüler, die ständig schlimmer würden. Früher ... heißt es dann, und es folgt eine nostalgische Liste ausgestorbener Schülereigenschaften. Doch Selbstmitleid kommt bei Kindern überhaupt nicht an.

Es gab sie immer, doch heute sind sie im Aufwind: Schüler, die sich über alle Verbote und Schranken hinwegsetzen. Und es mehren sich die Lehrkräfte, die das hinnehmen. Händeringend und jammernd, aber ohne wirklich einzuschreiten. Lehrerinnen und Lehrer geben Anweisungen, wenn Kinder miteinander sprechen – ungehört verhallt ihre Stimme. Sie benützen das abgegriffene »Hör sofort auf« mehrmals täglich, ohne Konsequenz. Das beginnt schon in der Unterstufe. Klare Regeln und Normen, die auch ihre Vorschläge berücksichtigen, werden von den Schülern akzeptiert und von den Eltern begrüßt, die teils dieselben Probleme im Umgang mit Jugendlichen haben. Nur braucht es bis zum »Erfolg« oft einen langen Atem, und den haben nicht alle Erwachsenen.

Die Ranghöchste im Klassenverband – die Lehrperson also – muß danach trachten, sich positiv ins Zentrum zu setzen, sonst wird sie zur Randerscheinung. Frontalunterricht mochte die Fokussierung auf den Lehrer, die Lehrerin erleichtern, Autorität beruht aber keineswegs auf dieser verpönten Unterrichtsform, sondern geschieht durch die Persönlichkeit der Betreffenden, ihre Präsenz, ihre Ausstrahlung. Angst verhindert ein ungezwungenes Eingehen auf Kinder, vor allem auf solche, die Schrekken verbreiten wollen. Statt mit dem Mythos vom unerziehbaren Jungen die eigene Hilflosigkeit zu kaschieren, muß sie zum Thema werden. Lehrerinnen wird sie angedichtet, Lehrern – bewahre – nicht einmal zugetraut.

Verunsicherung ist unmännlich. Aus Gesprächen mit Betroffenen weiß ich, daß auch Lehrer gewisse Typen fürchten. Sie haben nur größere Mühe als ihre Kolleginnen, eine Schwäche einzugestehen.

Nach fast zwanzigjähriger Arbeit mit schwierigen Jungen in Heimschulen (Alter 10–17 Jahre) wage ich zu behaupten, daß Frauen mindestens so gut mit Jungen in der Vorpubertät und Pubertät umgehen können wie Männer. Letztere überschätzen nicht selten ihre Körperkraft als Disziplinierungsmittel für motzende Jungs. Frauen dagegen sind manchmal erstaunt über die relative Leichtigkeit im Umgang mit schwierigen Jugendlichen, die ihnen von männlichen Teamkollegen nichtsdestotrotz im allgemeinen abgesprochen wird.

Männer und Frauen in pädagogischen Berufen müssen sich ihrer Angst stellen, sie angehen und nicht verdrängen. Warum getrauen sich Erwachsene nicht, von Halbwüchsigen zu verlangen, daß im Schulhaus Waffen unter keinen Umständen geduldet werden, und Kids, die trotz Kaugummiverbot das klebrige Zeug ausspucken, zum Putzen aufzufordern? Das hat nichts mit Verständnis für Kinder, nichts mit Anitipädagogik, sondern mit Unsicherheit und scheinheiliger Augenwischerei zu tun.

Solcherart sind die Probleme, die den Lehrerinnenberuf zur Qual machen, viele Lehrer an Frühpensionierung denken lassen. Aus Angst vor den Klassenbossen erdulden sie vieles zu lange.

Längst ist das schöne Gerede vom humanistisch gewährenden Unterricht zur Phrase verkommen. Was soll schön sein an einer Freiheit, in der ein geordnetes Arbeiten unmöglich wird, in der viele Mädchen und Buben von einer Minderheit aggressiver Klassenkameraden tyrannisiert werden? Wenn nicht einmal Lehrkräfte sich wehren, wie soll ein Mädchen sich vor körperlichen Belästigungen schützen, vor Taschengelderpressung und ähnlichem?

Kurse mit Titeln: Wie stehe ich als Frau vor einer Klasse? Wie spreche ich mit aggressiven Jungen? Womit kann ich das Interesse der Kinder gewinnen? Aufklärung über die Bedeutung der ersten Begegnung, die ersten zehn Minuten der gegenseitigen Kontaktaufnahme sind dringend nötig.

Selbstsicherheit und eine gewisse Coolheit im Umgang mit den Provokateuren können im Soziodrama eingeübt und so eine Art Kontrolle über die zu erwartenden Szenen mit aufsässigen Schülern gewonnen werden. Es ist nicht dasselbe, sich mit einzelnen Kindern zu unterhalten oder mit dem Klassenkollektiv. Auch aggressive Jungen sind im Einzelgespräch nicht unbedingt ausfällig.

Dringend geboten ist die Verabschiedung vom Einzelkämpfertum.

Nicht mehr Herrscher im eigenen Reich, Bossinnen im Schulzimmer werden überleben, sondern Lehrkräfte, die über ihre Schwierigkeiten, ihre Ängste und Mühe im Umgang mit gewissen Kindern sprechen, sich austauschen können, ohne von Kollegen scheel angesehen und als unfähig taxiert zu werden. Vermutlich stimmt es, daß die jüngste Lehrerinnengeneration weniger belastbar ist, als wir es waren. Ihnen das vorzuwerfen, ist unfair. Auch sie sind das Produkt von Erziehung und Umwelt, und beides ist nun einmal anders als vor 40 Jahren.

Alte und junge Lehrkräfte können sehr wohl voneinander lernen.

Aufgeschlossenheit hat noch keinem älteren Lehrer geschadet, und junge Kolleginnen brauchen beim Wort Disziplin nicht gleich zusammenzuzucken. Dialog im Lehrerzimmer ist ein wirksames Mittel, pädagogischen Mythen eins auszuwischen. Wachsam sein und politische Strömungen, die sich von Vorurteilen und Klischees Aufschwung versprechen, gemeinsam und kritisch hinterfragen, kann eine Basis sein, Berufsangst abzubauen und mit neuer Energie vor eine fremde Klasse zu treten.

Ein Beispiel soll illustrieren, wie frau auf gezielte Herausforderungen einer 12jährigen Jungenschar reagieren kann.

Einer meiner Kollegen war abwesend, hatte seinen Schülern aber Arbeit gegeben und mich gebeten, hin und wieder vorbeizuschauen. Die Jungen kannten mich, und ich war auf nichts Provozierendes gefaßt, bis mich an der Tür des Klassenzimmers eine Zeichnung mit riesengroßen Penissen und obszönen Sprüchen empfing. Ich schluckte, riß das Plakat ab – und trat ein. Stille. Jeder hockte über seine Arbeit gebeugt und unterdrückte mühsam ein Grinsen. Wortlos konnte ich mich kaum davonmachen, eine Reaktion wurde erwartet. Also zerriß ich das Blatt und sagte beiläufig: Mir als Mutter von zwei Buben machen solche Zeichnungen überhaupt keinen Eindruck. Die frauenverachtenden Sprüche hingegen sind beleidigend, das hätte ich euch nicht zugetraut. Wenn ihr älter wärt, könnte ich euch dafür verklagen. Keine Antwort. Nur Stille und rote Köpfe.

Als ich nach einer halben Stunde wieder erschien, überboten sich die Bengel an Arbeitseifer. Schließlich fragte einer zaghaft: Werden Sie uns jetzt beim Heimleiter anzeigen? Da mußte ich lachen. Wir sprachen kurz darüber, wie natürlich und zum Menschen gehörig Geschlechtsorgane sind und daß nur Verlegenheit und Scham sie in den Bereich des Schmutzigen verbannen. Die Diskussion war sachlich. Nie wieder hörte ich eine anzügliche Bemerkung. Es blieb bei diesem einen Ausrutscher, mit dem die Jungen mich als Frau provozieren wollten.

Ein Lehrer möchte den Beruf wechseln, eine Lehrerin nach der Pensionierung weiterarbeiten

Neuerdings ist viel von Ausgebranntsein die Rede, dem Burnout-Syndrom.

Wir begegnen dieser allgemeinen Erschöpfung und körperlich-seelischen Auszehrung immer häufiger bei immer jüngeren Sozialpädagoginnen und Lehrern. Auch Eltern leiden darunter. Im Gegensatz zu den Berufspädagogen können sie nicht mit einem Ausstieg liebäugeln, müssen aber auch nicht alle zwei, drei Jahre quasi von vorn beginnen. Erzieher und Lehrerinnen leisten Sisyphusarbeit.

Alle paar Jahre wiederholt sich der Vorgang, Kinder in die Anfangsgründe der Kulturtechniken einzuführen und ihnen eine Art Nacherziehung zu geben. Immer mehr vermischen sich die beiden Aufgaben. Lehrende vermitteln Grundregeln des Zusammenlebens, erteilen Sexualunterricht und Lebenskunde, Drogenprävention, Aidsaufklärung, Gesundheitserziehung, eruieren Inzestopfer, mühen sich ab, verschiedene Kulturen unter einen Hut respektive in ein Schulzimmer zu bringen. Sie erteilen Medienunterricht, versuchen die informationsübersättigten, unkonzentrierten Jungen in ihrem aufstrebenden Machotum zu dämpfen und dafür die Durchsetzungsfähigkeit der zuwendungsbedürftigen Mädchen zu verstärken und beiden Geschlechtern ganz am Rand noch lesen, schreiben, rechnen und all die anderen fürs Leben relevanten Kulturtechniken beizubringen, von der immer wichtigeren Elternarbeit ganz zu schweigen.

Haben die Jüngerinnen und Jünger Pestalozzis in aufwendigem Einsatz endlich ungezogene, sozial retardierte Erstkläßler in eine mehr oder weniger homogene Gruppe verwandelt oder aus wilden Viertklaßgören verantwortungsbewußtere Sechstkläßler gebildet, können sie sich nicht lange in ihrem pädagogischen Erfolg sonnen. Eine neue Generation mit ähnlichen Schwierigkeiten hockt im Klassenzimmer, verlangt äußerste Konzentration, Eingehen aufs einzelne, ohne den Überblick zu verlieren. Hochbegabte sitzen neben intellektuell Schwachen, Olympia-Anwärter neben Angsthasen, Gewaltgeile neben Braven, Täter neben Opfern. Für das Funktionieren dieser zusammengewürfelten Multi-Kulti-Gemeinschaft ist *eine* Person verantwortlich: Lehrer oder Lehrerin. Hinter jedem Lehrer stehen zwanzig Elternpaare, die nur *ihr* Kind sehen. Geht die Lehrerin genügend auf seine individuelle Problematik ein? Überfordert sie es nicht? Kennt sie seine Sensibilität?

»Kinder fordern uns heraus« hieß ein Bestseller der 60er Jahre. Auf diese Herausforderung zu reagieren, ist eine Chance, die immer wieder neue Möglichkeiten verheißt. Heute sind die Herausforderungen größer geworden, Kinder spiegeln 1:1 die Zerrissenheit der Erwachsenenwelt. Eltern und Lehrkräfte sind vielfach überfordert und fühlen sich als Einzelkämpfende an der pädagogischen Front. Statt im Alleingang seine Kräfte aufzuzehren, ist Teamwork gefordert: in Schulhäusern, zwischen Eltern, aber auch zwischen Schule und Erziehungsberechtigten.

In Deutschland, wo Lehrer schlecht bezahlt sind, »fühlen sich viele Pädagogen ausgebrannt und allein gelassen zwischen Frust und Gewalt, Bürokratie und Sparzwang«. Junglehrer hätten, heißt es in einer Studie der GEW Hamburg (Stern 19/94) »bei ihren alteingesessenen Kollegen überraschende Unkollegialität festgestellt«. Sie seien »mut- und peplos«, erschreckend sei »das Diskussionsverhalten bei Konferenzen«. Die Arbeit folge der Maxime »Horten und Raffen«.

»Erhöhtes Infarktrisiko, Migräne-Attacken, Magengeschwüre und Angina pectoris befallen Lehrer häufiger als andere Berufsgruppen«, so ein ärztlicher Befund (Müller-Limmroth).

Der Hamburger Pädagoge Wulf Wallrabenstein, Vorsitzender der Aktion Humane Schule, sieht folgende Strategien, um die Frustration in Grenzen zu halten: »Erstens ihren Frust anerkennen und die Gründe dafür aufdecken. Zweitens sich mit diesen Problemen nicht verkriechen, sondern ... mit Kollegen offen über Probleme wie Störungen oder Gewalt reden. Und drittens mit diesen Erkenntnissen an der eigenen Person arbeiten. Denn nur wer freundlich zu sich selbst ist, kann freundlich zu seinen Schülern sein.«

Zwei Beispiele, zwei Menschen im selben Beruf sollen die unterschiedlichen Bedingungen, aber auch die individuellen Reaktionsmöglichkeiten zeigen:

Ein 45jähriger Lehrer der Realstufe, seit Jahren sehr im Beruf engagiert, wie er selber sagt. Seine Schüler kommen aus halbländlichem Milieu, die Stadt ist allerdings nahe. Drogenfälle gab es auch schon, aber mit all dem, meint er, sei er fertiggeworden, auch mit den Eltern, auch mit den Ausländern.

Nun aber ist er fix und fertig, der Beruf ist ihm über, seit die Schüler die neue Coolheit eingeführt haben und niemand im Schulhaus dagegen etwas unternimmt. Die Kollegen täten, als gebe es keine Probleme mit dem neuen Schülertyp. Jede Klasse hat einen, zwei Leader, die den Ton angeben in Sachen Kleidung, Benehmen respektive Sich-daneben-Benehmen. Waffen wie

Messer jeder Sorte gehören zur Schulausrüstung. Verboten, aber trotzdem geduldet. Neuster Gag: null Interesse am Unterricht. Die Schüler und Schülerinnen glotzen desinteressiert ins Leere. Kein Feedback, kein Einsatz. Wer für eine Prüfung lernt und eine gute Note erhält, kommt in der Pause dran.

Verboten wäre auch das Kaugummikauen. Das ist aber die einzige Lebensäußerung in den Schulstunden. Im ganzen Haus klebt das ausgespuckte Zeug. Zur Entlastung des Hausmeisters habe man das Verbot erlassen, doch er sei der einzige Lehrer, der es durchzusetzen versuche, darum sei er so unbeliebt bei den Kids. Er ist am Ende. Die mangelnde Solidarität der Kollegen setzt ihm mindestens so zu wie die aufmüpfigen Schüler.

Mangelnde Solidarität untereinander – eine Aussage, die nicht vereinzelt dasteht. Es ist kaum glaubhaft, daß es Kindern nicht einleuchten soll, Kaugummikauen zu unterlassen, wenn das Lehrkollegium geschlossen hinter dem Verbot steht. Zur Einübung in die Demokratie kann auch eine Abstimmung unter den Kindern durchgeführt werden: Kaugummi kauen und putzen oder strikt darauf verzichten. Die Mehrheit entscheidet, die Minderheit muß sich fügen.

Anders bei den Waffen. Hier gibt es nur ein rigoroses Nein. Jede Übertretung wird bestraft. Harte Auseinandersetzungen – sogar mit Eltern – müssen durchgestanden werden. Je früher eingeschritten wird, desto erfolgreicher wird sich die Anti-Waffen-Regel etablieren.

Konflikttraining kann in jedem Fach stattfinden. Waffen zur Notwehr sind bei uns eine Ausrede. Waffen tragen nicht die Opfer, sondern die Täter.

Ein Lehrer, der aus mangelnder Kollegialität den Beruf aufgeben möchte, der aber weiß, daß er gegenwärtig kaum Chancen hat, in einem anderen Job unterzukommen, ist kein Einzelfall. Immer mehr Lehrkräfte lassen sich mit der Begründung »Dienstunfähigkeit« vorzeitig pensionieren. In der Schweiz treten nach einer Umfrage der Schweizer Lehrerinnen- und Lehrerzeitung jährlich »rund 200 Lehrkräfte früher in den Ruhestand, die meisten erschöpft und ausgebrannt« (Tages Anzeiger 12.1.95).

Unter der Schlagzeile »Schüler-Allergie« erhitzten sich in Deutschland die Gemüter am Fall eines Lehrers, der an einer allergischen Reaktion leidet, wenn er vor eine Klasse steht oder Schulhausluft einatmet. Er ist seit drei Jahren vom Schulunterricht dispensiert, denn die Beschwerden treten nur in der Schule auf. Daß er für sein »Nichtstun« noch eine Rente erhält, bestätigt das hart arbeitende Volk in all seinen Vorurteilen gegen die Lehrerzunft.

Kriseninterventionen hätten im Lehrer–, nicht im Schulzimmer zu beginnen. Laufbahnberatungen und Anlaufstellen könnten Ausgebrannten helfen, einen Berufswechsel rechtzeitig vorzubereiten, Zusammenbrüche durch obligatorische Supervision verhindert werden. Noch immer herrscht bei vielen Lehrern eine panische Scheu, andere Erwachsene an ihrem Unterricht teilnehmen zu lassen.

Dominant gegenüber Kindern, unsicher in Gegenwart Gleichgestellter, das sind Persönlichkeitsmerkmale, die viele Unterrichtende daran hindern, mit Hilfe kritischer Berater ihre Unterrichtsform in Frage zu stellen und sich persönlich weiterzuentwickeln. So werden Probleme (Gewalt bei uns? Gibt's doch nicht. Neonazis? Nie gehört. Ich und stur? Was fällt dir nur ein!) so lange negiert, bis aus dem Feuerchen ein Brand geworden ist, der sich kaum mehr löschen läßt.

Lehrerinnen und Lehrern, die den Schuldienst als untragbare Bürde erleben, die Kinder nur noch als unpersönliche Objekte wahrnehmen, müßten zur Erholung vermehrt Jobwechsel oder halbe Stundenzahl ermöglicht werden. Immer vorausgesetzt, die überforderte Person ist für Unterricht und Umgang mit Kindern an sich qualifiziert.

Als Aufmunterung und positiven Anreiz, diesen wichtigen Beruf nicht negativ zu beurteilen, das Beispiel einer Lehrerin, die mit 62 Jahren noch so powervoll und unverbraucht wirkt, daß Eltern ihrer Schülerinnen und Schüler sie baten, auf die Pensionierung zu verzichten und drei Jahre länger im Schuldienst zu bleiben.

Auch Pia ist vor den Ferien abgekämpft, freut sich aufs Ausspannen. Aber in ihr steckt eine Dynamik, die Kinder begeistert und zu Leistungen motiviert. Ihre Unterrichtsform läßt sich nicht in ein Schema zwängen. Es ist eine Mischung aus alten und modernen Unterrichtsstilen, aus individuell Erprobtem und Bewährtem. Sie hält sich nicht stur an den Lehrplan und erzielt mit ihrer persönlichen Methode erstaunliche Resultate. In der zweiten, dritten Klasse schreiben die Kinder frisch von der Leber weg, was sie bewegt. In der Formulierung individuell und ausdrucksstark. Nicht diese gleichlautenden, langweiligen Sätze, vorbesprochen und nachher mehr oder weniger gelungen nachgeplappert.

Besuche beim Bäcker (die Klasse erlebt, wie Brot entsteht), bei der Polizei, bei der Feuerwehr vermitteln einen Bezug zur wirklichen Welt. Eine Museumsschwelle kennen diese Unterstufen-Schüler nicht, und die Bibliothek wird rege von ihnen benutzt. Theaterspiel findet statt, wenn sich ein Thema anbietet.

Gewaltakte werden sofort als Problem aufgegriffen und nicht unter den Teppich gekehrt. Ohne je um ihre Gunst zu buhlen, geht sie auf die Kinder ein. Ihre Autorität ist echt, ihr Verhältnis zu den Mädchen und Buben freundschaftlich und humorvoll. Was sie anordnet, gilt. Pia unterrichtet in Zürich, und ihre Klassen haben einen hohen Ausländeranteil.

Auch sie sieht sich mit den Forderungen kleiner Despoten konfrontiert. Doch sie setzt die Grenzen am Anfang, nicht erst, wenn Chaos die Klasse regiert. Da sie einen guten Draht zu den jungen Kolleginnen hat, werden ihre Ratschläge nicht entrüstet zurückgewiesen. Die Gründe für die zunehmenden Schwierigkeiten in allen Jahrgangsstufen, den Einzug von Gewalt in die Klassenzimmer, die Faszination von Waffen bei klein und groß liegen nach ihren Erfahrungen weniger bei den verrohten Kindern als bei den Erwachsenen.

Ältere Lehrer wollen sich oft nicht mehr die Finger verbrennen, sagt Pia. Sie tragen Scheuklappen und bemerken nur, was sich nicht übersehen läßt, die Zeit bis zur Pensionierung wird resigniert abgesessen, dabei über die unmotivierten Kids geklagt und die gute alte Zeit beschworen.

Die Junglehrerinnenschaft, selbst konsumorientiert und zum Hedonismus erzogen, ist extrem wenig belastbar, konfliktscheu und sieht sich als Freund und Freundin der Kinder, bis Disziplinlosigkeit überhandnimmt. Dann muß ein Sündenbock her: der Ausländeranteil, die nörgelnden Eltern, die großen Klassen, der überfrachtete Stoffplan, die aggressiven Jungen, die fehlenden Aufstiegsmöglichkeiten. Das Handtuch wird schnell geworfen, mit einem anderen Beruf geliebäugelt, ein Auslandsaufenthalt eingeschoben. Schade, meint Pia, mit mehr Ausdauer, einiger Kenntnis der entwicklungsbedingten Auffälligkeiten normaler Kinder, Mut zur Elternarbeit, mehr Angeboten für Supervision und etwas Konfliktbereitschaft wären viele Enttäuschte für einen Beruf zu begeistern, der seinen besonderen Reiz hat: Kinder, die Zukunft einer Gesellschaft, für eben diese Zukunft vorzubereiten und lebenstüchtig zu machen.

Pia jedenfalls freut sich darauf, ihren letzten Jahrgang zu betreuen. Ohne Burn-out-Syndrom.

4. Pubertät/Adoleszenz

Widerstand, Abschied, loslassen und sich neu begegnen

Wenn die Kids sich erwachsen fühlen, den Alten jedenfalls überlegen, und zumindest ihre Freizeit eigenständig verbringen wollen, die Familie zum Kotzen und das stolze oder besorgte Getue der Eltern an Schulbesuchstagen ekelerregend finden, einige gar als Krönung in Gegenwart von Kameraden die eigene Mutter »meine doofe Alte« nennen, sind sie »Opfer« der Pubertät, außer es handelt sich um verzogene Tyrannen unterer Grundschulklassen. In der Pubertät ist dieses Verhalten aber im Bereich des Normalen, auch wenn es viele Eltern vor den Kopf stößt.

Gute Schülerinnen versagen plötzlich, die schlaksigen Bengel können sich nicht mehr für eine Lehre entscheiden – vor einem Jahr wußten sie noch genau, was sie wollten. Pickel sind eine Tragödie, während schlechte Schulnoten achselzuckend hingenommen werden. Mädchen und Jungen blockieren das Badezimmer, stehen stundenlang vor dem Spiegel, interessieren sich für Discomode oder trendige Sportarten, probieren vor dem Ausgang sämtliche Klamotten, um dann doch in Jeans und T-Shirt wegzugehen. Sind sie zu Hause, was immer seltener der Fall ist, treiben sie die Telefonrechnung in astronomische Höhen. Gymnasiastinnen und Lehrlinge bedienen sich desselben rudimentären Kommunikationsstils, drei Wörter genügen zur Verständigung: geil, megageil und heiß. Daneben diskutieren sie leidenschaftlich über die tiefsinnigsten Probleme, intolerant und aggressiv, wenn ihre Meinung nicht geteilt wird. Der erste Liebeskummer ist ein dramatisches Ereignis, das in seltenen Fällen mit Selbstmord enden kann. Wird ihre Liebe erwidert, ist die Welt so verklärt wie nie mehr danach. Ihr seelisches Gleichgewicht ist höchst instabil. Einmal glauben sie, alle Probleme lösen zu können, kurz darauf fallen sie in depressive Verstimmungen.

Mädchen und vermehrt auch Jungen hungern um der Figur willen, Jungen (und Mädchen) trainieren ihren Body, bilden ihre Muskeln. Das sind die harmloseren Pubertätsrituale, falls das Fasten nicht zur Magersucht führt.

So verunsichert wie ihre pubertierenden Nachkommen sind auch viele Eltern, die unvorbereitet einem veränderten Sohn, einer ausfälligen Tochter gegenüberstehen. Statt daran zu denken, daß auch sie einmal ihre Eltern sehr kritisch beurteilten, ihnen vielleicht heute noch an manchen Mißerfolgen die Schuld zuschieben, die erste Liebe sie ebenfalls aus dem Geleise warf und sie sich der Familie gegenüber verschlossen, nörgeln sie plötzlich an ihren Söhnen und Töchtern herum.

Eltern, die ihren Kindern stets zu Diensten waren, alles für sie erledigten, ihnen jede Unannehmlichkeit abnahmen, verlangen unvermittelt von ihnen, sich aufs Leben vorzubereiten, mit dem Taschengeld auszukommen, ernsthaft zu arbeiten, spätestens um Mitternacht zu Hause zu sein, lauter Dinge, welche den Verwöhnten unvertraut und wenig attraktiv erscheinen. Ausgerechnet jetzt, wo sie sich selber finden und ihr Leben planen müßten. Eine Überforderung, die nicht selten zu Attacken gegen die bisher alles gewährenden Eltern führt.

Statt ihren Kindern Vertrauen entgegenzubringen und ihre Autonomie auszuweiten – schließlich hätten Vater und Mutter sie 13 bis 14 Jahre darin einüben können – sehen sie nur das Ende einer Beziehung, die ihnen bisher Lebensinhalt war.

Je gelassener wir unsere Kinder loslassen, desto weniger turbulent wird sich die Trennung gestalten.

Viele Jugendliche ziehen am 18. Geburtstag von daheim weg – obschon sie es »doch so gut hatten«. Einige bereiten ihre Eltern aus Angst vor Szenen nicht einmal darauf vor und stellen sie über Nacht vor die fertige Tatsache. Etliche wechseln in Wohngemeinschaften und leben in freigewählter Armut und Einschränkung, aber mit allen Voraussetzungen, die für sie zu einem sinnvollen Dasein gehören. Andere driften ab in rechtsradikale Gruppen, in Sekten, in die illegale Sprayerszene. Ein Teil bleibt zu Hause und übernimmt den Lebensstil der Eltern, zu deren Freude, aber nicht unbedingt zum Wohl der jungen Frauen und Männer. Wieder andere wohnen daheim, weil sie keine eigene Unterkunft finanzieren oder finden können, führen aber weitgehend ihr eigenes Leben. Das führt oft ebenfalls zu Problemen, weil nicht alle Mütter ein »Hotel Mama« eröffnen wollen.

Für die Eltern, besonders die Mütter, ist diese Zeit des Übergangs eine zusätzliche Belastung, besonders auch, weil die Pubertät immer früher einsetzt und die Kids beinahe über Nacht verändert.

Es betrifft nicht nur die körperlichen Vorgänge, das Wachstum der sekundären Geschlechtsorgane, den Umgang mit der Sexualität, die Annäherung ans andere oder ans eigene Geschlecht.

Die Verunsicherung ergreift den ganzen Menschen, der kein Kind mehr ist, aber auch kein vollwertiger Erwachsener. Dieses Zwischenstadium ist für viele sehr unbefriedigend. Intellektuell fortgeschritten und problembewußt, haben die Jugendlichen kein Stimmrecht, müssen zusehen, wie über sie und ihre Zukunft entschieden wird. Zum Teil von alten Männern und Frauen, welche viele Folgen ihrer oft sehr kurzsichtigen Entscheidungen nicht mehr erleben müssen.

Die Pubertät ist das Ende der Kindheit. Auch vom kindlichen Vater- und Mutterbild, das jetzt einer reiferen Sicht Platz macht. Eltern verlieren den letzten Nimbus. Sie sind mehr oder weniger unzulänglich, manchmal unberechenbar, haben Schwächen, lächerliche Marotten, man liebt sie aus Gewohnheit, aber sie können auch abgründige Haßgefühle wecken, besonders, wenn sie es in dieser Zeit wagen, ihren Kindern zu widersprechen. Nie will man so werden wie sie, und eine Ähnlichkeit mit ihnen wird vehement bestritten.

Jeder Abschied ist mit Trauer verbunden. Er fällt beiden Seiten leichter, wenn die Kinder nicht überbetreut in Unselbständigkeit gehalten und dadurch infantilisiert worden sind. Eltern, die selber nie erwachsen wurden, haben besonders Mühe, innerfamiliäre Grenzen, z. B. den Intimbereich der anderen, zu respektieren. Schon Briefe und Geheimnisse kleiner Kinder gehen uns Erwachsene nichts an. Wieviel mehr müssen sich vor allem Mütter hüten, aus Sorge, aber auch aus Neugier die Post der Teens zu kontrollieren und sie auszufragen, wann sie wo mit wem und wie lange und warum nicht mit dem oder jener und überhaupt … Nicht nur räumlich, besonders seelisch fällt es den Müttern ganz allgemein schwer, sich von den flüggen und ausgezogenen Jungen zu lösen. Sie bringen Kuchen vorbei, schmücken die Räume der jungen Erwachsenen mit Vorhängen, Blumen und kommentieren ungefragt die Einrichtung, die Partnerinnen, die Kleider.

Pubertätskrisen können durch Eltern, die Hilfe mit verlängerter Brutpflege verwechseln, verschärft werden. Die jungen Erwachsenen werden dadurch in eine Abwehrhaltung gedrängt, die ihnen erspart werden könnte.

Eltern müssen ihre Funktion anders definieren. Oft ist diese Zeit für sie durch persönliche Krisen zusätzlich belastet. Sie haben sich zu trennen von vielen Vorstellungen, unerfüllten Wünschen, Sehnsüchten nach der eigenen Jugend. Sie trauern über verpaßte Gelegenheiten. Häufig fällt in diese Zeit das Auseinanderbrechen der elterlichen Partnerschaft. Kind und Elternteil haben sich neu zu orientieren und ihr Leben unabhängig voneinander zu gestalten. Loslassen bedeutet aber nicht, keinen Anteil am Ergehen des anderen zu nehmen. Es heißt nur, darauf zu verzichten, dem anderen irgend etwas vorzuschreiben. Viele erwachsene Kinder wenden sich später an ihre Väter oder Mütter und holen in schwierigen Situationen ihren Rat. Das kann nicht erwartet werden. Es ist ein Geschenk.

Als Eltern müssen wir dankbar sein, wenn unsere Söhne und

Töchter in der unübersichtlich gewordenen Vielfalt von Daseinsmöglichkeiten die ihnen entsprechenden leben können und mit ihrem Schicksal zufrieden sind.

Daß ihnen das mehr oder weniger gut gelingt, hängt aber bestimmt auch davon ab, ob wir ihnen genügend Selbstvertrauen und Geborgenheit mitgaben und ihnen vorlebten, an welchen Werten wir uns in einer chaotischen Welt orientieren. Haben wir ihnen von klein auf gezeigt, wie liebenswert und einmalig sie sind, ohne ihren Tätigkeitsdrang mit Verwöhnung oder Verzärtelung zu lähmen, werden sie sich ebenfalls für liebenswerte Menschen halten und höchstens vorübergehend unter einem negativen Selbstwertgefühl leiden.

Genügend Selbstvertrauen ist ein wirksamer Schutz gegen fast alle politischen und anderen Abhängigkeiten, die jungen Menschen in Krisensituationen einen scheinbaren Ausweg verheißen.

Überlassen Eltern die Heranwachsenden zwar nicht kalt ihrem Schicksal, aber ihren eigenen Entscheidungen, können sie sich zurücknehmen, ohne ihren eigenen Standpunkt zu verleugnen, sind sie auch fähig, berechtigte Kritik zu ertragen und ihr eigenes Verhalten zu reflektieren, und halten sie ihrem Kind unter allen Umständen Herz und Türe offen, werden sie über kurz oder lang einen ebenbürtigen Freund oder eine Freundin anstelle eines Kindes gewinnen.

Mythos: Ich bin für das Wohlergehen meiner Tochter, meines Sohnes verantwortlich

Die Zeiten, wo die Haarlänge junger Männer zu Diskussionen und Familienfehden Anlaß gab, sind zum Glück vorbei. Betrachten wir heute Fotos von den Beatles, ist es schwer verständlich, daß die Pilzköpfe wegen ihrer Haartracht heftige Reaktionen bei der älteren Generation auslösten.

Doch auch den toleranten Eltern der neunziger Jahre geschieht Vergleichbares. War es ihnen ein Anliegen, ihren Kids im Schulalter äußerlich die Gleichaltrigenkonformität überzustülpen, beginnen sie plötzlich an den sich ablösenden Söhnen und Töchtern herumzumäkeln. Das fängt damit an, daß sie Kleider und Frisuren kritisieren – unter dem Motto: Wir meinen es nur gut. Das ist eine unzulässige Einmischung in die Intimsphäre junger Menschen. Glatze, Rastazöpfchen, Irokesen-Stacheln, grün-, orange-, blaugefärbt oder der letzte In-Schrei der Generation X sind für Eltern tabu.

Junge Menschen haben ein Recht auf ihren Stil. Weder eine Ausgrenzung der schrägen Söhne und Töchter ist angebracht, noch eine verzückte Nachahmung der Jugendszene.

»In diesen Klamotten wirst du angehauen, vergewaltigt. Die Stellensuche kannst du gleich aufgeben. Nie wirst du so aufgeputzt einen Arbeitsplatz finden«, tönt es im Familienkreis ausgeflippter Töchter, die zwischen Büro, Bar und Disco pendeln. In normaler Kleidung, zumindest in einem anständigen Hemd, erwartet eine Mutter den zwanzigjährigen Sohn zu ihrem Geburtstagsessen.

Andere Väter und Mütter sind monatelang per Sie mit den Freunden ihres Nachwuchses. Sie dulden zwar den Anhang an ihrem Sonntagstisch, bringen aber ihre Abneigung unmißverständlich zum Ausdruck. Viele Freundschäften gehen so – ohne aktives Dazutun unzufriedener Eltern – in die Brüche. »Es wäre kein guter Partner, nicht die richtige Frau für dich gewesen«, heißt es dann lakonisch.

Absolut indiskutabel ist eine elterliche Offensive, wenn es sich um die Wahl von Partnerinnen oder um Freunde handelt. Auch wenn besorgte Mütter sehen, wie ihr Liebling ins Unglück rennt, Väter es kaum ertragen, ihr Töchterchen in den Händen »eines unreifen Schnösels« zu wissen, ist die Meinung der Eltern nur gefragt, wenn Sohn und Tochter das ausdrücklich wünschen.

Besonders heikel ist unsere Haltung, wenn der Partner einer fremden Kultur, die zukünftige Lebensgefährtin einer anderen Religion angehört.

Ein Ende mit Schrecken prophezeien und einen Abbruch der Beziehungen zu fordern, ist in jedem Fall kontraproduktiv. Verbieten Eltern der »Schlampe«, dem »Schwulen«, dem »Junkie« gar das Haus, ist das Desaster vorprogrammiert. Statt allenfalls ein Kind dazuzugewinnen, werden die aufgebrachten Väter und Mütter ein Kind verlieren.

Je früher wir uns mit der Tatsache abfinden, daß Kinder weder unser Eigentum noch Statussymbole sind, unsere Verantwortung mit ihrem Eintritt ins Erwachsensein endet, desto gelassener können wir sie ihre eigenen Wege – auch Irrwege – gehen lassen. Wichtiger ist, sie im Vertrauen auf ihre Selbstbestimmung zu entlassen und ihnen die Gewißheit zu geben, jederzeit, so sie es wünschen, für sie da zu sein.

Leider – und das macht Eltern das Sichabgrenzen oft so schwer – mischen sich eigene Enttäuschungen in die Worte *leb dein eigenes Leben*. Unerfüllte Erwartungen, mit denen wir auch unsere erwachsenen Kinder bedrängen, übertönen die halbherzige Aufforderung mit der Botschaft: Eigentlich wissen wir doch besser, was für euch gut ist, welcher Partner euch zustünde, welche Schwiegertochter uns (!) am ehesten entspräche.

Konsterniert reagieren Eltern erst einmal, wenn sie ahnen, daß ihr Sohn einen jungen Mann liebt, die Tochter sich zu Frauen hingezogen fühlt. Sie erschrecken, weil sie befürchten müssen, ihre Kinder würden ausgegrenzt oder gar tätlich angegriffen, was von rechtslastigen Kreisen wieder angestrebt wird. Doch auch das ist in erster Linie ein Problem der Betroffenen, die Umgebung kann zu mehr Akzeptanz verhelfen. Adoleszente haben ein Recht auf eigene Lebensgestaltung, eine ihnen gemäße Sexualität, eine Partnerinnenschaft, die ihnen entspricht, und auf Eltern, die das vielleicht nicht verstehen, aber akzeptieren und offen sind für Lebensformen ihrer Söhne und Töchter, selbst wenn das den Verzicht auf Hochzeit, auf Enkel und den ersehnten »Stammhalter« bedeutet.

Elterliche Einmischung ins Privatleben von Heranwachsenden ist unzulässig und das beliebte und leichtfertig ausgesprochene »Nein, der und die nicht, basta und unter keinen Umständen« in jeder Hinsicht abzulehnen.

Mut zur Erziehung heißt auch: Vertrauen auf die positiven Kräfte in unseren Kindern, auf ihre Eigenständigkeit und Selbstverantwortung. Allerspätestens an der Schwelle zum Erwachsenwerden sind sie autonome Menschen, die über ihre Lebensgestaltung allein zu bestimmen haben.

Mythos: Kinder schulden ihren Eltern Dank

In der Zeit der Identitätssuche verlangen viele Menschen nach Erfahrungen, die sie in einer Gemeinschaft mit Gleichaltrigen teilen wollen. Das Wir-Gefühl stärkt das schwankende Selbstbewußtsein, fördert grandiose Vorstellungen, rebellische Ideen und stimuliert zu Grenzerlebnissen, die wieder andere im Alleingang bewältigen. Aus dem Erkunden der Grenze von Leben und Tod, Realität und Wirklichkeit, rauschhaftem Höhenflug und Verzweiflung bildet sich die stabilere Persönlichkeit des Erwachsenen.

Viele Eltern fürchten diese Zeit. Ihr Kind könnte drogenabhängig, sektenfanatisch oder geschwindigkeitssüchtig werden. Zu echter Autonomie und nicht zu dauernder Bedürfnisbefriedigung erzogene Söhne und Töchter haben alle Voraussetzungen, auch eine turbulente Pubertätskrise unbeschadet zu überstehen. Aber wir müssen uns klar sein, es gibt weder Garantie noch Sicherheit, daß junge Menschen nie straucheln. Mit dieser Ungewißheit zu leben, gehört zur Elternschaft.

Ein Paradebeispiel besonderer Grenzerfahrung, die sichtbare Spuren hinterläßt, ist das Graffiti-Sprayen. Die »Writer«, wie sie im Szenejargon heißen, lieben halsbrecherische Aktionen und müssen für ihr illegales Treiben mit hohen Geldbußen rechnen, so sie erwischt werden. Das erhöht für viele den Reiz ihrer Betätigung. Dort, wo ein paar Minuten Funkstille herrscht, landen sie ihre »Pieces«. Die bunten Bilder schreien von U-Bahnen, Brücken, Unterführungen, von kahlem Beton und dienen so nicht nur der Selbstverwirklichung provokativer Sprühdosen-Kids, sondern sie werden zum Symbol von Alltagskreativität und Nervenkitzel.

Die französische Psychologin Martine Lani-Bayle beschreibt das Sprayen als spontanen Versuch der Identitätsfindung. Graue Mauern eignen sich zur Projektion einer Gegenwelt, die wahrgenommen werden muß. Spuren in einer zerstörten Welt, mit dem Namen, der als Schrei wirke, aber nicht verhalle, sondern als Bild weiterexistiere. Durch die Weigerung der jungen Sprüher, sich der Anonymität anzupassen, hätten manche Vorstädte in der ganzen Welt durch ihre Graffitis ein eigenes Gesicht gewonnen. Auf die Häßlichkeit, Leere und Gleichgültigkeit, welche die Gesellschaft den Jugendlichen biete, antworteten diese mit Inhalt, Farbe, Sinn und Kommunikationsangeboten. Das Graffiti wolle Grenzen überwinden, Allgemeinheit herstellen, sei ein Anti-Babel und – da seine Sprache in allen Erdteilen verstanden wird – ein Gegengewicht zu Regionalismen und Nationalismus. Eine Revolution mit friedlichen Mitteln. Lani-Bayle sieht die Graffiti-Kunst als Fortsetzung einer Tradition, die mit der Höhlenmalerei begann. Graffitis seien in der täglichen Bilderflut, die unsere Wahrnehmung verzerre, dem Blick keinen Ruhepunkt schenke, der ihn festhält, ein Fixpunkt. Die Bilder seien Bestandteil unserer Gesellschaft und unseres Jahrhunderts, würden aber von vielen Menschen – im Gegensatz zu den viel häßlicheren Werbetafeln – als unästhetisch empfunden. Die Autorin erklärt sich die unfreundliche Reaktion vieler Leute in erster Linie mit der Illegalität der Spraykunst. Sprayer seien kriminell, krankhaft, destruktiv, sagen jene, für die Besitz, privat oder öffentlich, das höchste Symbol von Leistung, Effizienz und Mammon ist.

Mangelnde Ehrfurcht vor fremdem Eigentum bedeutet Schande. Davor fürchten sich Eltern, wenn sie meist durch Zufall von den Schmierereien ihrer Söhne (kaum Töchter) erfahren.

Aufgelöst berichtete eine Mutter letzthin, sie verstehe ihren Marc nicht. Gute Erziehung, gute Lehrstelle – und nun dies. Dauernd sei sie beunruhigt und frage sich, womit sie einen Sohn verdient habe, der zum Dank (!) für ihre Fürsorge Wände beschmiere. Nur durch Zufall sei sie dahintergekommen. Die Sprühdosen habe ein Freund. Aber sie habe Fotos gefunden: Marc in Aktion. Leugnen sei zwecklos gewesen. Nun lebe sie in Dauerstreß und Angst. Erstens davor, er könne an einer exponierten Stelle verunglücken, zweitens, er werde erwischt und sei dann für Jahre finanziell ruiniert, ohne Zukunft, erledigt.

Immer mehr Minderjährige sind wegen ihrer Graffitis hochverschuldet. Nicht verwunderlich bei einer Zahl von schätzungsweise 12 000 Sprayern allein in Berlin. Früher sei man weggerannt, erklärt der Herausgeber des Düsseldorfer Graffiti Magazins »Stile Wars« in einem Spiegel-Interview 12/94), »heute stellen sich viele dem Kampf.«

Den führen sie auch untereinander. »Der neu entbrannte Wettstreit um Ruhm und Ehre und ultimativen Sprühstil führt zu Reibereien ... Rivalisierende Gangs treffen zum direkten Schlagabtausch im Viertel aufeinander« (S. 134).

Auch wenn ich persönlich eine Liebhaberin der Graffiti-Kultur bin und in New York der Mauerkunst wegen zusätzliche Kilometer zu Fuß zurückgelegt habe, verstehe ich die Sorgen von Sprayer-Eltern. Wie sollen sie ihrem illegal sprühenden Sohn entgegentreten? Am besten sprechen sie einmal in aller Ruhe mit ihm über die Motivation seines Tuns, bewundern sein Können, seinen Mut, machen ihn vor allem auf mögliche rechtliche Folgen aufmerksam. Es ist berechtigt, eigene Vorbehalte gegenüber dieser Art von Selbstausdruck anzumelden. Aber nicht emotional verurteilend, eher im Sinn von: Du bist jetzt alt genug, Verantwortung zu übernehmen für das, was du tust. Du allein kannst entscheiden. Du allein wirst bezahlen.

Aber auch Eltern, die sich mit der Botschaft ihrer Söhne solidarisieren, sollen nicht leuchtenden Auges verkünden: Juhui, endlich einer, der's wagt. Solange Sprayer noch im Spagat zwischen Sachbeschädigungsstrafen und Kunstpreis operieren müssen, ist Skepsis geboten.

Die Situation ist für die Jugendlichen paradox. Ruinöse Schadensersatzforderungen gefährden ihre wirtschaftliche Zukunft, und die bis zweijährige Freiheitsstrafe stempelt sie zu Delinquenten.

Ein Teil der hingesprayten Zeichen ist gewiß nichts anderes als reine Provokation, weder inhaltlich noch formal von Bedeutung. Trotzdem ist es kurios, wenn für Plastiken und Wandmalereien, die sich oft künstlerisch nicht unbedingt von den besten Werken der Mauerkunst unterscheiden, horrende Summen bezahlt werden, düstere Steinkuben grauen Asphalt schmücken dürfen, und Putztrupps für noch mehr Geld die heitere Gratiskunst entfernen müssen. Es sei denn, sie würde vorher von einem Kunstsachverständigen entdeckt. Dann werden über Nacht manche Täter »als Nachwuchskünstler gehätschelt und von kommunalen Verkehrsbetrieben, Lokalpolitikern und dem etablierten Kunstbetrieb aufmerksam hofiert« (Der Spiegel 12/94). Marktwirtschaftliche Interessen hieven den Sprayer aus dem Untergrund direkt in die Kunstszene, und oft wird aus dem ehemals Verfemten und Eingesperrten eine Kultfigur wie der Zürcher Künstler Harald Naegeli mit seinen originellen Strichmännchen. Heute erzielen seine Werke legal einige tausend Franken, und die Arbeiten des frühverstorbenen Kultstars Keith Haring werden zu 250 000 Mark gehandelt. Nicht zu vergessen, das größte Graffiti-Gesamtkunstwerk der Welt, die Berliner Mauer: Mehrere Stücke erwarb das Museum of Modern Art in New York für 500 000 Mark.

Begreiflicherweise finden sich 14jährige schwer zurecht, wenn die talentierten Sprayer Aufträge, Ausstellungen und auktionale Aufmerksamkeit erhalten, andere dagegen wie Schwerverbrecher kriminalisiert werden. Viele träumen von einem hochdotierten Job als Grafiker.

Diese Hoffnung bleibt auch den Eltern der Dosenkünstler.

Vielleicht wird gerade ihr Junge als Genie entdeckt. Ein kleiner Trost. Realitätsnäher ist, daß der Jugendliche eines Tages sein illegales Tun freiwillig beendet, eine Lehre als Grafiker macht (Glücksfall) oder in seiner Freizeit T-Shirts und andere Gegenstände besprayt, die sich vermarkten lassen, z. B. einen Eisenbahn-Waggon für einen bestimmten Zweck. Ein ganz legaler Zusatzverdienst, den auch Mütter und Väter als »richtig verdient« akzeptieren können.

Je nach Alter des Sprayers bleibt auch jenen Eltern, die zum Gegenlager der Schmierinskis gehören, nichts anderes übrig, als zu akzeptieren, daß ihr Junge das Besondere in einem Tun sucht, das nicht ihren Wertmaßstäben oder ihrer Ästhetik entspricht. Es sei denn, sie wollen ihr Kind bei der Polizei anzeigen.

Ähnlich ergeht es den gebeutelten Eltern von Drogenabhängigen, Hausbesetzern, Bahnsurfern und Bungee-Jumpern.

Hans Heinrich Muchow schrieb schon 1962 in seiner »Morphologie der Kulturpubertät«, daß der adoleszente Mensch sich selbst zu bestätigen sucht durch ein »besonderes Tun«, das Spuren hinterläßt. Daher rühre das »Durchprobieren aller, auch der extremsten Möglichkeiten des ›Tuns‹. Sportliche Rekorde, extreme Lebensformen. Höchstleistungen im Lebensgenuß wie in der Askese. Übererfüllung des soziokulturellen Solls wie extremistische Opposition: immer geht es darum, erst in der Übersteigerung, in der Situation an der Grenze, seiner selbst gewiß zu sein« (S. 92).

Diese Sucht nach Grenzerfahrungen fordert aber nicht nur die Grenzen der Jugendlichen, sondern auch die ihrer Angehörigen heraus. Die Angst um das Leben oder die Zukunft der Söhne und immer mehr auch der Töchter darf nicht egozentrisch in den Appell einmünden: Das haben wir nicht verdient, hört damit auf.

Wir Eltern haben nämlich gar nichts »verdient« – weder erfolgreiche noch versagende, weder gute noch böse, weder sich um uns kümmernde noch uns ablehnende Kinder. So schmerzlich diese Erkenntnis ist: Kinder schulden uns nichts.

Die Früchte unserer Bemühungen sind im besten Fall erwachsene Kinder, die offen und vertrauensvoll mit uns kommunizieren und uns auf der Ebene einer echten Freundschaft begegnen. Das ist aber erst möglich nach einer gegenseitigen Abnabelung. Jugendliche Selbstfindung ist manchmal ein langwieriger Prozeß, der uns vor den Kopf stößt und auch zu Selbstmitleid veranlaßt, denn es ist oft hart, nicht besserwisserisch in den Identifikationsprozeß junger Menschen eingreifen zu dürfen.

Mythos: Der Apfel fällt nicht weit vom Stamm

Kürzlich erschien in Deutschland eine »Bilanz-Broschüre« von Beate Schaffler, Abgeordnete der Grünen und Alt-68erin. Darin gesteht sie offen: »Die Jugendlichen von heute, unsere Kinder, sind auch Produkte unserer Erziehung. Es war unsere Revolte, die viele Wertsysteme zusammenbrechen ließ. Wir wollten die Familie am liebsten auflösen. Wir aber haben unsere Erziehungsziele nicht erreicht.«

Bestimmt wurde die antiautoritäre Erziehung vielfach falsch interpretiert. Erziehung, die Kindern ein höchstmögliches Maß an Autonomie zugesteht, ist sehr anspruchsvoll, muß mit dem Kind zusammen eingeübt werden und ist das Gegenteil von dem, was viele darunter verstehen. Sie ist weder Verzicht auf Erziehung noch ein Freipaß, Kinder sich selbst zu überlassen. »Freiheit des Kindes« und »Rechte des Kindes« bedeuten nicht, sich um die Kleinen nicht zu kümmern.

Erstaunt stellen darum manche Laisser-faire-Pädagogen fest, daß ein Teil ihrer heranwachsenden Kinder egozentrisch, konsumorientiert, frauenfeindlich, sogar gewalttätig und fremdenverachtend ist.

»Wie kann unser Sohn allwöchentlich mit den Hooligans zu einer Schlägerei ausrücken, er, der als Studierender den Rest der Woche ganz normal verbringt?« fragen entsetzte Eltern und betonen, daß sie gewaltfrei, ohne Kriegsspielzeug erzogen hätten. Oder noch schlimmer: »Ich ertrage es kaum, aber unser Junge hat sich einer neonazistischen Jugendgruppe angeschlossen, unsere Tochter ist einem tyrannischen Sektenführer verfallen.«

Längst nicht immer sind die verflixten Erziehungsfehler – die nun einmal mit Elternschaft verbunden sind – die Ursache pubertärer Schwierigkeiten. Auch die Pubertät wird individuell verschieden erlebt und durchlitten.

Wenn also Jugendliche die politischen oder religiösen Einstellungen der Eltern nicht ungeprüft übernehmen, ist das zunächst einmal ein besseres Zeichen für ihre Persönlichkeitsbildung, als wenn sie ohne Ausbruchsversuche im elterlichen Dunstkreis dahindümpeln. Autonomie wird erprobt, die eigene Duftmarke soll Reaktionen auslösen, Jungen und Mädchen wollen sich mit den Erwachsenen anlegen. Je toleranter, d. h. gleichgültiger diese sich verhalten, desto schwerer ist es, die Grenzen des Zulässigen zu sprengen. Das aber will der Mensch dieser Altersstufe, er sucht das Rauschhafte, den Tabubruch. Und zu den wenigen offiziell geächteten, wenn auch hinterrücks geduldeten Vergehen gehörte bis vor kurzem alles, was die Nazizeit glorifiziert.

Doppelbödig war die Reaktion der Öffentlichkeit, der Schule und der Familie. Allzulange überließ man die jugendlichen Sieg-Heil-Heuler den Medien, die Gewalt erst richtig geil machten. Berichterstattung ja, aber nicht voyeuristisch und unkritisch.

Eltern von Rechtsradikalen sollen reagieren und wenn möglich gemeinsam die Situation besprechen, aber ohne Szenen, Schuldzuweisung und Hausverbot. Selbstzerfleischung hilft gar nichts.

Sucht der Pubertierende die Abgrenzung vom Elternhaus in einem eigenen Lebensentwurf, um die Eltern herauszufordern? Fehlten ihm in der Kindheit ein festes Normengefüge, Klarheit und Konsequenz? Findet er diese, plus väterliche Autorität, in Sekten und rechtsextremen Kreisen, bei den Hooligans und von Gewalt faszinierten Gangs? Ist er mehr zufällig, durch Kameraden, in diese Kreise hineingerutscht?

Vermutlich kann eine Pädagogik, die kleinen Kindern einen begrenzten, älteren einen weiten Aktionsradius gewährt, prophylaktisch wirken gegen autoritäre Einflüsse. Mut zur Erziehung ist gefordert: überzogenen kindlichen Ansprüchen Grenzen setzen und kleine Kinder *in Schritten* zur Autonomie anleiten, zu kritischem Denken und zu Verantwortung, damit sie nicht als Halbwüchsige anfällig werden für totalitäre Ideologien.

Quer durch alle sozialen Schichten finden sich Jugendliche, die Waffen tragen und von Brutalität fasziniert sind. Und immer mehr wird, laut diversen Untersuchungen, Gewalt für die herumhängende Cliquenjugend zur beziehungsfördernden Unterhaltung, zum rauschhaften Fest, verbunden mit dem Nebeneffekt, aufzufallen und zu provozieren. Viele der Befragten sind Wochenendschläger wie die Hooligans aus der Mittelschicht oder frönen als Skins einem Männlichkeitskult.

Friedensbewegte oder politisch linksstehende Eltern bekunden begreiflicherweise besondere Mühe, wenn ihre Söhne (seltener Töchter) derartigen Gruppen in die Fänge geraten.

Linke Terroristen und Terroristinnen (z. B. RAF) stammten überproportional aus evangelischen Pfarrhäusern, in denen Tugenden wie Rechtschaffenheit hochgehalten wurden, und in der autonomen Hausbesetzerszene wimmelt es von Abkömmlingen bester Bürgerfamilien. Statt gediegen im Einfamilienhaus mit eigenem Zimmer logiert sich's aufregender im besetzten Abbruchhaus auf vergammelten Matratzen, ständig bedroht von Räumung und Bullen. Privateigentum ist unbekannt. Alles gehört allen. Bücher, Kleider, Essen, das Wir-Gefühl verschafft ein Dauerhigh. In einigen autonomen Häusern, aber längst nicht in allen (!), sind Drogen erlaubt. Kaffee, Musik und Vollversammlungen gehören zum Lebensstil wie das Engagement für andere. Obschon die meisten Besetzerinnen und Besetzer neben Mitarbeit in Lokalradios, Straßentheatern und beim Mahlzeitenbereiten in »Volksküchen« noch Bibliotheken führen, Frauentreffs und anderes organisieren, gehen sie oft einer geregelten Arbeit nach, machen eine Lehre oder ein Studium.

Bürgerliches Vorurteil stempelt diese Menschen, die viel Idealismus und Einsatz für ihre alternative Lebensform aufbringen, zum Zerrbild der verlausten, bekifften Chaoten, während die rechtsextreme Jugend tendenziell entschuldigt wird. Die meisten Autonomen mausern sich später zu Erwachsenen, die sensibel bleiben für Unrecht und politische Unterdrückung.

Der Rechtsradikalismus ist hierarchisch strukturiert und entläßt die einmal Bekehrten ebenso schwer wie sektiererische Vereinigungen. Julian Bielicki, der als Psychoanalytiker rechtsextreme Gewalttäter untersuchte, fand bei 80% ein sogenanntes Borderline-Syndrom, eine präödipale Störung zwischen Psychose und Neurose, welche die psychische Motivation der brutalen Handlungen erklären soll. Dieselbe Persönlichkeitsstörung liest er aus den Biographien von Hitler, Göring und Himmler.

Ein fehlendes Gewissen sei weitgehend Ursache der ungezügelten Triebkraft. Er fordert Härte von Staats wegen gegen die braunen Flegel, Verzicht auf Gespräche mit ihnen wegen ihrer geringen Intelligenz (!). Zur Prävention verlangt er »männliche Väter, weibliche Mütter und Kinder, die sich in wohlwollender Abgrenzung zu ihnen erleben dürfen.« Bielicki stützt sich auf Persönlichkeitsmerkmale einzelner Rechtsradikaler und empfiehlt als Gegenstrategie härteste Strafen und Diskussionsabbruch.

Skinheads sind aber nicht immer neonazistische Bestien. Ihre Szene ist vielfältig, eine Reaktion auf den rasanten gesellschaftlichen Wandel und nach Klaus Farm und Eberhard Seidel-Pielen (1993) »eine der letzten rebellischen Jugendkulturen unserer Tage«. Sie sind Bürgerschreck, und ihre rechtsradikalen Parolen dienten am Anfang eher der Herausforderung. Lust auf Gewalt, aber unpolitisch. Lust, eine Nische zu besetzen, die ihnen die Erwachsenen nicht streitig machen.

Es gibt sogar eine Skinheadszene, die gegen Rassismus und Nationalismus auftritt. Wer Glatze trägt, darf nicht aufgrund dieser Äußerlichkeit als Neonazi bezeichnet werden. Es gibt sehr angepaßt daherkommende junge Typen, die aktive Rechtsradikale sind und deshalb bei der älteren Generation auf Akzeptanz stoßen.

Doch seit 1985 bemühen sich erklärte Neonazis um die Jugendszene, und die Gefahr, daß Jugendliche im braunen Netzwerk hängenbleiben, nimmt rapid zu.

Nicht mit Schlägern sprechen? »Junge Neonazis sind nicht von Anfang an die verschrobenen individuellen Spinner, als die sie sich nach einer Verfestigung ihrer Haltung durch die gewohnten provokanten Rituale der Öffentlichkeit darstellen«, meint Ulrich Chaussy. Skins und Jungnazis fühlen sich oft im gesellschaftlichen Abseits. Entrüstet reden Eltern auf sie ein, verzieht sich ein Teil der Bevölkerung hinter eine Mauer aus Angst und Abscheu. Und aus Schweigen. Doch es läßt sich, wenn auch mühsam und unter großem Aufwand an Zeit und Energie, ein Gespräch mit rechtsradikalen Skins führen.

Beispiel eines zaghaften Versuchs:

Zu einer Podiumsdiskussion über Kinder- und Jugendgewalt war ich nach Dornbirn eingeladen und wurde im Jugendzentrum, wo der Anlaß stattfand, von einer jungen Frau auf Waffen durchsucht. Etwas ungewohnt. Die Erklärung: Ein Überfall von Skins wurde befürchtet. Zwar legte sich die spürbare Nervosität, als unter der Leitung eines ORF-Moderators das Gespräch mit den Jugendlichen begann. Doch nach einer guten Viertelstunde brach eine Gruppe von ca. zwölf Glatzen mit Parolen wie »Österreich den Österreichern, Sieg Heil, Ausländer raus, auch Frauen, die Bücher schreiben, Asylanten sind Dreckschweine« in die Veranstaltung ein und wurde von den Anwesenden mit

Buuuhs und Pfiffen begrüßt. Der Moderator sprang auf den Tisch, die Rundfunk-Aufnahme wurde gestoppt, Jungen und Mädchen griffen sich die Mikrofone. Ich fragte mich, was ich da verloren hatte. Herzklopfen. Ausschau nach einer Fluchtmöglichkeit. Es gab keine.

Erstaunlicherweise gelang es dem Leiterteam nicht nur, die beiden Gruppen von einer Schlägerei abzuhalten, es vermochte auch, den Streit ins Verbale umzuleiten. Gekämpft wurde zwar auf einer erschütternd primitiven Stufe. Die Kommunikation erschöpfte sich in plakativen Anschuldigungen und Reaktionen auf die gezielten Beleidigungen. Alles, was an rassistischen Vorurteilen denkbar ist, wurde herausgebrüllt. Auch eine junge Frau gab Ungeheuerliches von sich. Dazwischen kurze Momente, in denen die Skins ruhig zuhörten und sogar zustimmten. Mit gleicher Münze zahlte die Gegenseite (junge Ausländer der zweiten Generation) heim. Die Erwachsenen hielten sich aus dem Scharmützel heraus und griffen nur ein, wenn die Jugend auszurasten drohte.

Nach einer knappen Stunde zog die Gruppe mit »Österreich den Österreichern, Sieg Heil« ab, verfolgt von einem Teil des Publikums. Draußen gab's noch eine Schlägerei. Dem Leiter des Zentrums und einigen Mitarbeitenden gelang es aber, den Führer der Skins und zwei, drei Mitläufer zu einer Diskussion in eine Wirtschaft zu lotsen, wo vereinbart wurde, solche Gespräche in kleinem Kreis regelmäßig weiterzuführen. Beginn eines Dialogs?

Diese Szene war unheimlich wie aus einem Film über die dreißiger Jahre – und doch anders. Sie zeigte auf eindrückliche Weise, wie Überlegenheit und Furchtlosigkeit eine brenzlige Situation vor dem Chaos retten und sogar positiv beeinflussen können. Betroffen machte mich an diesem Abend die Brisanz des Themas Jugendgewalt und seine Nähe zum Rechtsextremismus, die etablierte Neonaziszene in einer äußerlich heilen Ortschaft im Zentrum Europas und die Tatsache, daß solche Übergriffe, wie man mir versicherte, nicht selten vorkamen. Die Polizei treffe meist erst ein, wenn der Spuk verflogen sei, erzählte der Jugendhausleiter. Seine schwierige Aufgabe verlange von ihm einen 16-Stunden-Tag.

Der Haß der jungen Menschen erschreckte mich. Nicht nur die Skins, auch die »Opfer« schienen von unüberwindbarer Abneigung erfüllt. Begreiflich. Einmal allerdings beklagte sich der Skin-Häuptling über die Vernachlässigung, die ihnen zuteil werde. Ihre Sozialarbeiterin erhalte zuwenig Mittel, und überhaupt fühlten sie sich ausgegrenzt. Hier setzten denn auch die Jugendhausleute an.

Dieser Ansatz ist das Gegenteil der von Bielicki empfohlenen Gesprächsverweigerung, und ich glaube nicht, daß Gewalttäter aus dem rechten Lager a priori dumm, psychisch auffällig und nicht dialogfähig sind. Die Frage lautet: Wie sprechen wir mir ihnen, wie gehen wir auf sie zu? Haben wir einfach Angst, uns mit ihnen einzulassen?

Es gibt bei den Jungnazis allerdings auch einen Grad an Verbohrtheit und an Fehlentwicklung, der nicht mehr zum Dialog reizt, bei dem Gespräche nichts mehr fruchten. Bei Pubertierenden jedoch läßt sich einiges ausrichten, wenn man sie als Personen ernst nimmt, den Grund ihrer Unzufriedenheit herauszufinden sucht und bemüht ist, ihnen außerhalb der Naziszene Bestätigung durch Kameradschaft und soziale Integration zu bieten.

Wer über sein Leben bestimmen und Verantwortung übernehmen kann, ist für jede Art Absturz weniger gefährdet als jemand, der sich, warum auch immer, von seiner Umgebung nicht anerkannt fühlt. Das heißt nicht, daß es sinnvoll ist, sich auf endlose, sture Diskussionen einzulassen. Aber auch Skins sollten Anlaufstellen haben, die nicht zum braunen Filz gehören. Menschen, die sich für sie interessieren, welche aber auch ganz eindeutig Stellung beziehen und rassistische, menschenverachtende und faschistoide Ideologien entschieden ablehnen.

Für Eltern mag das bedeuten, ruhig und sachlich die eigene Haltung darzulegen, die vermutlich den Jungen ohnehin bekannt ist. Einige Regeln abzusprechen: keine Hakenkreuze und ähnliche Embleme in der Wohnung, an den Kleidern. Politisch sind die Kinder mündig, alt genug, selber zu entscheiden.

Daß Mütter und Väter jederzeit zu Gesprächen mit ihnen bereit sind, muß ausgesprochen werden, auch daß sie den Jungen nicht die eigenen Anschauungen aufzwingen wollen.

Für alle ideologischen Verirrungen unserer Söhne und Töchter, ob nach links oder nach rechts, gibt es Erklärungen, die nicht frei sind von Schuldzuweisungen an die Eltern. Es sind meist undifferenzierte Pauschalurteile, die keiner Überprüfung standhalten, wie sie auch über die Familien von Drogenabhängigen gefällt werden.

Ebenso ist es bei den Rechtsextremen. Nicht alle kommen aus einem ausländerfeindlichen, nationalistischen Milieu. Immerhin schadet es nichts, wenn wir uns einmal überlegen, wie wir z. B. mit der Sprache umgehen, ob wir manchmal sagen: »Ich habe gar nichts gegen die …, aber …«, ob wir rassistische Witze mit einem Schmunzeln quittieren. Wann haben wir das letzte Mal gegenüber unseren Kindern das Thema Judenverfolgung erwähnt? Schimpfen wir gedankenlos über die ausländischen Dealer, die in Großstädten ganze Viertel zu berüchtigten Drogenumschlagplätzen verkommen lassen?

Vielleicht denken einige, das Thema rechtsextreme Jugendliche werde hier überstrapaziert. Doch nach allem, was sich weltweit in Richtung Wiederaufbereitung von Faschismus und Nationalsozialismus tut, kann diesem Problem gar nicht genug Aufmerksamkeit geschenkt werden.

Erwachsene, die nicht selber braunes Gedankengut nachbeten, haben die Pflicht zum Widerstand gegen alles, was unter dem Deckmantel der Meinungsfreiheit als historische Lüge daherkommt.

Außer Rechtsextremismus und autonomer Hausbesetzerszene gibt es unzählige Varianten, sich von den Überzeugungen der älteren Generation abzusetzen. Die Möglichkeiten, sich für eine bestimmte Lebensform zu entscheiden, sind heute größer. Das betrifft auch den Beruf und die Freizeitgestaltung – früher war vieles durch das Milieu vorgegeben, dem man entstammte. Heute muß sich jeder und jede selbst entscheiden, und viele Menschen haben mit eigenen Entscheidungen Mühe. Verwöhnten fällt Selbstinitiative schwer, den Verunsicherten fehlt sie ohnehin. Das Kollektiv der gewählten Gruppe ersetzt den Rückhalt der früheren Milieubindung, Drogen versprechen eine momentane Problembewältigung, und das Neonazitum schenkt dem Individuum ohne sein Zutun eine Bedeutung allein durch die Zugehörigkeit zu einem bestimmten Volk.

In vielen Fällen befreien sich die Heranwachsenden aus eigener Kraft aus den Gruppenidentitäten. Mit zunehmender Reife entfaltet sich ihre Eigeninitiative, und sie wagen, unabhängig von Krücken, seien das nun Menschen oder Süchte, einen eigenen Lebensstil zu verwirklichen.

Aber auch der kann das Gegenteil sein von dem, was Eltern sich für ihre Kinder erträumen. Spätestens dann sollte aber unser Vertrauen in sie so groß sein, daß wir sie ohne Einwände den von ihnen gewählten Weg gehen lassen.

Mythos: Bei uns gibt es kein Generationenproblem

Wir kennen alle die harmonisch gestimmten Familien: Papa und Mama, aufgeräumt und auf jung getrimmt, im Kreis ihrer bald oder ganz volljährigen Töchter und Söhne. Leben die Junioren im Alltag erst noch im »Hotel Mama«, beschleicht mich ein ungutes Gefühl. Ist es Neid? Unsere Familie verbrachte die letzten Ferien gemeinsam, als unsere Söhne 14 und 12 waren. Dann fuhr der Ältere allein zu Sprachaufenthalten ins Ausland, mit dem Interrail in entlegene Gebiete, der Jüngere mit Freund und Fahrrad in die Provence zu Freunden.

Um Mißverständnissen vorzubeugen: Ich habe nichts gegen Familienferien, auch nicht mit erwachsenen Kindern. Doch wenn Zwanzigjährige sich von ihren Müttern sagen lassen, was und wo sie zu fotografieren haben oder wann sie mal sollten, beginne ich, der harmonia familiae zu mißtrauen. Paradefamilien stellen ihre Einheit penetrant zur Schau, und ihre pathogene (krankhafte) Version besteht meist aus Mutter und Sohn. Auf einer Reise in der transsibirischen Eisenbahn traf ich ein solches Paar: Mutti, ca. 55, Sohn, etwa 35. Von weitem mochte man glauben, es handle sich um ein Ehepaar. Sie trug ihm die Windjacke nach, hielt auf Ausflügen seine Hand, ermahnte ihn, seinen Pullover an- oder auszuziehen, kurz, sie umsorgte ihn wie ein Kleinkind oder einen Invaliden. Peinlich. Doch die beiden schienen ihr Verhältnis als ganz normal zu empfinden.

Ein weiteres Beispiel ist der bald 60jährige Ingenieur, der seit Jahrzehnten Sonntag für Sonntag seine Mutter zum Mittagessen ausführt. Seine Frauenfreundschaften zerbrachen alle nach ein paar Monaten.

Daß Mütter mit pathogen symbiotischer Beziehung zu ihren Kindern (häufig sind es Söhne) deren Leben zerstören, wird niemand bezweifeln. Tragisch ist für beide, wenn der Sohn das Kind und den Partner spielen muß und keine eigene Identität entwickeln durfte.

Weniger klar ersichtlich ist die symbiotische Verklammerung bei den No-Problem-Familien. Sie scheinen stets von größeren Krisen verschont zu bleiben. Allen geht's immer gut. Fragt man die jungen Männer und Frauen irgend etwas, antwortet oft die Mutter. Sie weiß alles, von den Noten bis zur etwaigen Freundin, die in den Ferien auch dabei ist. Die Eltern sonnen sich in den Leistungen und im Wohlverhalten der Kinder, und die Jungen nehmen materielle Zuwendung und Abnahme von Verantwortung gerne in Kauf.

Im Gegensatz zur Sprayer-, Hooligan- oder Hausbesetzerjugend leiden die überalterten Nesthocker weniger unter Ablösungsproblemen. Sie bewegen sich innerhalb des vertrauten Kreises, übernehmen gleichsam die Familienidentität, entwickeln sich zu oft beruflich tüchtigen, erfolgreichen jungen Erwachsenen, die ihr Leben so planen wie ihre Eltern und nicht selten dieselben Berufe ergreifen. Denken wir an gewisse Lehrer–, Pfarrer-, Ärzte- und Unternehmerdynastien. Sicher freut es den Vater, wenn Sohn oder Tochter sein Geschäft übernimmt oder in die Familienfirma einsteigt.

Für die Kinder ist's bequem. Nach Büro oder Uni hocken sie sich ins gemachte Nest, kriegen ihr Futter, werden vom Haushalt nach Möglichkeit entlastet, gehen abends rasch weg.

Ich weiß von Müttern, die sich dauernd beklagen. Über Gläser und Flaschen, die am Morgen herumstehen, überquellende Aschenbecher, die niemals geleert werden, und dreckige Wäsche, welche das Badezimmer ziert. Doch sie bringen es nicht fertig, das Bedienen zu unterlassen. Für die Jungen ist's in mehrfacher Hinsicht angenehm, denn Eltern verlangen wenig Miete. Mutter wäscht, putzt und kocht, wenn auch nicht gratis, so doch billig.

Doch auch die Eltern profitieren, vorab die Mütter. Sie können sich ins Privatleben der Jugendlichen einbringen, haben die Kontrolle und beeinflussen es mehr oder weniger diskret.

Viele finden diesen Zustand ideal, besonders wenn ihre Kinder auch nach der Gründung einer eigenen Familie ganz nah wohnen. Man sieht sich täglich, telefoniert und bleibt am Gängelband der Mutter, sogar als Anwalt mit eigener Praxis, als Personalberaterin, Coiffeuse oder Mutter. Die bürgerliche Enge verhindert nur zu oft den notwendigen Entwicklungsprozeß. Exzessiv überbetreute junge Männer und Frauen, die ihre Goldfesseln nicht abstreifen können, wirken schon in jungen Jahren seltsam altklug und dennoch mit 30 irgendwie infantil. Oft holen diese »Familienopfer« ihre Ablösung im späteren Leben schmerzlich nach, wenn psychische oder körperliche Symptome sie auf ihre ungelebten Lebensinhalte aufmerksam machen.

Doch Vorsicht. Nicht alle Eltern, deren Kinder zu Hause wohnen, sind Klammereltern, und nicht alle Heranwachsenden werden nicht flügge aus Bequemlichkeit. Unerschwingliche Mietzinse, Arbeitslosigkeit und fehlende Wohnmöglichkeiten erschweren nicht wenigen den Auszug aus der Familie. Die Robusten versuchen, ihre Probleme zu meistern, die Schüchternen und weniger Initiativen bleiben erst einmal zu Hause. Es gibt viele Eltern, die den Auszug ihrer Kinder ersehnen, die sich sogar auf eine neue Zweisamkeit freuen und auf die nächtlichen Jugendparties verzichten könnten. Daneben finden sich aber jene, die über ihre Kinder ein Stück Jugend zu erhaschen versuchen, die am aufregenden Treiben einer neuen Generation teilnehmen, ohne dazuzugehören. Doch das Alter läßt sich nicht austricksen, und ein oder zwei Menschen können die Funktion von Großfamilie und Clan nicht übernehmen, denn sie bieten immer nur sich selbst an. Der Preis der Individualisierung ist das Lockern von Bindungen, die Entlassung der selbständig Gewordenen in ihren eigenen Lebensbereich.

Ganz allgemein ist in den letzten Jahren in den Konsumländern eine Verlängerung der Adoleszenz festzustellen. Während in den armen Staaten die Kinder schon mit drei ausgebeutet und Hunderttausende unter unmenschlichsten Bedingungen als Arbeitssklaven mißbraucht werden, haben bei uns längere Ausbildungszeiten und eine ungesunde Überbehütung die Ablösungsphase hinausgezögert. Junge Menschen sind außerdem heute oft auch nach ihrem Wegzug von zu Hause auf monatliche finanzielle Zuschüsse der Eltern angewiesen. Wer legt sich aber an mit jenen, die zum eigenen Lebensunterhalt beitragen?
Mißglückte Ablösung verhindert ein Gleichgewicht zwischen Eltern und erwachsenen Kindern. Letztere bleiben ihren Erzeugern und Müttern in Haßliebe, Schuldgefühlen und Abhängigkeit lebenslang verhaftet und können sich noch über den Tod hinaus nicht von ihnen trennen, und die Eltern kommen nie in den Genuß, wirkliche Freunde ihrer Kinder zu werden, als die sie sich vielleicht schon lange, aber ohne Berechtigung, gesehen haben. Harte Reibereien, Widerstand und ein reinigender Hauskrach mit Türzuschlagen sind Begleiterscheinungen, die eine Standortbestimmung ermöglichen. Bis es soweit ist, machen beide Seiten einen Reifeprozeß durch, der durch eine Trennung

erleichtert und beschleunigt wird. Denn auch die Mütter und Väter müssen sich und ihre Rolle neu definieren. Sie bleiben juristisch natürlich die Eltern ihrer Kinder, doch sie können ihnen de facto nichts mehr abverlangen. Darum trägt das Wohnen im Hotel Mama kaum bei zu einer echten Neufindung zwischen den Generationen. Bei uns fehlen, wie gesagt, die vermittelnden und abfedernden Instanzen der Verwandten verschiedener Altersstufen im selben Haushalt. Im schlimmsten Fall verursacht das Daheimbleiben eine gegenseitige ungesunde Abhängigkeit. Es ist und bleibt eine Notlösung.

Anzustreben ist in der Adoleszenz zumindest vorübergehend eine räumliche Trennung. Rebellierende Söhne und Töchter, die wütend das Nest verlassen, sind ehrlicher als jene, die in Tagebüchern und Tagträumen ausdrücken, was sie nicht laut zu sagen wagen, weil sie seelisch noch an der Nabelschnur hängen. In solchen Familien herrscht, trotz Reisen in alle Welt, eine asthmatische Enge.

Symbiose bedeutet nie heile Welt. Hinter den No-Problem-Familien können sich verkümmerte Identitäten verbergen, die auf einer Kindstufe verharren und nicht wissen, was Verantwortung heißt. Die Gute-Laune-Familie trägt überhaupt nichts bei zu einer verantwortungsvollen Elternschaft, wie sie von den rechtslastigen Vertretern einer heilen Familienoptik so gern beschworen wird. Symbiotische Eltern und Kinder bleiben einander in Abhängigkeit und Unmündigkeit verhaftet und in ihren Lebensmöglichkeiten eingeschränkt.

Man mag einwenden, ich sei destruktiv, jede Familie, die in solcher Eintracht, wenn auch aufgesetzt, zu leben imstande sei, müsse sich glücklich schätzen. Keine Drogen, keine Gewalt, keine Disharmonie.

Ich gebe gern zu, daß ich mir auch schon diese Art Familienleben ersehnt habe. Doch nach ruhigem Überlegen bin ich wieder davon abgekommen, denn Fassadenfamilien lösen die Unsicherheiten und drängenden Fragen unserer Zeit nicht.

Unsere Welt braucht mehr denn je entscheidungsfreudige,

selbständige Menschen, die gewillt und fähig sind, Probleme an-
zugehen und nicht länger zu verdrängen. Dazu müssen wir erst
einmal erwachsen werden. Das ist ein Initiationsprozeß, der mit
Konflikten und Schmerzen verbunden ist und zu einem Bruch
mit liebgewordenen Familientraditionen führen kann und mit
Hilfe Gleichaltriger und Bezugspersonen außerhalb der Familie
vollzogen wird.

Eltern können selbstverständlich Beistand leisten, wenn sie signalisieren, daß sie Verständnis für die schwierige Phase haben
und jederzeit zur Verfügung stehen. Auf keinen Fall dürfen sich
Pubertierende von ihren Nächsten alleingelassen fühlen. Damit
ist nicht gemeint, sie dauernd zu fragen, wie es ihnen gehe, und
Gespräche, die sie nicht wünschen, vom Zaun zu reißen. Sie wollen nach Möglichkeit in Ruhe gelassen werden. Viele suchen die
Einsamkeit. Sie igeln sich ein, und es braucht Fingerspitzengefühl, sich ihnen zu nähern.

Eltern sind vielfach zu befangen. In diesem Lebensabschnitt
sind Mentoren und ältere Freundinnen gefragt, Menschen außerhalb der Familie, denen die Jungen vertrauen und denen sie
sich mehr öffnen als ihren Eltern. Diese brauchen weder eifersüchtig zu sein noch zu denken, sie hätten als Eltern versagt. Eine
solche Orientierung gegen außen ist ganz natürlich und kann
sich später wieder ändern. Bemühen sich Mütter und Väter weiterhin um eine Nähe, die ihnen nicht mehr zusteht, können die
Söhne und Töchter sich nicht freistrampeln und wirklich auto-
nom werden.

IV. Konsequenzen

Eiserne Ration im Überblick

1. Eigene Werte definieren
2. Inkonsequenz ist die Mutter der Tyrannei
3. Bilder sind Vorbilder
4. Was sind »gute« Eltern?
5. Rhythmus gibt Halt
6. Echte Entscheidungen anbieten
7. Vorschußlorbeeren für kleine Kinder
8. Natürliche Konsequenzen, sinnmachende Strafen
9. Nicht das Kind, sondern sein Verhalten loben und tadeln
10. Frustrationen ertragen lernen
11. Gefühle sind kein Tummelplatz für Machtkämpfe
12. Kein Streit ohne Versöhnung
13. Spannungssituationen entschärfen
14. Fünfmal tief durchatmen
15. Austricksen ist erlaubt
16. Verhaltensvertrag fördert Selbstvertrauen und Selbstdisziplin
17. Medien- und Spielpädagogik gehören zur Erziehung
18. Gegen den Strom schwimmen kann lustvoll sein
19. Hilfe suchen ist keine Schande
20. Und bei allem den Humor nicht verlieren

Einleitung

Dieses Kapitel bietet Erziehenden eine Orientierungshilfe im Umgang mit Kindern und Jugendlichen und erläutert anhand einzelner, für bestimmte Lebensabschnitte exemplarische Alltagssituationen, wie die Reibungsflächen zwischen Erwachsenen und Kindern auf ein Minimum reduzierbar sind.

In Abwandlung des berühmten Satzes von Watzlawick »Man kann nicht nicht kommunizieren« gilt: Eltern können nicht nicht erziehen. Je früher sie sich über die Konsequenzen ihres Handelns, über die Bedeutung und die Art ihres Eingreifens, aber auch über Folgen ihrer Unterlassungen im klaren sind, desto eher können schwerwiegende Fehlhaltungen verhindert werden.

Erfolgreiche erzieherische Maßnahmen sind unspektakulär und erscheinen vielen als selbstverständlich. Vielleicht sind sie deshalb so schwer im Alltag durchzuführen. Doch auch hier zählt das Einfache, das Naheliegende. Dazu braucht es weder Geld noch teure Ausstattungen: nur Echtheit, Klarheit und eine gewisse Belastbarkeit der Erwachsenen.

Phantasie und Zeit sind unabdingbare Voraussetzungen. In sie müssen wir investieren und uns in anderen Bereichen eine Zeitlang einschränken. Erziehung ist immer auch Selbsterziehung. Für ein Kind, das wir lieben, ist echte Zuwendung, die auch Normen vermittelt, mehr wert als alle materiellen Schätze, die wir über es ausgießen, als alle Freiheiten, die wir ihm von klein auf gewähren.

Richtlinien enthalten immer auch die Gefahr der Simplifizierung und der Verallgemeinerung. Jedes Kind ist ein Individuum, auf seine Weise einzigartig und entwickelt sich in einem ihm gemäßen Tempo. Was für eine Dreijährige richtig ist, überfordert eine andere, und ein dritter ist schon einen Schritt weiter. Alles im Rahmen einer normalen Entwicklung.

Die folgenden Beispiele und Grundsätze beruhen auf persönlichen Erfahrungen, Beobachtungen und werden durch wissenschaftliche Untersuchungen bestätigt. Trotz altersspezifischen und entwicklungspsychologischen Gemeinsamkeiten, die einer Mehrheit von Kindern entsprechen, gilt auch hier als oberstes Gebot: Jedes Kind hat das Recht, seiner besonderen Eigenart, Begabung und Schwierigkeit gemäß behandelt zu werden.

Kindheiten mit ungünstigen Ausgangspositionen gibt es in allen Schichten. Vielfach handeln Erwachsene in Unkenntnis der sensiblen Phasen der kindlichen Entwicklung und schaden dadurch – unabsichtlich – ihren Kindern. Oft sind sie von eigenen Problemen derart absorbiert, daß ihre Kraft nicht mehr für eine umfassende Betreuung der Kinder reicht, die dann besonders auf Unterstützung durch aufmerksame Lehrkräfte, Hortpersonal, Nachbarinnen oder Verwandte angewiesen sind.

Die Familie ihrerseits widerspiegelt die gesellschaftlichen Verhältnisse und darf daher keinesfalls als Sündenbock für »mißratene« Kids herhalten. Eltern sind heute aber zu schnell geneigt, der Schule, den Medien und der Gesellschaft die ganze Verantwortung am pädagogischen Ge- und Mißlingen in die Schuhe zu schieben.

In Zukunft werden sich nur gemeinsam Strategien einer dem pluralistischen Denken angemessenen Pädagogik erarbeiten lassen, die sich in unserer konsumorientierten, von Arbeitslosigkeit bedrohten Leistungs- und Freizeitgesellschaft bewähren und – als neue Herausforderung und Fernziel – dem Sein mehr Priorität einräumen als dem Schein. Noch ist es nicht soweit. Doch niemand kann daran gehindert werden, kleine Dämme zu errichten gegen die zunehmenden Bestrebungen, Schrankenlosigkeit auf der einen und brutale Ausgrenzung auf der anderen Seite zur Norm zu erheben.

Beginnen wir damit im Kinderzimmer, in der Schule und überall dort, wo Erwachsene sich intensiv mit Kindern und Jugendlichen auseinandersetzen.

1. Eigene Werte definieren

Kinder ohne Halt fallen – wörtlich – aus dem Rahmen. Halt finden sie, indem sie sich und andere spüren. Dazu brauchen sie die Hilfe der Erwachsenen. Um dieser Aufgabe zu genügen, müssen wir zuerst unsere persönliche Wertehierarchie abchecken: Wofür lohnt es sich einzustehen, sich zu engagieren? Wie wichtig sind mir Äußerlichkeiten, Statussymbole, Zerstreuung und Konsum? Verdränge ich Probleme, um »meinen Frieden zu haben«? Widme ich mich zwar zeitlich beschränkt, aber intensiv meinen Kindern, oder bin ich öfters anwesend, aber gedanklich mit anderem beschäftigt? Diese und ähnliche Fragen müssen alle, die sich mit Kids befassen, ehrlich beantworten.

Der junge Mensch wächst in die Atmosphäre einer Familie hinein. Je kleiner diese Gemeinschaft (z. B. Ein-Eltern-Familie), desto krisenanfälliger ist sie. Dazu kommt eine Gesellschaft, die Kindern gleichgültig bis feindlich gegenübersteht. Sie werden höchstens als Werbeträger oder potentielle Käufer gezielt angesprochen.

Verantwortung ist ein Begriff, der im Zusammenhang mit beruflicher Kompetenz gern gebraucht wird, aber wenig im Zusammenhang mit Kindern. Um eine Familie zu gründen, braucht es weder einen Fähigkeitsausweis noch ein Reifezeugnis. Unzählige Kinder verdanken ihre Existenz dem Zufall.

Viele Paare entscheiden sich bewußt für ein Kind, ohne jedoch zu überlegen, was das für sie bedeutet. Zwar denke ich oft, wenn Eltern im Detail wüßten, was auf sie zukommt, würde die Menschheit aussterben. Kinderaufziehen bringt heutzutage keine Anerkennung, aber finanzielle Belastungen. Die kleinen Schreihälse können nicht umgetauscht, die renitenten Jungs nicht zurückgegeben werden.

Eltern haben es schwerer als früher. Sie brauchen Nerven aus Stahlseilen: Verkehrserziehung, Umgang mit TV-Konsum, Umweltpädagogik, über Aids, die Pille und Sex reden, Zeit investieren, Geld ausgeben, die Youngsters in diverse Kurse fahren, ihre Schularbeiten nachsehen, sie modisch top halten und daneben noch den Haushalt führen, beruflich vorankommen und Geld verdienen. Für eigene Bedürfnisse bleibt kaum Zeit.

Wir sollten auch in der Erziehung Schwerpunkte setzen. Zeit, Energie und Nerven lassen sich schonen, wenn wir nicht von morgens bis abends das Gefühl haben, über den Tagesablauf schon der Vorschulpflichtigen verfügen zu müssen.

Wenn uns daran liegt, selbständige Kinder zu haben und ihre Ursprünglichkeit und Originalität lange zu erhalten, lassen wir sie frei spielen. Nichts ist bemühender und trauriger als Drei- bis Sechsjährige, die sich langweilen, wenn Mutter nicht immer den Ton angibt respektive vorschlägt, was als nächstes getan werden soll, da sie nie allein spielen lernten.

Kleine Kinder brauchen Zeit, und auch ältere sollten nicht mit dem Terminkalender von Erwachsenen aufwachsen. Ganz allgemein wird der intellektuellen und sportlichen Förderung eher genügend, der sozialen und musischen aber zu wenig Aufmerksamkeit geschenkt. Gymnastik, Ballett und auch Instrumentalunterricht brauchen Kinder, die auf diesem Gebiet besonders begabt sind. Doch nicht jedes Kind genießt eine forcierte Talentförderung.

Wenn wir uns entscheiden, auf die echten Bedürfnisse der Kinder einzugehen, werden wir bald erkennen, daß sie weder dauernd mit dem Auto auf Besuch fahren noch jedes Frühförderprogramm mitmachen, aber sehr gerne selber etwas gestalten wollen.

Was jedes Kind benötigt, ist Gemeinschaft mit anderen und Freiraum für kreatives Gestalten. Anstelle von technisch raffiniertem Spielzeug, das gewiß auch seinen Reiz hat, aber erst später, lieben Kinder im Vorschulalter Spiele mit alten Schachteln, Tüchern und anderen Utensilien, die sie für verschiedene Zwecke in Rollenspielen einsetzen können. So verarbeiten sie auf natürliche Weise ihre Ängste und Wünsche.

Eine Untersuchung bei Vorschulpflichtigen hat ergeben, daß Kinder in diesem Alter lieber daheim spielen als auf Spielplätzen. Sie schätzen es auch nicht, wenn Mütter sie dauernd beaufsichtigen und sich ins Spiel einmischen.

Es gibt Eltern, die bei kreativem Spiel sofort an Unordnung und Unruhe denken, an schimpfende Nachbarn und daß etwas kaputtgehen könnte. Wieder heißt es abwägen: Was ist wertvoller für die kindliche Entfaltung? Fördere ich Ausdruckskraft, Gestaltungs- und Lebensfreude, indem ich die Kleinen mit Farbstiften eine Malvorlage ausmalen lasse und sie vor dem Fernseher festnagle? Oder lege ich ein großes Stück Packpapier auf den Stubenboden und lasse sie nach Herzenslust mit den Händen schmieren, zuletzt mit eingefärbten Füssen Spuren hinterlassen, ehe sie unter die Dusche gesteckt werden? Hier ist elterliche Anwesenheit erforderlich. Auch bei Plastilin und Knetmasse. Arbeiten die Kinder aber mit Legosteinen, Baukästen, Autos, Tieren oder Puppen, brauchen sie keine Daueraufsicht. Können sie im Freien spielen, in einem umzäunten Garten, sind sie bevorzugt, und viele Unternehmungen verlegen sich nach draußen.

Von Zeit zu Zeit wünscht jedes Kind auch gemeinsame Aktivitäten mit den Eltern. Ältere Jungen und Mädchen helfen vielleicht mit, Kasperl, Hexen und andere Puppen herzustellen und ein einfaches Theater zu basteln. Anstatt mit Platten oder Videos können Mütter ihre Kinder mit Kasperltheater unterhalten und die kleinen Freunde ihrer Kinder dazu einladen. Alle hören gern Geschichten. Märchen und einfache Erzählungen sind immer attraktiv. Wir müssen nur wieder lernen, daß auch das Einfache seinen Reiz hat und nicht nur TV-Action Kinder fasziniert.

Solche Gemeinsamkeiten setzen einen Akzent an einem Regennachmittag oder an einem Geburtstagsfest und ersparen der ehrgeizigen Mutter, die Kinderfeste der Nachbarinnen mit noch ausgefalleneren Spielchen übertrumpfen zu müssen. Statt daß schon Vierjährige kleine Wettbewerbe austragen und die Sensiblen den Widerwillen gegen Gesellschaftsspiele eingepflanzt kriegen, bekommen sie etwas, das vielen Kindern fehlt: Nahrung fürs Gemüt. Etwas Vorbereitung bei Einladungen lohnt sich dennoch. Geschichten, die nicht gut erzählt sind, lassen die Aufmerksamkeit der hyperaktiven und fernsehverwöhnten Kleinen rasch erlahmen.

Beim freien Spiel sollen Eltern eingreifen, wenn die Kinder aus einem Streit nicht mehr herausfinden oder wenn ein Schwächeres unter die Räder gerät. Durch die Wahl von Spielpartnern und Freundinnen nimmt das Kind an einem sozialen Prozeß teil, den Erwachsene höchstens dann beeinflussen sollten, wenn etwa ein Ausländerkind oder eins, das als besonders schwierig gilt, in eine Außenseiterrolle gerät.

Wir können auch mit wenig Geld unseren Kids eine anregende Kindheit bieten, wenn wir uns etwas einfallen lassen, was nicht viel kostet, aber viel Eigeninitiative auslöst. Wenn ich sehe, wie Väter, Patinnen und Großeltern vor Weihnachten 360 Mark teure Plüschkrokodile oder -tiger nach Hause schleppen, frage ich mich, was die Beschenkten mit einer Sammlung dieser Riesenviecher anfangen, denn es bleibt kaum bei diesem einen Tier. Und was macht ein Sechsjähriger mit der teuren elektrischen Eisenbahn, wenn Papi bei der Arbeit ist? Computerspiele fördern bei Vorschulkindern Schlafstörungen und Suchtverhalten, bestenfalls die Reaktions- und Fingerfertigkeit, und der eigene TV-Apparat isoliert schon Neunjährige vom Rest der Familie.

Ein stabiles Schaukelpferd, das die Phantasie nach Belieben in ein anderes Beförderungsmittel umfunktioniert, kann bedeutungsvoller sein als teure Dinge, die im ersten Moment bezaubern und nach zwei Wochen unbeachtet in einer Ecke liegen.

Kinder, die im Vorschulalter nicht frei spielen konnten, sind zu bedauern. Das Spiel ist eine Voraussetzung für die gesunde menschliche Entwicklung. Viele der kleinen Computergame-Kids langweilen sich als Jugendliche, hängen herum, haben wenig Ideen und sind unfähig, sich mit anderen konstruktiv auseinanderzusetzen.

Sind es wirklich die Kinder, die eine Schlaraffisierung der Kindheit wünschen? Sind es nicht vielmehr Kommerz und

Wohlstand, welche die Erwachsenen zu pädagogischen Banausen verkommen lassen? Ihre Gier, an allen Neuerungen teilzuhaben und nichts zu verpassen, projizieren sie auf den Nachwuchs. Kein Wunder, daß Kinder unersättlich, egozentrisch und cool werden. Die Eltern leben es ihnen vor, und die Medien zeigen täglich, wie man mit Brutalität und Rücksichtslosigkeit zu seiner Sache kommt.

Die schönen Theorien vom Ernstnehmen der Kinder und ihrer Bedürfnisse müssen dringend in die Tat umgesetzt werden. Welches sind die Maßstäbe, mit denen wir Kinder messen, und welche Werte können sie von uns übernehmen, ohne daß wir zu erröten brauchen?

Die Erkenntnis muß sich durchsetzen: Es gibt keine unerziehbaren Kinder. Auch Jungen lassen sich sehr wohl »sozialisieren«. Der Satz vom unerziehbaren Geschlecht gehört ins Reich der Ammenmärchen.

2. Inkonsequenz ist die Mutter der Tyrannei

Wie reagieren Eltern und Lehrkräfte auf die Herausforderungen der jüngsten Generation? Selbst wenn erkannt ist, daß Grenzen wichtig sind, wissen viele nicht genau, wo und wie sie setzen.

So begegnen sie all den Provokationen ängstlich und ratlos, »mal so, mal so und dann wieder ganz anders, ganz wie es der Zufall will, und meistens falsch«, schreibt Hans Grothe, ehemals Redakteur bei »Eltern« (Brigitte-Dossier 16/94). Statt Stabilität und Halt durch vorhersehbare Reaktionen »geben sie ihre eigene Unsicherheit an ihre Kinder weiter und vermitteln ihnen das Gefühl, daß die Eltern jeden Durchblick verloren haben«.

Scheu vor Konsequenz und einer pädagogischen Linie äußert sich in erzieherischen Wechselbädern, in endlosem Zulassen von unangemessenem Verhalten abwechselnd mit explosionsartigen Ausbrüchen und dem Verhängen von sinnlosen Strafen, meist dann, wenn sie am wenigsten angebracht sind. Dieses Verhalten demütigt das Kind und beschämt im Nachhinein die Erwachsenen.

Inzwischen werden die Kids immer frecher, titulieren ihre Eltern und allenfalls auch Lehrkräfte mit Bezeichnungen aus dem Tierreich oder dem Bordell und machen, was sie wollen.

Dabei sehnen sie sich nach Eltern und Lehrerinnen, die ohne Gewalt, aber mit Power und Drive den kleinen Diktatoren widerstehen, ihnen eine Angriffsfläche bieten, sich nicht dauernd feige entziehen und auch einmal Klartext reden. Nicht die Kinder haben am Anfang die Spielregeln zu bestimmen, sondern die Erwachsenen. Außer Rand und Band geratenen Jugendlichen Gemeinschaftsfähigkeit und Vertrauen in sich und andere Menschen beizubringen ist schwerer, als ihrer Entwicklung angemessen langsam die Grenzen auszuweiten und ihnen so Verantwortung zu übertragen.

Das Geheimnis erfolgreicher Erziehung ist nicht eine Freiheit, die für das Kind Chaos bedeutet. Es besteht vielmehr in einer gewissen *Konsequenz,* die Klarheit vermittelt und vorhersehbar ist. In »Kinder schlagen zurück« erwähne ich die »Zeitbombentaktik« als Beispiel einer verunsichernden Haltung. Bei konsequenten Erzieherinnen fühlen sich Kinder besser aufgehoben als bei *Wankelpädagogen.* Bei diesen wissen sie nie, woran sie sind, und fühlen sich ausgeliefert an unbeeinflußbare Mächte. Die aufgesetzte Toleranz vieler Erwachsener testen Kids mit Aufsässigkeit, Tyrannei und Aggressivität.

Verweigern Eltern und Lehrpersonen eine klare Linie und einen gültigen Standpunkt, werden sie von den Kindern beherrscht. Wankelpädagogik wird als Schwäche, vor allem aber als Desinteresse empfunden und läßt Jungen und Mädchen aller Altersstufen immer weiter überborden, in der Hoffnung, ihr Hilfeschrei werde endlich verstanden.

Gewisse Regeln einhalten kann schon ein Kleinkind. Das wird von ihm ohne Schaden verkraftet.

3. Bilder sind Vorbilder

Wir leben im Zeitalter der Bilderflut. Raffinierte Techniken verwischen den Unterschied zwischen Wirklichkeit und Fiktion. Täglich werden schon die Kleinsten mit TV-Bildern, Werbung, Videos und Reklame berieselt.

Was sie vom zarten Alter an gucken, bleibt nicht ohne Einfluß. Bilder tragen dazu bei, sich in der Welt zurechtzufinden, sie helfen mit, die eigene Identität zu gestalten, und sie beeinflussen in hohem Maß auch die Geschlechterrolle.

Natürlich haben in erster Linie die Eltern und Menschen, die dem Kind nahe sind, Vorbildfunktion. Zusehends werden Vorbilder von außen an unsere Kinder herangetragen, auf die weder Eltern noch Lehrerinnenschaft bisher großen Einfluß nehmen können.

Sowohl Frauen, die sich Pralinen und Schmuck schenken lassen, sofern sie nicht gerade Binden oder Waschmittel anpreisen, sind Vorbilder, als auch Männer, die im Vorabendprogramm als Kommissare oder Bösewichte mit Waffen herumfuchteln. Der harte Mann, das weiche, anschmiegsame Sexy-Geschöpf. Bilder sind Vorbilder, die ihre Botschaft ins Unterbewußte tragen.

Andere Bilder: Jugendlichkeit und Verdrängen des Alterns. Auch Mister Cool-Man, der Almöhi aus San Bernardino, gibt sich trotz weißem Bart jugendlich und modisch, wenn er im Werbespot in seine Schokolade beißt.

Autos werben für Mobilität, Meer und Palmen für Reisen, Unterwäsche für Sex, Sieg-Heil heulende Jugendliche für Beachtung, und eine Unzahl Spielzeug und Computergames sagen schon den Kleinsten genau, was ihre Eltern anschaffen müssen: Barbies für Mädchen, Autos und Waffen für Jungen, zahnschonende Süßigkeiten für beide und eine bestimmte Automarke als Familienwagen. Auch Sammelwut wird so diktiert: Joghurtdeckel, WM-Kleber, Quartettspiele werden über Werbespots zu Gegenständen, die kind unbedingt haben muß. Der Bilderterror beginnt eigentlich ganz harmlos. Wenn Eltern dem nicht frühzeitig einen Riegel vorschieben, erpressen die niedlichen Kiddies einen eigenen Fernseher, ein Kinderauto, jede Menge Computergames, Klamotten, CDs und was die Werbung sonst zum erfüllten Kinderleben anpreist.

Fast täglich schafft ein cleverer Rattenfänger Bedürfnisse, die den Verwöhnten neuen Kick versprechen. Jugendliche müssen joggen, bungeejumpen, snowboarden, riverraften, mountainbiken, inlineskaten …

Jede dieser Tätigkeiten bedarf entsprechender Geräte und eines funktionalen Dresses. Das Bedenkliche sind nicht die wechselnden Moden, sondern der absolute Stellenwert, den sie erhalten haben, und der grassierende Jugend- und Körperkult.

Viele Jugendliche, vor allem Mädchen, täglich konfrontiert mit all den schlanken, sportlichen Girls von Mattscheibe und Plakatwänden, reagieren auf die allgegenwärtigen Vorbilder mit Frust und Minderwertigkeitsgefühlen. Viele getrauen sich nach dem Turnunterricht weder in die Dusche noch in öffentliche Bäder. Andere hungern ihre Pfunde herunter und werden magersüchtig. Jungen schämen sich ihrer unterentwickelten Muskeln, ihres zu kleinen Penis oder ihres Bauchansatzes.

Daß Bilder auch lügen, gehört mit zur Aufklärung über die schöne neue Medienwelt. Da aber immer mehr Erwachsene selber dem Jugendwahn verfallen, Mütter und Lehrerinnen mit den Teenies um die Wette fasten, Väter sich Muskelpakete antrainieren, die Älteren mit ihrem eigenen Jugendlichkeitskult beschäftigt sind, nimmt sich kaum jemand Zeit, mit den jungen Menschen Wege zu finden, wie sie sich dem Sog der schönen Bilder entziehen können. Menschen fehlen, die sich mit einem durchschnittlich gebauten, sozusagen normalen Körper als Vorbild eignen. Menschen, die von den Heranwachsenden wegen anderer Qualitäten imitiert werden als wegen modischem Qutfit und Schlankheit. Erwachsene jeden Alters, die sich in ihrer Haut wohl fühlen, weil sie ihren Wert nicht (nur) aus dem Schein beziehen, mit dem sie sich umgeben.

4. Was sind »gute« Eltern?

An der Universität Tel Aviv wurde eine Untersuchung mit 280 Kindern und Jugendlichen im Alter von 8 bis 18 Jahren durchgeführt. Ihnen wurde die Frage gestellt: Was macht Deiner/Ihrer Meinung nach gute Eltern aus? (Psychologie heute 1/93).

Antworten der Kinder aller Altersgruppen: »Gute Eltern geben ihren Kindern nicht alles, was sie haben wollen«, »bringen ihren Kindern Manieren bei« und werden wütend, wenn es sein muß. Die Jüngsten der Befragten sehen in guten Eltern weder Freunde noch demokratische Partner, aber sie »schmusen und küssen« und »lieben ihre Kinder, selbst wenn sie ärgerlich sind«.

Aufschlußreich ist, daß noch ein Drittel der 17/18jährigen – bei den Pubertierenden sind es 68% – Wert legt auf elterliche Autorität und Vorbildfunktion. Gleichzeitig wollen sie in den Eltern Freunde sehen und selbständig und unabhängig werden.

Obschon sie oft gegen elterliche Anweisungen opponieren, wünschen sich die 14/15jährigen keine Laisser-faire-Erziehung. Aber: »Gute Eltern beteiligen Kinder an wichtigen Entscheidungen« und »vertrauen ihren Kindern«.

Sollten wir uns in unserem pädagogischen Tun nicht verstärkt von den Vorstellungen der Kinder und Jugendlichen leiten lassen? Liebe, Zärtlichkeit und Vertrauen sind für sie keine Alternativen zu Normen und Autorität. In ihren Augen bieten gute Eltern beides. Ob die Kids in ihren Antworten die eigenen oder Wunsch-Eltern schildern, tut wenig zur Sache. Die Aussagen zeigen jedenfalls, daß – was neuerdings immer mehr Erziehungsverantwortliche vertreten – Kinder einen festen Rahmen *wünschen*. Daß sie ihn nicht brauchen, ist die Sicht unreifer Erwachsener.

5. Rhythmus gibt Halt

Grenzen bedeuten Struktur, *Koordinatensystem,* Halt in einer unvertrauten Welt. Ohne Hilfe von Wegmarken versinken Babys und Kleinkinder im Chaos, erfahren weder Orientierung noch Stabilität.

Rhythmus und Regelmäßigkeit im Tagesablauf geben einem Kind mehr Sicherheit als Willkür. Wiederholungen bedeuten Verläßlichkeit. Vertraute Personen, es können ruhig zwei oder drei sein, vermitteln Geborgenheit und Urvertrauen. Kleine Rituale wie Kinderverse, Hoppe-Reiter-Spiele, Gute-Nacht-Lieder bannen bei Kleinkindern Verlassenheitsängste. Später folgen die wörtlich gleichen Geschichten vor dem Einschlafen. Diese festgefügten Abläufe trennen Tag und Nacht. So wuchert der Tag nicht ins Endlose, bis die Zwei- bis Vierjährigen vor Erschöpfung völlig überdreht zwischen Ausgelassenheit und Weinen in den Schlaf taumeln.

Nicht jeder Mensch, auch nicht jedes Kind braucht gleich viel Schlaf. Darum können die Schlafenszeiten dem individuellen Schlafbedürfnis bis zu einem gewissen Grad angepaßt werden. Einschlafen hat aber viel mit Gewöhnung und auch mit Selbstdisziplin der Eltern zu tun.

Ähnlich verhält es sich mit den Mahlzeiten, der Mobilität, bei Besuchen im Freundeskreis bis spät in die Nacht, bei denen das Kind dabei ist. Das heißt nun aber nicht, mit der Uhr in der Hand (wie das früher der Fall war) sein Kind zu betreuen. Es handelt sich um Richtlinien.

Rhythmisierungen sind Orientierungs- und dadurch Lebenshilfen. Tag und Nacht, die Jahreszeiten, Spiel und Arbeit, Geburtstage, Feste. Sie ragen aus dem Einerlei der Alltagsroutine.

Leben heißt, die Polarität von Freude und Trauer, Erwartung und Verzicht erfahren. Geburt, Krankheit und Tod sind Zäsuren im Lebenstrott. Mit allen Hochs und Tiefs, die zum Dasein gehören, werden Kinder heute nur unzureichend vertraut gemacht. Aus Sentimentalität, und weil wir uns selber keine Belastungen mehr zutrauen, fürchten wir um die verletzliche Kinderseele. Am falschen Ort. Wir verschonen Kinder vor Beerdigungen und dem Anblick toter Familienangehöriger, überlassen sie aber bedenkenlos sämtlichen TV-Greueln.

Das wohltemperierte Schonklima vieler Familien erschwert Gefühlsausschläge nach oben und nach unten. Selbstverständlichkeit tötet Emotionen. An uns Erwachsenen liegt es, Erlebnisse zu schaffen, auf die sich Kinder freuen können. Das mögen unscheinbare Dinge sein: eine Wanderung durch eine Vollmondnacht, monatlich wiederholt. Ein spannendes Buch, am Wochenende vorgelesen. Alle Vierteljahre ein sogenanntes Mitternachtsessen vom Samstag auf den Sonntag. Übernachten im Freien zur Sternschnuppenzeit. Monatlich einem Menschen eine Überraschung bereiten. Mit Fingerfarben ein Monatsfenster kreieren. Von Zeit zu Zeit gemeinsame Spielnachmittage einlegen. Mit Freunden Orientierungsläufe durchführen. Der Phantasie sind keine Grenzen gesetzt.

Wer einwendet, heutige Kids seien zu verwöhnt/bequem/anspruchsvoll, kurz niemals motiviert, um auf solche unspektakulären Vorschläge einzusteigen, sollte zuerst überprüfen, ob nicht die eigene Trägheit die passive Haltung der Kinder fördert. Das Inbetriebsetzen des Gartengrills nach stundenlangem Herumhängen im Freibad befriedigt die Bedürfnisse der älteren Generation und ist weniger anstrengend als eine Wanderung, der Bau von Staudämmen im Bergbach oder die Suche nach einem Keltengrab während der Dämmerung.

Gemeinsame Aktionen schaffen tragende Beziehungen, Erinnerungen und die Vorfreude auf Zukünftiges. Phantasie ist gefragt.

6. Echte Entscheidungen anbieten

Je jünger das Kind, desto begrenzter ist sein Entscheidungsspielraum. Kinder sollen nicht zu früh zu Eigenverantwortung gedrängt werden, aber auch nicht zu spät. Mit kleinen Entscheidungsmöglichkeiten beginnen. Aus dem üblichen: »Was willst du heute anziehen?« erwachsen oft endlose Diskussionen. Besser ist die Frage: »Möchtest du lieber die blaue oder die rote Hose, den gelben oder grünen Pulli? Turnschuhe oder Sandalen?« Schon Zweijährige können solche einfachen Entscheidungen treffen. Die Eltern haben aber aufgrund von Überlegungen, die das Kind noch überfordern, bereits eine erste Wahl vorgenommen.

Statt: »Was möchte die kleine Prinzessin heute essen?« »Du darfst im Laden dein Lieblingsgemüse auswählen, zwischen Servelat und Bratwurst entscheiden.«

Vor dem Zubettgehen: »Möchtest du mit den Eltern spielen oder eine Gute-Nacht-Geschichte im TV ansehen? Für beides reicht die Zeit nicht. Du hast jetzt die Wahl.«

Mit jedem Reifeschritt, den das Kind macht, wird sein Entscheidungsspielraum ausgeweitet. Zoo oder Strandbad, Fußballspielen oder Radtour, abtrocknen oder beim Bäcker Brot holen. Im Laufe der Zeit bieten sich dem Kind, entsprechend seiner sozialen Kompetenz, anspruchsvollere Alternativen an.

Sind mehrere Kinder in derselben Familie, kann abwechslungsweise ein Kind bestimmen, und die anderen fügen sich, aber nur, wenn der Altersabstand nicht zu groß ist. Demokratie wird so früh eingeübt. Schulkinder lieben auch Tage der Rollenumkehr. Sie spielen Eltern, und Vater und Mutter werden zu Kindern und hören sich plötzlich mit den Ohren der Kinder, denn diese ahmen im Rollenspiel unser Verhalten, unsere Mimik nach, Ausdrucksweise, Tonfall, Lob und Tadel.

Später nehmen Kinder an den Entscheidungen für Familienaktivitäten teil. Anstelle der Frage: »Wo möchtet ihr dieses Jahr den Urlaub verbringen?« und der erpresserischen Antwort:

»Wir kommen nur mit, wenn …«, ist es unverfänglicher, drei Möglichkeiten anzubieten: z. B. eine Radtour in Frankreich, eine Höhlenforschungswoche in der Heimat oder Ferien auf einem Bauernhof.

Echte Alternativen geben Kindern Gelegenheit, ihre Wünsche einzubringen und gleichzeitig Verantwortungsbewußtsein und Realitätsbezug zu entwickeln.

Beides beugt kindlichem Terror vor.

7. Vorschußlorbeeren für kleine Kinder

Kleinkinder tun vieles den Eltern zuliebe und möchten entsprechend beachtet und gelobt werden. Nicht immer gehen sie bereitwillig auf Forderungen ein, und es kommt oft zu verbalen Mini-Gefechten, bis das Kind seinen Teller in die Küche trägt oder die Spielsachen wegräumt.

Nach der fünften vergeblichen Bitte, endlich die Zähne zu putzen, nehmen Mütter und Väter oft einen gereizten Ton an und drohen mit irgendeiner Maßnahme. »Wenn du nicht sofort deine Zähne putzt, kriegst du morgen keine Schokolade.« Alle wissen, daß die Drohung in den Wind gesprochen ist. Aus Angst vor dem nahenden Ungewitter begibt sich das Kind dennoch ins Badezimmer. Weinerlich. Oder es setzt sich trotzig in Pose. Die Stimmung ist ungemütlich, die Laune allseits verdorben.

Anders bei Eltern, die dem Kind Vorschußlorbeeren schenken: »Ich danke dir, daß du jetzt den Tisch abräumst«, oder: »Es ist aber lieb von dir, mir in der Küche zu helfen.« »Es freut mich, daß du vor dem Duschen die Kleider zusammenlegst.« »Ich finde es schön, daß du mir zeigst, wie rasch du die Zähne putzen kannst …« Nur hartgesottene, verzogene Buben und Mädchen werden dem widerstehen und den Vorschußdank der Eltern ignorieren.

Spielerischer Umgang mit Forderungen läßt Kinder vergessen,

daß sie sich etwas Unliebsamem unterziehen müssen, das nicht ihrer eigenen Initiative entspringt. »Wir wollen einmal messen, wieviel Zeit du heute zum Ausziehen brauchst«, ist allemal lustbetonter als ein strenges: »Jetzt aber marsch ins Bett« oder ein unentschiedenes: »Ich glaube, du solltest dich bald einmal ...« Natürlich werden liebevolle Eltern kein Kind ohne Vorankündigung mitten aus einem Spiel reißen und ins Badezimmer schicken. Das Kind soll wissen: Nach dieser Runde Schwarzer Peter, diesem Memory, der nächsten Zeichnung gibt's ein kurzes Duschfest mit anschließender Gute-Nacht-Geschichte.

Auch bei älteren Kindern gilt: Freundlichkeit bringt mehr als der Befehlston.

8. Natürliche Konsequenzen, sinnmachende Strafen

Grenzen setzen heißt auch Verbote aussprechen. Diese werden von Kindern als Einschränkung empfunden und dementsprechend übertreten. Dabei müssen sie lernen, Verantwortung zu übernehmen für die Folgen ihres Tuns.

Unser Ältester faßte (trotz Verbot) mit vier Jahren aus Neugierde in einem unbewachten Augenblick nach der heißen Herdplatte und zog sich eine große Brandblase zu. Das ist eine natürliche Konsequenz.

Erfahrungen solcher Art lassen sich nicht bei allen Einschränkungen machen, sonst müßten Kinder unverantwortlich gequält und ihr Tod in Kauf genommen werden, denken wir z. B. an den Straßenverkehr, an Medikamente, Putzmittel, kochendes Wasser, Zigaretten, Alkohol, Zündhölzer, offene Fenster.

Es gibt aber kindliche Störaktionen im Alltag, bei denen Erwachsene natürliche Konsequenzen herbeiführen können. Unterbricht ein Kind seinen Vater dauernd beim Briefeschreiben oder bei der Gartenarbeit, erlebt es, daß durch die ständigen Querelen soviel Zeit vergeht, daß er nachher nicht mit ihm spielen kann. Zu den natürlichen Konsequenzen gehört auch die Einübung von sozialem Verhalten mit allen Folgen, wenn sich das Kind egozentrisch in Szene setzt. »Wenn du dauernd herumschreist, verstehe ich die anderen nicht mehr. Geh bitte eine Zeitlang in dein Zimmer.« Haben Kinder fremde Objekte beschädigt oder jemandem weh getan, sollen sie sich entschuldigen und, sind sie im Taschengeldalter, den Gegenstand ersetzen.

An solch beliebigen Alltäglichkeiten lernen Kinder von klein auf, Teil einer Gemeinschaft zu sein und sich ohne allzugroßen Druck an Spielregeln des Zusammenlebens zu gewöhnen. Körperstrafen und Liebesentzug dagegen sind pädagogische Entgleisungen.

Haben Kinder bewußt Unrecht begangen, möchten sie es sühnen. Ein Wort, das den meisten Erziehern und Pädagoginnen Gänsehaut verursacht. Trotzdem: Wenn diesem Bedürfnis nie Rechnung getragen wird, entartet auffälliges Verhalten immer mehr. Sogar junge Skins beklagten sich, daß niemand strafend auf ihre Anschläge reagierte, nicht einmal die Bullen!

Eine Gesellschaft, in der die Grenzen zwischen Recht und Unrecht immer fließender werden, verhält sich auch gegenüber Strafen ambivalent, d.h. höchst inkonsequent. Einerseits plädieren wir für eine straflose Pädagogik, auf der anderen Seite rufen viele immer lauter nach Härte und nach Kindergefängnissen.

Strafe galt lange Zeit als Versagen der Erziehenden. Das ist sie aber nur, wenn aus Sadismus oder im Affekt gestraft wird. Schon kleine Kinder sind imstande, die Folgen ihres Tuns zu reflektieren und haben das Verlangen, ein Mißgeschick, aber auch eine boshafte Handlung wiedergutzumachen.

Sich entschuldigen ist nicht demütigend, sondern menschlich.

Der Begriff der Schuld ist aus der Psychologie weitgehend verschwunden. Kinder gelten vielerorts noch immer als unschuldige Geschöpfe. Das ist so falsch, wie kindliche Mörder als kleine Bestien und als Killerkids zu bezeichnen. Jedes Kind trägt – wie alle Menschen – die Veranlagung zum Guten, aber auch einen Hang zum Bösen in sich.

Nicht verantwortlich ist es für die Umgebung, in der es aufwächst und für den Einfluß und die Vorbilder, an denen es lernt, was gut und böse ist. Wenn wir ihm nicht vorleben, daß Schuld und Versöhnung zum Menschsein gehören, daß wir uns gegenseitig entschuldigen, wenn wir, ob absichtlich oder nicht, jemandem weh getan haben, wird es um eine wertvolle Erfahrung gebracht.

9. Nicht das Kind, sondern sein Verhalten loben und tadeln

Kinder richten ihr Selbstwertgefühl danach, wie sie in den Augen der Erziehenden zu sein glauben. Sie spiegeln sich in deren Anerkennung oder Ablehnung. Trotzdem ist es weit verbreitet, das Kind und nicht sein Verhalten zu tadeln.

Wer sagt:
– du warst garstig, frech, einfach empörend,
– du bist das ungezogenste Kind der ganzen Spielgruppe,
– heute warst du aber böse,
– kannst du nicht einmal anständig grüßen wie andere Kinder, verhilft dem Kind zur Überzeugung, es sei böse, schlecht, und trägt dazu bei, sein unangebrachtes Tun zu verstärken. Es identifiziert sich mit seiner, oft einmaligen, Entgleisung.

Schwierige Kids erklären nicht selten, sie hätten so oft gehört, sie seien dumm, diebisch und gewalttätig, daß sie sich zuletzt den Etikettierungen gemäß verhielten.

Anders wirkt es, wenn Erwachsene das Verhalten tadeln:
– Ich bin enttäuscht, wenn du andere plagst.
– Es macht mich traurig, wenn du lügst.
In seiner Würde als Person darf das Kind nicht verletzt werden.

Ebenso soll sich Lob auf das Verhalten beziehen:
– Ich freue mich über diese schöne Zeichnung.
– Wie freundlich, daß du meine Tasche trägst.
Nicht: Du bist aber ein liebes, ein braves Kind.

Kinder müssen unabhängig von ihrem Verhalten und ihren Begabungen die Gewißheit haben, in den Augen der Eltern »lieb«, d. h. liebenswert und akzeptiert zu sein. Das hat nichts mit ihren Taten zu tun, nichts mit ihrem Können, ihrer Intelligenz oder anderen Eigenschaften.

So wie ich bin, lieben mich meine Eltern. Auch wenn ich mich wiederholt daneben benehme.

Schlimm ist gedankenlos Dahingesprochenes in der Art: »Wenn du böse bist, hat dich Mama nicht mehr gern.«

Das Verhalten und nicht die Person zu bewerten, ist schwerer, als es den Anschein hat. Nicht umsonst mangelt es vielen Erwachsenen an Selbstvertrauen. Wer sein Kind immer mit seinem Verhalten gleichsetzt – und das tun viele Erwachsene unüberlegt –, bringt es dazu, sich mit allen negativen Folgen, die ein derartiges Selbstbild begleiten, zu identifizieren.

Menschen, die im Bewußtsein aufwachsen dürfen: meine Eltern und Lehrkräfte stehen durch dick und dünn zu mir, auch wenn mir mal ein Mißgeschick unterläuft oder ich ihre Erwartungen enttäusche, entwickeln ein positives Selbstwertgefühl. Jugendliche, die sich nicht über ihre Leistung definieren müssen, haben es auch in Krisenzeiten weniger nötig, durch Äußerlichkeiten oder Machtdemonstrationen Geltung zu erlangen. Selbstachtung entsteht nur, wenn der Kern unserer Persönlichkeit für jede Bewertung tabu bleibt.

10. Frustrationen ertragen lernen

Enttäuschungen und Mißerfolge sind eine der häufigsten Widerwärtigkeiten unseres Daseins. Sie sind Ursache von Aggressivität, Neid und Zwietracht und ein Hemmschuh in der Entwicklung von Selbstbewußtsein und Autonomie.

Wenn wir aber Kindern alle Steine aus dem Weg räumen, erweisen wir ihnen einen schlechten Dienst. So kann sich keine Frustrationstoleranz bilden. Solche Kinder ertragen nicht die kleinsten Zurückweisungen. Keinen Aufschub. Kein Versagen.

Es gibt Kränkungen, die bis ins Erwachsenenalter nicht überwunden werden. Zu diesen von Eltern manchmal unüberlegt begangenen Zurücksetzungen gehören Geschwisterrivalitäten und als ungerecht empfundene Behandlungen von seiten der Erwachsenen.

Meist sind es Erstgeborene, die sich durch Ankunft eines Geschwisters vom Thron gestoßen und frustriert fühlen. Neid vergiftet ihr Leben. Betonte Zuwendung durch Eltern und Verwandte hilft über die erste Zeit der Eifersucht hinweg.

Alltägliche Frustrationen gehören von klein auf zur Einübung in die Realität. Nicht jeder Wunsch wird sofort, und mancher überhaupt nie erfüllt. Eltern können in kleinen Schritten ihren Kindern Bedürfnisaufschub beibringen. Die Puppe, die im Schaufenster steht, gibt es weder heute noch morgen, sondern erst zum Geburtstag, eine lange Zeitspanne für ein kleines Kind. Dafür zeichnet es seine Wunschpuppe und erhält einen Kalender, auf dem es jeden Abend einen Tag durchstreichen kann. Vermutlich vergißt es die Puppe bald und wünscht sich etwas anderes.

Immer mehr Menschen müssen darauf verzichten, ihren Lebensstandard nach den Werbespots auszurichten. Gezwungenermaßen können sie nicht mithalten. Wer sich als Nobody fühlt – ohne ausgefallene Urlaubsstories, exotische Parties, extravagante Kleider – wird bald einmal mit dem Schicksal hadern und hat es entsprechend schwer, seinem Kind, ohne in Selbstmitleid zu verfallen, Bedürfnisse nicht erfüllen zu können.

Eltern sollen sich aber bewußt sein, daß jede Demütigung Narben in der kindlichen Seele hinterlassen kann. Materielle Versagungen sind nicht die schlimmsten. Schwerer wiegen Zurücksetzungen und Enttäuschungen durch andere Personen. Dabei werden Gefühle verletzt, und damit kann ein kleines Kind nicht selber fertig werden. Die Eltern müssen ihm zeigen, daß sie seinen Schmerz verstehen, sie sollen es trösten und ihm emotionalen Rückhalt geben. Wichtig ist, dem Kind sein Gefühl des Verletztseins nicht auszureden. Es darf sich übergangen, beleidigt, frustriert vorkommen und seine Verzweiflung ausweinen, seinem Zorn Luft machen. Weder die Trauer bagatellisieren noch mit Süßigkeiten trösten. Für das Kind ist das Erlebnis schlimm. Es darf traurig sein.

Besonders Jungen sollen weinen dürfen. Gefühle sind kein Reservat für schwache Frauen. Die Mär vom coolen Jungen gehört in die Mottenkiste. Jungen haben nicht nur Fäuste, sie haben auch ein Herz. Nicht gnadenlose Härte soll ihnen antrainiert werden, sondern Sensibilität. Ein Mann, der auf Frustrationen nicht mit Rache reagiert, ist menschlich, nicht unmännlich. Väter sind in der konstruktiven Verarbeitung von Frust, der in jedem Leben vorkommt, das beste Vorbild für ihre Söhne, sofern sie selber gelernt haben, mit Konflikten umzugehen.

Märchen, die ähnliche Situationen schildern, helfen den Kindern, sich mit dem Zurückgesetzten zu identifizieren. Märchen eignen sich als Lebenshilfe für jedes Alter. Zu Unrecht wurden sie von den 68er-Pädagogen aus dem Kinderzimmer verbannt.

Die Kindertherapeutin Gerlinde Ortner (1994) beschreibt in ihrem Buch »Märchen, die den Kindern helfen« eine von ihr entwickelte therapeutisch-spielerische Art der Identifikation mit Märchenfiguren, die Kindern hilft, Unarten wie Trödeln, Unordentlichkeit und Unfolgsamkeit zu überwinden, und Erfolg verspricht bei Verhaltensstörungen, z. B. bei Bettnässen und Stottern oder bei Integrations-Schwierigkeiten in Kindergarten und Schule.

Als Eltern frustrieren wir mit unüberlegten Äußerungen und Maßnahmen unsere Kinder mehr, als wir ahnen. Das soll folgende Begebenheit illustrieren, die unter dem Stichwort »die Cola von Brindisi« in unsere Familiengeschichte eingegangen ist:

Nach langer Bahnfahrt am frühen Morgen in Brindisi angekommen, begab sich unsere Familie, die beiden Söhne zehn- und achtjährig, in ein Ristorante, um etwas zu trinken. Der Älteste bestellte eine Cola. Sein jüngerer Bruder wollte es ihm gleichtun. Doch der gesundheitsbewußte, übernächtigte Vater verbot es ihm mit der Begründung, Coca-Cola sei kein Morgengetränk. Dafür sei er noch zu klein.

Die ganzen Ferien standen für den Jüngeren unter dem Cola-Frust, und später wurde die »Cola von Brindisi« zum Synonym für Benachteiligung innerhalb unserer Familie. Kürzlich brach dieses Trauma wieder auf, als eine Freundin ihm von einer ähnlichen Frustration aus ihrer Kindheit erzählte. Unser Sohn meinte, er wisse noch heute – rund zwanzig Jahre später – nicht, weshalb sein Vater ihm damals die Cola verboten habe. Dieser gab zu, daß er sich das auch nicht mehr erklären könne, und machte ihm den Vorschlag, anläßlich seines dreißigsten Geburtstags in Brindisi mit ihm eine Cola zu trinken, was der Sohn dankend annahm, aber dazu lachend erklärte: »Das damalige Unrecht ist trotzdem geschehen.«

So ungerecht kann das Leben, können Eltern sein, denen die Tragweite ihrer Worte zu wenig bewußt ist. Der Junge, gewohnt, wie sein älterer Bruder behandelt zu werden, reagierte auf diese für ihn nicht nachvollziehbare Zurücksetzung tief gekränkt. Inzwischen weiß ich, daß fast jede Familie solche Geschichten kennt.

Neid auf Geschwister ist eine der Hauptquellen lebenslänglich empfundener Zurücksetzung. Das kann so weit gehen wie bei jener Frau, die noch im Alter von achtzig Jahren ihrer schönen und begabten jüngeren Schwester einen Apfel neidete, den diese einst als Kind erhalten hatte.

Geschwister sind Mimosen. Sie haben ein überaus sensibles Gerechtigkeitsempfinden, und wir Eltern tun gut daran, unsere Anweisungen nicht allzu rasch und unbedacht zu erteilen, sondern zu versuchen, uns in die Situation der Kinder zu versetzen. Im allgemeinen sind Erstgeborene frustrationsanfälliger als ihre jüngeren Brüder und Schwestern. Aber auch hier: keine Regel ohne Ausnahme.

11. Gefühle sind kein Tummelplatz für Machtkämpfe

In manchen Familien wird viel gesprochen – nur Gefühle sind tabu.

Erwachsene sollen ihre Kinder ermuntern, Gefühle auszudrücken, und selber mit gutem Beispiel vorangehen. Doch weder Dialog noch Emotionen lassen sich erzwingen, schon gar nicht im Familienkreis.

Eltern, die echte Gefühle und Wertvorstellungen offenbaren, auch Trauer, Frust und unangenehme Empfindungen, werden in den Kindern die Bereitschaft wecken, ehrlich und offen zu dem zu stehen, was sie bewegt, ärgert, freut.

Verletzend ist:
– Du gehst mir auf die Nerven.
– Du wirst nie ein ordentliches Geschöpf.
– Wie kann ein Mensch nur so herumlaufen!
– Du wärst alt genug, auch mal das Frühstück zu machen. Wenigstens den Kaffee könntest du aufsetzen.

Anstelle solcher Aussprüche sollen Eltern sagen, was sie genau stört.
– Ich ertrage die laute Musik aus deinem Zimmer nicht.

— Täglich ärgere ich mich über die herumliegenden Schuhe.
— Dir mag die Frisur ja gefallen. Aber ich hab halt einen anderen
  Geschmack. Ich finde dieses Violett schrecklich.
— Heute bin ich mit schlechter Laune aufgestanden. Ich weiß
  nicht weshalb, aber ich ertrage keinen Widerspruch. Mach
  doch bitte den Kaffee.

Auch Kinder und Jugendliche dürfen ihre Eltern kritisieren:
— Ich schäme mich, wenn du in diesem abscheulichen Kleid einen Schulbesuch machst.

Vielleicht schluckt Mutter erst einmal, beguckt sich dann im
Spiegel und muß vielleicht zugeben, daß Sohn oder Tochter so
unrecht nicht haben.
— Ich sehe nicht ein, warum Vater nicht auch einmal das
  Geschirr abräumt und abwäscht. Warum müssen nur wir
  Kinder helfen? Er gehört schließlich auch zur Familie. Und für
  die Tagesschau hat er immer Zeit. Wir haben auch ein ausge-
  fülltes Programm, und Mutter geht schließlich ebenfalls arbeiten.

Versteckt sich der Vater hinter seinem Karrieredruck und seinem Recht auf Erholung, sagt er gar, Mutter müßte nicht unbedingt auswärts arbeiten oder der Haushalt sei schließlich Frau-
ensache und als Kind habe er auch helfen müssen, fruchtet Kritik
wenig. Vielleicht geht er aber auf den Vorwurf ein und erwidert:
»Ich werde versuchen, ein- bis zweimal pro Woche die Arbeit zu
übernehmen. Ich vermerke den Termin in meinem Kalender. Eigentlich habt ihr ja recht, aber ich komme mir dann so unmännlich vor.«

Familien, die lernen, ihre Gefühle offenzulegen, schaffen eine
neue Gesprächskultur, eine Vertrauensbasis.

Oft braucht es eine Anlaufzeit, bis es allen gelingt. Besonders
Väter tun sich nicht immer leicht mit ihrem Gefühlsleben. Sie
lernten ja: Mann hat keine Emotionen. Der Umgang mit Gefühlen kann nicht zwischen Tür und Angel antrainiert werden. Etwas Zeit müssen die Beteiligten schon investieren.

Für Kinder ist es eine neue, befreiende Erfahrung, auf ihre Altvorderen wütend sein zu dürfen, ohne schlechtes Gewissen, einfach nur, weil Vater wieder versprochen hat, die Radtour zu machen, und keine Zeit fand. »Das macht mich traurig und zornig. Bin ich dir nichts mehr wert?«

Alice Miller schreibt: »Menschen, denen es von Anfang an möglich und erlaubt war, auf die ihnen bewußt oder unbewußt zugefügten Schmerzen, Kränkungen und Versagungen adäquat, d.h. mit Zorn zu reagieren, werden diese Fähigkeit der adäquaten Reaktion auch im reifen Alter behalten. Als Erwachsene werden sie es spüren und verbal ausdrücken können, wenn man ihnen weh getan hat. Als Erwachsene werden sie es kaum nötig haben, anderen an die Gurgel zu fahren« (S. 84, 1983).

Auch Lehrkräfte sollen authentisch, d.h. echt sein. Sind sie ärgerlich, müde, gereizt, ist es besser, die Klasse weiß davon. So kann sie sich darauf einstellen. Die meisten Kinder nützen es nicht aus, wenn Lehrerinnen – ausnahmsweise – schlecht gelaunt sind. Im Gegenteil. Besonders ältere Schüler sind gerne einmal in der Rolle der Überlegenen und Beratenden. Als ich einmal vor eine Klasse trat und erklärte, ich sei heute sehr aggressiv und würde beim geringsten Zwischenfall explodieren, meinte ein Junge verständnisvoll: »Heute ist Vollmond. Morgen geht es Ihnen sicher besser.« Ich fühlte mich von den Jungen auch in meinen Schwächen ernstgenommen, und meine Unlust verflog in kurzer Zeit.

Lehrer, die täglich jammern, wie schlimm, verroht und aggressiv heutige Kids seien und wieviel lernfreudiger frühere Schülerinnen waren, brauchen sich dagegen nicht zu wundern, wenn die Klasse sie verspottet und erst recht Radau macht.

Gefühle sind kein Mittel im Machtkampf. Sie dürfen nicht mißbraucht werden, um sich fertigzumachen oder gegeneinander auszuspielen.

Wer den Kropf leert, erleichtert die Seele. Rücksichtnahme und Mitgefühl werden dabei ebenso gefördert. Empathie, sich einfühlen können in andere Menschen, ist keine Schande – im Gegensatz zur vom Zeitgeist propagierten Gnadenlosigkeit. Das wird aber nur möglich, wenn wir unsere eigenen Gefühle wahrnehmen und zu ihnen stehen dürfen.

12. Kein Streit ohne Versöhnung

Das Aussprechen von Gefühlen nützt der seelischen Gesundheit. Dazu gehört auch ein klärender Streit. Entgegen der weitverbreiteten Meinung, Harmonie sei über jede Auseinandersetzung erhaben und mit allen Mitteln anzustreben, ist der Streit oft ein Gewitter, das reinigend die verlogene Harmonietünche wegschwemmt.

Fair streiten hat nichts Entwürdigendes. Statt am Partner herumzunörgeln, die Kinder herabzusetzen, Mief und Verlogenheit zu verbreiten, könnte die Familie eine Institution der Offenheit sein.

Streiten heißt aber nicht, sich gegenseitig unter der Gürtellinie zu beleidigen, sondern – wenn nötig auch lautstark – seine Meinung zu vertreten. Dabei ziehen zarter besaitete Menschen oft den kürzeren oder fühlen sich durch die Direktheit der Vorwürfe verletzt.

Streiten läßt sich genauso trainieren wie Fechten, hat aber bei uns – im Gegensatz zur jüdischen Kultur beispielsweise – keine Tradition und ein negatives Image. Dabei geht es weniger um Schlagfertigkeit, was zwar witzig sein kann, sondern vor allem darum, auch die Argumente der Gegenseite ernst zu nehmen.

Für spontane, zu Ausbrüchen neigende Individuen ist Streit wie eine Erfrischung. Sie sind nachher mit positiver Energie aufgeladen. Andere, wie gesagt, am Boden zerstört und verstimmt. Bei Kindern verhält es sich ähnlich. Es gibt kleine Streithähne, die sich freudig in Wortgefechte stürzen und mit Argumenten überzeugen wollen, andere, die nur Verbalinjurien von sich geben, und die Schüchternen, die verstummen. Sie brauchen besondere Aufmerksamkeit und die Ermunterung, mehr aus sich herauszugehen.

Für Eltern und Lehrpersonen ist es wichtig, um diese Unterschiede zu wissen und Kinder, die gern verbal streiten, nicht einfach abzustellen, wenn sie ihre Positionen mit Gebrüll vertreten. Die Stilleren dürfen dabei nicht überfahren werden. Es ist Aufgabe der Erwachsenen, zu vermitteln, auszugleichen und auf eine abschließende Versöhnung respektive einen Ausgleich zu dringen.

Paare sollen sich vor den Kindern streiten, solange das in einem akzeptierbaren und nicht unwürdigen Rahmen geschieht. Besonders hier ist dringend darauf zu achten, daß Vater und Mutter versöhnlich auseinandergehen. Andernfalls wird Elternstreit von Mädchen und Jungen als Trauma erlebt. Wenn eine Auseinandersetzung zwischen Vater und Mutter hingegen mit einer Versöhnung endet, zeigen sie, daß Streit nicht das Ende, sondern ein neuer Anfang sein kann.

Erleben Kinder nur Beschimpfung und Geschrei, ruft das in ihnen – oft unbegründete – Trennungsphantasien wach. Sie fürchten, die Eltern würden sie verlassen, und reagieren darauf oft mit Verhaltensstörungen, die von der Umgebung vielfach falsch interpretiert werden. Auch der heftigste Streit vor ihren Ohren, so er in Versöhnung ausmündet, schadet Kindern weniger als heimlich schwelende Konflikte, die nie ausgetragen, aber von ihnen sehr wohl wahrgenommen werden.

13. Spannungssituationen entschärfen

Mit Humor geht alles leichter. Es tönt so einfach, doch im entscheidenden Moment ist uns gar nicht humorvoll zumute. Aufsässige Kids, die uns provozieren – eine Art Test der Bezugspersonen –, genießen es einerseits, ihr Gegenüber auf die Palme zu bringen. Andererseits erhoffen sie eine Reaktion, welche die Älteren als der Situation gewachsen und überlegen ausweist.

Schon kleine Kinder erfassen intuitiv die Schwachpunkte der Erwachsenen, noch stärker haken Halbwüchsige dort ein, wo die Fassade zu bröckeln beginnt. Sie fordern uns heraus, zu Strafen im Affekt, zu unerhörten Drohungen, deren wir uns später schämen. Spannungen entladen sich dann durch diktatorische Maßnahmen, die sowohl die Erziehenden als auch die ihnen Anvertrauten frustrieren.

Humor dagegen ist ein sehr wirksames pädagogisches Mittel, das vieles entschärft, wie ich selber verschiedentlich in der Praxis erfuhr.

Jener Lehrer etwa, der mitten im Schuljahr eine schwierige Realklasse übernehmen mußte: Die Youngsters hatten ihre Stühle auf den höchstmöglichen Stand geschraubt und begrüßten den Neuling frech grinsend von ihren erhöhten Sitzen. Der verlangte den Schraubenschlüssel, drehte seinen Sitz ebenfalls hinauf, setzte sich gelassen hin und begann mit der verdutzten Klasse ein Gespräch. Statt sich auf einen Machtkampf, den er gewiß verloren hätte, einzulassen, gewann er die sogenannten Problemkinder durch eine überraschende Reaktion. Statt von den Jugendlichen die Herstellung des Normalzustands zu fordern, antwortete er auf ihre Herausforderung spielerisch und humorvoll. Ein Anfang, der total hätte mißlingen können, wurde so zum Beginn einer fruchtbaren Zusammenarbeit mit einer Klasse, die als renitent und gewalttätig galt. Dieser Pädagoge holte die Klasse dort ab, wo sie sich befand.

Hätte er den Raum verlassen mit der Bemerkung: »Ich

komme wieder, wenn ihr normal an euren Plätzen sitzt«, wäre
die Opposition der Klasse verstärkt worden. Er hätte das Verhalten auch ignorieren, mit dem Unterricht beginnen können
und damit den Kids das Gefühl vermittelt, er habe ihre auffäl-
lige Sitzweise gar nicht wahrgenommen. Beides hätte das Verhältnis Lehrer/Klasse belastet. Seine nonverbale Antwort hieß:
Ich nehme euch ernst, ich habe ebenfalls Sinn für Außerge-
wöhnliches, ich bin nicht stur, aber ich verleugne meine Alphaposition deswegen nicht. Ich habe Verständnis und gehe auf
euch ein, aber ich erwarte, daß ihr mit mir kooperiert. Schon
nach einer Woche war die »schlimme« Klasse kaum wiederzu-
erkennen.

14. Fünfmal tief durchatmen

Nicht erst die 759ste, schon die vierte Drohung wird nicht mehr
ernstgenommen.

Im Grunde genommen ist es Erwachsenen bewußt, daß Drohungen nichts nützen. Wie Hintergrundgeräusche laufen sie an den
abgestumpften Kids ab, machen weder Eindruck, noch zeitigen
sie eine Wirkung, außer daß sich Eltern grün und blau ärgern,
ihre Lautstärke steigern, bis die Stimme sich kreischend über-
schlägt und als einzige Reaktion Gleichgültigkeit oder wüste Beschimpfung auslöst.

Wegen leerem Drohen schleifen sich viele Unarten und
schlechte Gewohnheiten im zarten Kindesalter ein. Beispiele finden sich in den Anfangskapiteln.

Ein Dreijähriger, der wiederholt mit den Schuhen nach seiner
Mutter kickt, sie anspuckt oder mit der Faust schlägt, ahnt, daß
er das nicht tun soll. Hier hilft weder Bitten noch Drohen. Erklärungen fallen ins Leere. Nur Handeln verleiht dem Kleinen die
Gewißheit, daß er eine Grenze überschritten hat. Ob absichtlich
oder mehr aus Neugier, spielt keine Rolle. Mit einem klaren

»Halt, hör auf. Du tust mir weh. Mach das nicht wieder«, soll er am Arm gepackt und in Augenkontakt zu seinem Gegenüber gehalten werden. Leichtes (!) Schütteln ist im Wiederholungsfall hilfreich.

Je früher Kindern derartige »Bosheiten«, die sehr rasch in Machtkämpfe ausarten, abtrainiert werden, um so weniger müssen die Kleinen in ihrem Verhalten eskalieren. Sie stoßen weder auf Willkür, Härte und Lieblosigkeit, noch auf Duldung und abgegriffene Drohungen, wenn sie ausprobieren, wie weit sie gehen können, bis sie eine klare Reaktion bei ihrem »Testobjekt« auslösen. Gewöhnt, daß ihre Eltern meinen, was sie sagen, brauchen diese Kinder später nicht 10- bis 100mal erfolglos ermahnt zu werden. Erwachsene, die mit leerem Drohen Gehorsam erzwingen wollen, sitzen immer am kürzeren Hebel.

Dennoch können die sogenannten *Unheilsdrohungen,* unüberlegt ausgestoßen und gewiß nicht so gemeint, Kinder in arge seelische Bedrängnis bringen.

— Wenn ihr jetzt nicht sofort aufhört, kommt ihr in ein Kinderheim.
Noch bedenklicher sind Sätze wie:
— Womit habe ich ein solches Kind verdient. Wenn Mutter krank wird, bist du schuld.
— Wenn ich einmal tot bin, wirst du bereuen, daß du so böse warst.
— Wenn du jetzt nicht artig bist, verlasse ich dich und geh zu Tante Luise.

Diese Form von Drohen sollte unter allen Umständen tabu sein, denn sie verunsichert jedes Kind. Nicht von ungefähr erpressen inzestuöse Väter ihre mißbrauchten Kinder mit Katastrophenandrohungen zum Schweigen.

Entnervten Eltern entführt nicht selten aus Verzweiflung Unverzeihliches. Leichthin ausgesprochen, von den Kleinen aber als mögliche Strafe ihres Tuns ernstgenommen. Nicht nur kleine Buben und Mädchen, dem magischen Alter noch nicht entwachsen, geraten durch solche Äußerungen in Panik. Auch Schulkinder können sich lebhaft solche Folgen ihres »Böseseins« ausmalen. Bei der nächsten mütterlichen Unpäßlichkeit steht ein solcherart bedrohtes Kind Qualen aus und befürchtet, Mutter sterbe an den Folgen seines Ungehorsams. Katastrophendrohungen gehören in die Kategorie von Erpressungen der schlimmsten Art.

Tief ein- und ausatmen bringt mehr als drohen.

15. Austricksen ist erlaubt

Intelligente Kinder beginnen schon mit drei Jahren, die Eltern beim Wort zu nehmen. Wortwörtlich und in einer Art, die bei Müttern und Vätern spontan Widerspruch auslöst.

Ein dreijähriges Mädchen durfte mit der Spielgruppe in den Wald. Ihre Mutter bemerkte an den verschmutzten Schuhen, daß die Kinder im Freien gewesen waren. Auf dem Heimweg fragte sie Alexandra, wo sie den Nachmittag verbracht hätte. Später berichtete die Mutter einer Bekannten am Telefon, ihr Töchterchen habe erzählt, es habe mit seinen Freunden im Wald gespielt.

Darauf Alexandra: Ich hab dir das nie erzählt.

Mutter: Aber soeben hast du doch gesagt, ...

Alexandra: Nein, das ist nicht wahr. Du hast mich gefragt, wo ich gewesen sei.

Mutter: Das kommt doch aufs selbe heraus. Du weißt genau, was ich meine.

Die Kleine: Nein, ich hab dir nichts erzählt.

Dieses Streitgespräch ließe sich dramatisch steigern. Bis zu Unbeherrschtheiten der Mutter, Wutanfall und Tränen des Kindes. Die Mutter – nachdem sie sich über die Wortklauberei der Tochter genervt hatte – begriff, daß ihr Kind weder vorlaut noch frech, sondern höchstens gescheit war. Es hatte entdeckt, wie man die Erwachsenen austricksen konnte, und war überdies im Recht.

Kinder, die derart auf ihre Überlegenheit aufmerksam machen, dürfen ruhig für ihre Worttreue gelobt werden. Lachend sollten wir ihnen aber erklären, daß nicht alles buchstäblich so gemeint ist. Diese Art von Wörtlichnehmen sei im Alltag etwas schwierig. Eine Erklärung, die behutsam zu erfolgen hat. Wir geraten unversehens ins Gebiet der Notlügen.

Vom gleichen Kind stammt auch folgende Episode:

Die Mutter legt Alexandra eine Serviette hin, damit sie beim Essen den neuen Pullover nicht verkleckert.

Mutter: Zum Glück hast du die Serviette, so machst du keine Flecken.

Alexandra: Aber dafür habe ich sie doch. Damit ich Flecken auf sie mache. Nicht auf den Pulli.

Für solchen Scharfsinn darf ein Kind gelobt werden.

Andererseits ist abzuwägen, wieweit die Spitzfindigkeiten sich entfalten sollen. In Form eines Spiels ist dieser Art von Kommunikation am besten beizukommen. Das Kind kann seine Intelligenz und seine Witzigkeit einbringen, die Eltern honorieren sein Verhalten, verhindern durch den Spielcharakter aber, daß das ganze in altkluge Besserwisserei umschlägt.

Erst wenn ältere Kinder Erwachsene mit dieser Art von Rechthaberei die Wände hochjagen wollen, kann Frechheit dahinterstecken.

16. Verhaltensvertrag fördert Selbstvertrauen und Selbstdisziplin

Viele unnötige Diskussionen lassen sich vermeiden, wenn die eigenen Erwartungen klargemacht werden. Besonders intelligente und früh zu Autonomie neigende Kinder gelangen durch einen sogenannten *Verhaltensvertrag* zu Selbstverantwortung und persönlichen Entscheidungen und lernen dabei, *vereinbarte Regeln* ohne Zwang einzuhalten.

Der Vertrag wird mit dem Kind zusammen erstellt, enthält schriftlich vereinbarte Verhaltensweisen und wird von ihm und von einem Elternteil unterschrieben. Er kann enthalten, was z.B. den Erwachsenen an schlechten Gewohnheiten auffällt, ihre Forderungen ans Kind, aber ebenso, was dieses sich an Freiheiten wünscht. Da das Kind am Vertrag mitwirkt, werden solche gegenseitigen Erwartungen weniger enttäuscht als diktatorische Vorschriften von Vater oder Mutter.

Sei spätestens um Mitternacht zu Hause ist ein Befehl, den der Zwölfjährige ohne Skrupel übertritt und sich anderntags erst noch über den »Zoff«, den die Eltern machen, ausläßt. Die Ausarbeitung eines Vertrags gibt ihm hingegen das Gefühl, seine Ansichten und Bedürfnisse würden ernstgenommen, die Erwachsenen schenkten ihm Vertrauen. Gleichzeitig können auch Bedenken oder Grenzen aus ihrer Perspektive einsichtig gemacht werden.

Mögliche Erwartungen der Eltern an einen Elfjährigen:
- Aufgaben vor dem Nachtessen machen/Zeit selber einteilen. Schuhe binden für die Schule, auch wenn Schnürsenkel out sind.
- Eltern sind keine »Schlampen«, »Huren«, »Wichser«, »Arschlöcher«.
- Nach dem Fußballtraining pünktlich nach Hause kommen.
- Fahrradhelm immer aufsetzen.

- Schmutzige Wäsche gehört in den Wäschekorb.
- Einmal in der Woche Zimmer aufräumen.
- Taschengeld sparen und neues T-Shirt selber kaufen.

Mögliche Erwartungen einer Elfjährigen:
- Zweimal pro Woche bis 21.30 TV schauen.
- Lieber Brot holen als Tischdecken.
- Alle 14 Tage Freundin bei mir/ich bei ihr übernachten.
- Bei schönem Wetter baden gehen, Aufgaben nachher machen.
- Keine elterlichen Küsse und Kosenamen vor fremden Leuten.
- Keine Ermahnungen über Kleider vor anderen.
- Anziehen, was mir gefällt.
- Einmal pro Woche in den Schwimmklub, statt ins Ballett.
- Weniger häufig die kleine Schwester babysitten.
- Den kleinen Hund von einer Freundin übernehmen. Ihn allein ausführen und pflegen.
- Den Sonntag nicht immer mit der Familie verbringen. Selber entscheiden, was ich tun will.

Dem Vertrag haftet etwas Witziges, aber auch Exklusives an. Er muß natürlich von Zeit zu Zeit erneuert werden. Sich daran halten ist Ehrensache, darüber gibt es keine Diskussionen.

Ein Verhaltensvertrag setzt eine bestimmte Reife und Selbstverantwortlichkeit voraus und hängt vom Entwicklungsstand des Kindes ab.

Mit Kleinkindern läßt sich kein solcher Vertrag abschließen. Wenn wir unsere Erwartungen an sie herantragen, können wir durch Körperkontakt ihre Aufmerksamkeit auf uns lenken (fokussieren). Berühren wir sie an Schulter oder Hand, konzentrieren sie sich eher auf das Gesagte, und es fällt ihnen leichter, Grenzen und Regeln einzuhalten. Oft »vergessen« Kinder im Eifer des Spiels im Vorbeigehen Aufgenommenes: »Die Straße ist gefährlich. Spiel nur auf dem Platz.« »Nimm nicht immer Karls Fahrrad.« Die Bedeutung des Gesprochenen wird vom kleinen Kind zu wenig wahrgenommen, seine Gedanken sind vielleicht ganz woanders.

Hält die Bezugsperson dagegen seine Schulter, schaut ihm in die Augen und läßt es das Gesagte nachsprechen, verinnerlicht das Kind mit der Zeit gewisse Erwartungen.

Vorschußlorbeeren, Verhaltensvertrag und Fokussieren schlagen Webb u. a. im Umgang mit Hochbegabten vor (1982). Dies gilt aber nicht nur für Kinder, die sich später als hochbegabt entpuppen, sondern für alle.

17. Medien- und Spielpädagogik gehören zur Erziehung

Schon im Kapitel über TV und Computergames wurde auf die Faszination der Medien und der elektronischen Spiele für Menschen aller Altersstufen hingewiesen. Immer mehr Forschungsergebnisse über ihre Wirksamkeit belegen den verheerenden Einfluß dieser Spielgattung auf kleine Kinder, doch noch immer nehmen Eltern und Lehrpersonen hin, daß ein Großteil der Jungen (sie machen 70–80% der Spielenden aus) ihre Freizeit mit der Maus in der Hand verbringen und scharenweise Soldaten und Monster killen. Immer mehr Vorschulpflichtige sind versessen auf Actionspiele, und Schüler mit eigenem Fernseher und Computer sind keine Seltenheit. Unbeaufsichtigt spielen sie auch nachts.

Noch immer hoffen viele Erziehungsverantwortliche, Kinder könnten aufgestaute Aggressionen auf diese harmlose Weise abreagieren. Damit entschuldigen sie ihre eigene Trägheit und müssen sich nicht eingestehen:

a) das eigene Suchtverhalten auf diesem Sektor,
b) daß es bequem ist, die Kids so gut versorgt vor ihren Geräten zu wissen, und
c) daß sie die Energie kaum aufbringen, sich selbst ein differenziertes Bild zu machen über das, was die Seh- und Spielsüchtigen konsumieren.

Immer wieder erstaunt mich die Ahnungslosigkeit vieler Eltern und Lehrkräfte in bezug auf die Inhalte des auf dem Computergame- und Videomarkt Angepriesenen.

Medienpädagogik kann nicht von den Eltern und der Schule allein geleistet werden. Es ist Sache der sozialpädagogischen Jugendarbeit und der Erwachsenenbildung, auf sexistische Anmache und Gewalt im Geschlechterverhalten hinzuweisen und die Zuschauenden zu sensibilisieren.

Nach einer Untersuchung von Renate Luca (1993) identifizieren sich Mädchen zwar mit den Opferrollen der gezeigten Filme (Das Grauen kommt um zehn/Das Camp des Grauens), aber ohne Ärger und Wut über die dargestellten sexistischen Verhaltensweisen.

Auch Jungen erschrecken beim Ansehen solcher Streifen, doch sie zeigen keine Angst. Bei ihnen überwiegt Angstlust, d. h. die Gewißheit, daß es gut ausgeht. Sie identifizieren sich auch eher mit dem unerschrockenen Helden, dem gerechten Kämpfer. Fazit: den Mädchen fehlt die Distanz, den Jungen die Empathie. Interessant ist aber Lucas Feststellung, die Kinder würden Kontakte, Gespräche, Spiel vorziehen, wenn sie Möglichkeiten der Wahl hätten.

Hier setzt die Aufgabe der Eltern ein: den Kindern von klein an häppchenweise TV und im Schulalter Computergames anbieten, daneben für ausreichende Eigenkreativität und soziale Kontakte mit Gleichaltrigen sorgen, was begreiflicherweise die Erwachsenen ziemlich (heraus)fordert.

Computergames werden immer raffinierter und daher nicht weniger faszinierend. Sie führen jedoch bei einer großen Zahl von Kindern in kurzer Zeit zu einer Abhängigkeit, von der sie sich kaum mehr aus eigener Kraft befreien können.

Dem müssen Mütter und Väter entgegensteuern. Nicht, indem sie diese Spiele verbieten, obschon ein Verbot in gewissen Fällen gerechtfertigt ist. Sie müssen die Spiele vor dem Kauf begutachten und genau kennen. Immer wieder mitspielen und über die Inhalte reden. Es gibt durchaus weniger aggressive Spiele.

Leider üben sie besonders auf kleine Jungen wenig Attraktivität aus.

Die Gameboy-Generation ist gewohnt, alles zu erhalten, was sie möchte. Etwaige Schäden werden sich erst später zeigen, doch stellen Lehrerinnen bereits eine Verflachung der Sprache und der Phantasie fest, und die Tricks aus den Spielen werden live an anderen ausprobiert. Kampf- und Prügelspiele sind bei Jungen besonders beliebt.

»Wenn ich damals als achtjähriger Junge ein Gerät oder ein Videospiel nicht kriegte, habe ich so lange geschrien, bis ich's hatte,« sagt Christian, ein süchtiger Vidiot von 19, Abiturient und geil auf brutalste Metzeleien. Auch er würde keinem unter 15 so was wie das Videospiel »Doom II« (Jüngstes Gericht II) geben, das es in Deutschland offiziell noch gar nicht zu kaufen gibt, das aber schon als Raubkopie in Schülerhänden ist. »Doom II … das ist reiner Horror, eine Art Computerhölle. Das perfide daran: Es ist die bislang perfekteste Simulation von Wirklichkeit für PCs und zugleich auch die brutalste. Dieses Spiel macht manche Männer so süchtig, daß US-Firmen wie der Computerhersteller Dell sich gezwungen sahen, jedem Mitarbeiter mit fristloser Kündigung zu drohen, der während der Arbeitszeit beim Doom-Spielen erwischt wurde« (Brigitte 1/95).

Wie der Computerspiel-Sucht zu begegnen ist und wie die Gewaltgeilheit aus dem Kinderzimmer verbannt werden kann, dafür gibt es kein Patentrezept.

Sicher ist nur, daß Erwachsene, die sich mit ihren Kindern abgeben, ihnen Alternativen anbieten, sich um ihre Gefühle und Bedürfnisse kümmern, ihnen Eigenverantwortung zutrauen, ein Gegengewicht schaffen zu allen Formen von Abhängigkeit.

Statt den Kindern sofortige Bedürfnisbefriedigung zu gewähren, um sie beispielsweise ruhigzustellen, sie abzulenken, sollen sie Grenzen erfahren und daß es noch etwas anderes gibt als die Erfüllung materieller Wünsche. Zeigen wir den Kindern, daß die wirklich wichtigen Dinge im Leben aus menschlichen Beziehungen und selbstbestimmten Aktivitäten bestehen, wird der Nachwuchs weniger auf Dinge abfahren, die käuflich sind.

Um den verunsichernden und faszinierenden Technologien, die uns immer grausamere und ausgeflippptere Gegenwelten anbieten, nicht zu verfallen, könnten wir Erwachsenen gemeinsam mit unserem Nachwuchs lernen, uns mit neuen Strategien dem verführerischen Sog von Action und Töten zu entziehen.

Neonazis in Deutschland haben eine neue Zielgruppe entdeckt. Sie verteilen gratis Nazipropaganda an Schulkinder: Videospiele, die aufklärerische Titel tragen. »Achtung Nazi« zum Beispiel simuliert eine Vergasung im Konzentrationslager von Auschwitz (Focus 4/95).

»Zwischen Ohnmacht und Allmacht« heißt das empfehlenswerte Buch der Medienforscherin Luca. Auch Erziehende bewegen sich zwischen diesen beiden Polen. Doch wir sind niemals so allmächtig, wie wir manchmal gerne wären, aber auch nicht zur Ohnmacht verdammt, wie wir im Zusammenhang mit Medieneinflüssen und den neuesten Umtrieben der braunen Rattenfänger eigentlich befürchten müßten.

18. Gegen den Strom schwimmen kann lustvoll sein

> Menschen mit leeren Bäuchen verzweifeln nicht am Universum.
>
> (George Orwell)

> Diese Stadt gibt dir alles, was du zum Leben nicht brauchst.
>
> (Mauerspruch in Zürich)

Daß in den Wohlstandsnationen die Selbstmordraten höher sind als in der Dritten Welt, liegt vielleicht auch daran, daß die Wohlstandsgesellschaft nicht nur überflüssige Artikel, sondern auch Probleme produziert, die Luxus sind.

Und wenn zutrifft, was Oscar Wilde eine seiner Personen sagen läßt: »Es gibt im Leben zwei Tragödien. Die eine ist die Nichterfüllung eines Herzenswunsches. Die andere ist seine Erfüllung. Von beiden ist die zweite bei weitem die tragischere« (Lady Windermeres Fächer), dann sind wir Wohlstandsgeschöpfe zu immerwährender Tragik verurteilt.

Die Fähigkeit zur Freude erlischt bei vielen schon in der Kindheit. Im Gegensatz zu den Kindern vieler Naturvölker, die, wie die Eipo-Kinder in West-Neuguinea, Kälte und Hunger ertragen lernen, trauen wir in unseren Breitengraden den Hätschelkindern weder Entbehrungen noch Verzicht zu. Die Folge ist die Einebnung der Gefühle, eine emotionale Übelkeit durch die Dauerzufuhr von Konsumprodukten aller Art, die nicht verdaut werden.

Kluge Eltern wirken dieser Übersättigung entgegen, indem sie von Zeit zu Zeit das einlegen, was *lustvoller Verzicht* oder *Schwimmen gegen den Strom* genannt werden könnte.

Eine Familie beschließt zum Beispiel in der Fastenzeit – es eignet sich natürlich jeder Zeitpunkt –, auf Fleisch oder Süßigkeiten zu verzichten und mit dem gesparten Geld eine Patenschaft für ein Drittweltkind zu übernehmen. Wichtig ist, daß die Eltern sich genauso an den freiwilligen Verzicht halten und daß alle damit einverstanden sind. Das Ersparte kann auch für ein familiäres Projekt verwendet werden – quasi als Anreiz.

Unterstützend kann den Kindern von den Strapazen der Initiationsriten ferner Völker erzählt werden. Abenteuerliches mischt sich dann mit dem einfachen Lebensstil, der plötzlich nicht mehr so abwegig erscheint. Eine Begleiterscheinung dieser Wochen kann sein zu lernen, wie gut sich ohne Süßes und Fleisch leben läßt. Nach vier Wochen Entsagung ist die Vorfreude groß, und das erste Stück Kuchen wird genossen wie nie zuvor.

Den Kindern muß die Sache so nahegebracht werden, daß das Attraktive vorherrscht. Eine Woche TV- und Computergame-Abstinenz, dafür Spielabende am Familientisch, oder die Familienangehörigen lesen sich gegenseitig ein Lieblingsbuch vor. Durch diesen Rückfall in frühere Zeiten erlebt die junge Generation anschaulich, daß Lebensqualität nicht vom Materiellen abhängt.

Zusammen mit den Eltern erfahren sie, daß Bedürfnisaufschub gar nicht so schwer ist, daß gegen den Strom schwimmen positive Gefühle auslösen kann und stolz macht.

Weitere Vorschläge:

— Eine Woche kein Auto benutzen.
— Ferien auf einer Berghütte ohne fließendes Wasser und elektrisches Licht.
— Zwei Wochen kein Taschengeld ausgeben.
— Eine Zeitlang nur Obst und Gemüse essen, das der Jahreszeit entspricht.
— Einige Tage auf warmes Wasser verzichten.
— Kinder dazu ermuntern, sich aktiv für bedrohte Tierarten einzusetzen.
— Mit Kindern zusammen an einer Demo gegen Rassismus und Faschismus teilnehmen.

Gegen den Strom schwimmen ist ein Muß, wenn es um die Unterdrückung der Menschenrechte geht. Dem freiwilligen Verzicht auf gewisse Bequemlichkeiten darf ruhig etwas Spielerisches anhaften. Hauptsache, die Kids spüren, daß die Dinge nicht über uns, sondern daß wir über sie verfügen.

Gegen den Strom schwimmen heißt aber auch, den Kindern und Jugendlichen zu vertrauen und ihnen einige Jahre früher die Mitbestimmung an der Gestaltung unserer Welt zu ermöglichen. Die frühreife Jugend von heute, die einerseits verzogen und andererseits um ihre Kindheit gebracht wird, benötigt zu ihrer Selbstverwirklichung nichts so dringend wie sinnvolle Aufgaben. Nicht »alle Macht den Kindern«, wie ein Mauerspruch fordert, aber Ernstnehmen der jungen Generation und ihrer Ideen. Könnten sie aktiver mitgestalten, ihre Spielplätze, Schulräume, Jugendhäuser, Gärten, Freizeitanlagen mitplanen und einrichten, würden Gewalt und Sachbeschädigungen abnehmen. Was Kinder und Jugendliche selber erschaffen, zerstören sie kaum.

Verantwortung stärkt die Bedeutung eines Menschen und fördert seine Kompetenz. Wer eigene Ziele verfolgen kann, wird lebensfroher, initiativer und ist weniger suchtgefährdet.

Statt vom Alltag losgelöste Konflikttrainingsprogramme in Turnhallen durchzuführen, könnten Schulklassen gemeinsam kochen, essen, Zeitungen machen, ein Forschungsprogramm entwerfen, sich für Aktionen engagieren, ein Fest planen und mitgestalten, unter der Aufsicht von Erwachsenen, die sich nur dann einbringen, wenn es absolut notwendig ist.

Die Schule der Zukunft wird Arbeitsblättern, Overheadprojektoren und Videokassetten weniger Bedeutung beimessen. Die Kids werden heute von morgens bis abends mit Secondhand-Realität überschwemmt. Was sie brauchen, sind echte Erlebnisse, Menschen aus Fleisch und Blut, mit denen sie sich ohne Rambomanier auseinandersetzen müssen. In den Schulgarten statt vor den Computer. Eine Nachtwanderung als Mittel gegen Gameboysucht. Die Kinder lernen nachher in der halben Zeit mehr, denn sie werden echt motiviert sein. Kritisches Filmeanschauen schließt gemeinsame Lesenachmittage nicht aus. Neben Wettspielen solche ohne Gewinner und Verliererinnen. Es wurde festgestellt, daß mehr Musikunterricht die soziale Kompetenz und allgemein die Leistungen der Buben und Mädchen hebt. Malen, Theaterspielen, sich freiwillig mit einem Thema intensiv beschäftigen fördert die Freude an der Schule und stärkt das Selbstvertrauen.

Die Eltern wollen nicht, heißt ein Einwand gegen den Erlebnisunterricht. Lehrkräfte können durch Aufklärung viele Bedenken zerstreuen. Die seelische Gesundheit der Kinder sollte Müttern und Vätern mehr bedeuten als Aufgaben, Nachhilfestunden, Prüfungen und Tenniskurs. Abgesehen davon könnten auch sie sich an solchen Aktionen beteiligen. Das würde der Zusammenarbeit zwischen Schule und Elternhaus einen Realitätsbezug verleihen und die Schulbehörden von der Notwendigkeit einer freieren Unterrichtsgestaltung überzeugen.

Ich behaupte, nichts ist so kreativitätstötend wie die Flut der

Arbeitsblätter. Durch das Ankreuzen *einer möglichen* richtigen Antwort, das Hinkritzeln einiger Zahlen und Zeichnungen im vorgegebenen kleinen Quadrat wird weder kindliche Eigenständigkeit gefördert noch Lernlust geweckt. Das Vervollständigen angefangener Sätze mit einer richtigen Lösung ist ebenfalls kein kreativer Akt. Solche Aufgaben blockieren selbständiges Denken, übersehen den Einfallsreichtum und die überraschenden Gedankengänge vieler Kinder und fördern das schematische Denken in den Kategorien »richtig–falsch«.

Die dicken Ordner, welche die Ärmsten am Ende der Schuljahre nach Hause tragen, werden kaum mehr angeguckt und irgendwann einmal weggeworfen. Jedes nicht bearbeitete Blatt ist ein Segen.

Wenn man sieht, wie kleine Kinder, die lernfreudig und neugierig der Schule entgegenfieberten, spätestens nach ein paar Jahren gelangweilt und frustriert ihre Stunden absitzen, fragt man sich, wo die Stärke dieser Art Unterricht liegen soll. Statt daß jedes Kind optimal gefördert wird, versagen die Hochbegabten aus Unter- und die weniger Begabten aus Überforderung. Sie können das, was sie vermöchten, nicht leisten, da die Grundschulen auf das Mittelmaß ausgerichtet sind. Viele Probleme, auch in der Schule, lassen sich auf verschiedene Weise lösen, und oft gibt es verschiedene richtige Resultate.

Längst ist erwiesen, daß es mehrere Arten von Intelligenz gibt. Musische Begabungen, Kreativität, das unkonventionelle Angehen von Problemen und vernetztes Denken, soziale Intelligenz, Teamwork und Toleranz, selbständiges Arbeiten und Freude an Verantwortung, das sind die Fähigkeiten, welche die Schule zu fördern hätte. Dann würde statt Frust endlich Lust den schulischen Alltag und damit das Leben von unzähligen Kindern und Lehrkräften bereichern. Im Unterricht wider den Strom zu schwimmen wirkt sich besonders wohltuend aus.

19. Hilfe suchen ist keine Schande

Wer am Verhalten seines Kindes verzweifelt, sei es als Mutter, als Vater, Lehrerin oder Lehrer, der zögere nicht, bei Fachleuten Rat zu holen. Adressen vermitteln Elternberatungsstellen, Schulpsychologen, Elternnotruf, Drogenberatungsstellen, Selbsthilfegruppen und weitere Einrichtungen. Lehrkräfte können sich an Kollegen, Berater, Vertreter der Schulbehörde oder Kriseninterventionsteams wenden. Niemand braucht sich zu schämen, bei Schwierigkeiten Hilfe zu suchen.

Je früher, desto rascher und erfolgreicher können verfahrene Situationen entschärft werden. Oft genügen einige Tips für Eltern, die wohlmeinend ihre Kinder vielleicht zu sehr verwöhnen. Ein verzogenes Früchtchen erwartet alles von außen, von den anderen, von der Umwelt. Seinen eigenen Kräften und Fähigkeiten traut es wenig zu. Erst wenn wir uns hinterfragen und unseren Erziehungsstil ändern oder als Lehrkraft neu auf das Kind eingehen, bieten wir ihm die Möglichkeit, sich anders zu verhalten. Unter fachkundiger Anleitung können alle Beteiligten lernen, unterlassene Reifungsschritte nachzuholen und neue Erfolgserlebnisse zu haben.

In schwereren Fällen kann eine Familientherapie Hilfe bringen. Eltern, die auf Zusammenhänge zwischen den Schwierigkeiten und ihrer Inkonsequenz aufmerksam gemacht werden, die gesprächsbereit und offen sind und sich nicht für unfehlbar halten, können schon von einigen Beratungsstunden viel profitieren, ihre Zufallspädagogik ändern und auf einer stabilen Grundlage mit ihrem Kind neue Verhaltensweisen einüben.

Erwachsen die Probleme aus Störungen in der Partnerschaft oder persönlichen Schwierigkeiten der Eltern, gibt es ebenfalls Möglichkeiten zu einer Verbesserung oder Klärung der Situation. Scham, sich einzugestehen, daß uns die familiäre Situation überfordert, ist fehl am Platz. Für alles suchen wir Experten auf, jedes körperliche Leiden wird einem Spezialisten unterbreitet.

Wieviel mehr sollten wir Hilfe beanspruchen, wenn unsere Seele aus dem Gleichgewicht geraten ist. Dadurch werden auch unsere Kinder in ihrer Entfaltung beeinträchtigt, und das möchten doch alle Eltern verhindern.

20. Und bei allem den Humor nicht verlieren

Humor schafft Distanzgefühl
(Bert Brecht)

Schon in Kapitel 13 habe ich darauf hingewiesen, wie entspannend und für alle Beteiligten wohltuend ein humorvolles Angehen provokativer Situationen sein kann. Humor ist eine Strategie, die oft mit wenig Aufwand viel erreicht. Darum kann ich dieses einfache Erziehungsmittel nicht genug empfehlen.

Oft verhärten sich die Positionen nur, weil wir Älteren nicht mit einer humorvollen Antwort oder Handlung auf kindliche Herausforderungen reagieren. Wenn Buben und Mädchen schmunzeln oder lachen, erleben sie ein Gefühl der Befreiung.

Humor macht einen öden Wochenbeginn farbiger, eine unangenehme Arbeit leichter und ist das beste Mittel gegen Sturheit. Er kommt locker daher und geht nie auf Kosten anderer. Wer lacht, wendet nicht Gewalt an, ist kompromißbereit und versöhnlich gestimmt.

Fehlen von Humor ist ein Merkmal von Radikalismus jeder Art.

Humor heißt nicht kindisches Herumalbern. Er verträgt sich sehr wohl mit Konsequenz, aber nicht mit dem todernsten Pädagogenton, der so gern aus den Kindern herauslocken möchte, was gar nicht in ihnen steckt. Heitere Gelassenheit wirkt weder langweilig noch unbeteiligt, höchstens überlegen. Und das ist eine Eigenschaft, die bei Kids gut ankommt.

Durch eine unaufdringliche humorvolle Handlung oder eine Bemerkung entsteht die oft bitter notwendige befreiende Distanz, die erst eine Entflechtung der Beteiligten, eine konstruktive Auseinandersetzung mit dem Problem oder ein ruhiges Gespräch ermöglicht.

Mit Humor erleichtern wir den zwischenmenschlichen Umgang, fördern Lebensfreude und Achtung voreinander. Humorvolle Menschen schaffen ein entspanntes Klima in Familien und Schulen, und das Schönste: Humor ist jederzeit verfügbar, sofern wir ihn zulassen.

Mut zur Erziehung

Erziehen ist eine dauernde Herausforderung, aber auch eine der schönsten und wichtigsten Aufgaben. Geht es doch darum, junge Menschen auf dem Weg ins Leben zu begleiten und sie für die Zukunft auszurüsten.

Kinder jeder Altersstufe können ihre Kräfte nur erproben, wenn sie auf Widerstand stoßen. Es erfordert im Moment oft Anstrengung, ihnen zu widerstehen, mehr als Nachgeben und Bagatellisieren. Das Sprichwort: »Ein Nein zur rechten Zeit erspart viel Widerwärtigkeit« enthält eine Erfahrung, die sich auch im Zusammensein mit Jungen und Mädchen bewahrheitet. Eine große Zahl Jugendlicher blickt auf verschlissene Eltern und Lehrkräfte zurück, die glaubten, mit Anbiederung und Scheintoleranz die Gunst der Jugend gewinnen zu können.

Eine klare Haltung hingegen vermittelt Sicherheit, gibt Halt und Selbstvertrauen.

Eindruck macht den Kids, wer sich mit ihnen echt einläßt, sich engagiert, auch wenn in harten Auseinandersetzungen Meinung auf Meinung prallt. Liebe heißt nicht, nachzugeben aus Angst und Bequemlichkeit. Das ist Feigheit. Liebe heißt nicht fliehen, sondern standhalten. Wir müssen als Initiationspartner und -partnerin zur Verfügung stehen, denn die Reifungsschritte der Jugendlichen sind mit unserer eigenen Entwicklung verbunden. Wer Hilfestellung anbietet, sollte selbst für neue Ideen und Anregungen bereit sein und die eigenen Werte von den Jungen kritisch hinterfragen lassen.

Solange aber ein wesentlicher Teil der Erwachsenengeneration ihren Kindern nicht als reife Persönlichkeit, sondern als infantiles Kinder-Du entgegentritt, fehlt den Jugendlichen individuell und als Gruppe die Möglichkeit, sich sowohl von der Kindheit wie von den Erwachsenen zu distanzieren.

Heute leben viele Kinder bereits ein Erwachsenendasein, während Erwachsene auf einer pubertären Stufe verharren. Die ungeklärten Generationenrollen müssen wieder entflochten und abgegrenzt werden. Auch Erwachsene haben das Recht, sich jugendlich zu kleiden, doch sollten sie sich daneben ihrer Alterskategorie entsprechend verhalten und die Parentifizierung (Verelterlichung) ihrer Kinder nicht weiter vorantreiben. Die Gefahr, sich zu sehr an der Jugend zu orientieren, wird indessen immer größer und endet damit, daß Erwachsene ihre Verantwortung nicht mehr wahrnehmen, an Jüngere delegieren oder gar verweigern.

Daher haben viele Eltern Schwierigkeiten, ihre Kinder nicht als narzißtische Verlängerung zu benutzen, sondern sich als Person von ihnen abzugrenzen und auch ihnen mit einem klaren Nein Grenzen zu setzen.

Françoise Dolto empfiehlt den Heranwachsenden eine Autorität, aber eine, die aufgrund »ihrer Erfahrung, ihrer Intelligenz, ihres Wohlwollens gegenüber denjenigen, die ihr anvertraut sind, glaubwürdig« ist (1991). Sie meint, Kinder spürten oft, daß sie eine Autorität bräuchten, aber sie schreckten zurück, sie zu fordern, aus Angst, fremder Herrschaft ausgeliefert zu werden. Und die Erwachsenen wollen keine Autorität werden, da jedes Nein mit Engagement verbunden ist. Doch junge Menschen entwickeln ihre Persönlichkeit weder durch Ismen und Ideologien noch durch bloßes Laisser-faire. Sie brauchen Vorbilder von subtilen Handlungsmustern, die dennoch Pep und Drive vermitteln. Und sie benötigen ein moralisches Koordinatensystem.

Statt dauernd von Sinn-, Wert-, Bildungs-, Identitäts- und anderen Krisen zu reden und damit sämtliche schwierigen Kinder und vor allem uns selber und unsere Passivität zu entschuldigen, sollten wir den Mut haben, endlich die Verantwortung für die junge Generation zu übernehmen und mit ihr in einen Dialog treten. Jugendliche benötigen Freiräume, um ihre eigenen Rituale zu leben. Sie brauchen aber auch Reibung und Auseinandersetzung innerhalb gewisser Rahmenbedingungen, in denen sie experimentieren und sich erfahren können.

Mut zur Erziehung beginnt mit Selbstbesinnung, einer Neuorientierung und einem Menschenbild, das in jedem Kind ein einmaliges Individuum erblickt mit seinen besonderen Begabungen, die es wahrzunehmen und zu fördern gilt.

Mut zur Erziehung ist Zivilcourage. Nein zu Gewalt. Nein zu Rassismus und Haß. Erziehung beginnt bei uns.

Literatur

Badinter, Elisabeth: XY. Die Identität des Mannes. München 1993.

Baron, Dan: Die Last des Schweigens. Frankfurt a.M. 1993.

Barthes, Roland: Mythen des Alltags. Frankfurt a.M. 1964.

Beck-Gernsheim, Elisabeth: Mutterwerden − der Sprung in ein anderes Leben. Frankfurt a.M. 1989.

Bielicki, Julian S.: Der rechtsextreme Gewalttäter. Eine Psychoanalyse. Hamburg 1993.

Benard, Cheryl/Schlaffer, Edit: Sagt uns, wo die Väter sind. Von der Arbeitssucht und Fahnenflucht des zweiten Elternteils. Reinbek 1991.

Benard, Cheryl/Schlaffer, Edit: Mütter machen Männer. Wie Söhne erwachsen werden. München 1994.

Bettelheim, Bruno: Kinder brauchen Märchen. Deutscher Taschenbuch Verlag 1980.

Bly, Robert: Eisenhans. Ein Buch über Männer. München 1991.

Brown, Lyn M./Gilligan, Garol: Die verlorene Stimme. Frankfurt a.M. 1994.

Chaussy, Ulrich: Wie Jugendliche zu Neonazis werden. In: Gesellschaft im Widerspruch. Erfahrungen und Perspektiven (Jahresgabe der Fried. Krupp AG Hoesch-Krupp) Essen/Dortmund 1994.

Claudius, Matthias: Gesammelte Werke. Berlin 1958.

Dolto, Françoise/Dolto-Tolich, Catherine: Von den Schwierigkeiten, erwachsen zu werden. Stuttgart 1991.

Engel, Uwe/Hurrelmann, Klaus: Psychosoziale Belastungen im Jugendalter. Berlin 1989.

Farin, Klaus/Seidel-Pielen, Eberhard: Skinheads. München 1993.

Fernandez, Dominique: Der Raub des Ganymed. Eine Kulturgeschichte der Homosexualität. Freiburg, 1992.

Gaylin, Willard: Die Helden sind müde. Das männliche Ich. Düsseldorf 1993.

Glogauer, Werner: Die neuen Medien verändern die Kindheit. Nutzung und Auswirkungen des Fernsehens, der Videospiele, Videofilme u.a. bei 6- bis 10jährigen Kindern und Jugendlichen. Weinheim 1993.

Guggenbühl, Allan: Männer, Mythen, Mächte. Stuttgart 1994.

Hauer, Nadine: Mitläufer − oder die Unfähigkeit zu fragen. Auswirkungen des Nationalsozialismus auf die Demokratie von heute. Opladen 1994.

Heiliger, Anita/Funk, Heide (Hrsg.): Neue Aspekte der Mädchenforschung. München 1990.

Heiliger, Anita: Alleinerziehung als Befreiung. Pfaffenweiler 1991.

Janssen, Evi/Zeltner, Eva: Der Zusammenhang zwischen Geschlecht, Selbstkonzept und Lebensplan bei jungen Erwachsenen. Eine empirische Untersuchung. Unveröffentlichte Lizentiatsarbeit. Universität Zürich 1991.

Kestenberg, Judith S./Koorland, Vivienne: Als Eure Großeltern jung waren. Hamburg 1993.

Lani-Bayle, Martine: du Tag au Graff' Art. Verlag Journal des Psychologues 1993.

Laplanche, Jean: Die allgemeine Verführungstheorie und andere Aufsätze. Tübingen 1988.

Luca, Renate: Zwischen Ohnmacht und Allmacht. Unterschiede im Erleben medialer Gewalt von Mädchen und Jungen. Frankfurt a.M. 1993.

Miller, Alice: Am Anfang war Erziehung. Frankfurt a.M. 1983.

Mitscherlich, Alexander und Margarete: Die Unfähigkeit zu trauern. 1967.

Moore, Robert/Gillette, Douglas: König, Krieger, Magier, Liebhaber. Die Stärken des Mannes. München 1992.

Muchow, Hans-Heinrich: Jugend und Zeitgeist. Morphologie der Kulturpubertät. Reinbek 1962.

Ortner, Gerlinde: Märchen, die den Kindern helfen. Geschichten gegen Angst und Aggression und was man beim Vorlesen wissen sollte. Wien 1994.

Prekop, Jirina: Der kleine Tyrann. Welchen Halt brauchen Kinder? Deutscher Taschenbuch Verlag 1991.

Saunders, Nicolas/Waldner, Patrick: Ecstasy. Zürich 1994.

Schärli-Corradini, Beatrice/Minssen, Thomas: Bilder des Schreckens – Schreckliche Bilder. Zürich 1994.

Schnack, Dieter/Neutzling, Rainer: Kleine Helden in Not. Jungen auf der Suche nach Männlichkeit. Hamburg 1990.

Webb, J. T./Mechstroth, E.A./Tolan, S.: Hochbegabte Kinder. Ihre Eltern, ihre Lehrer. Bern 1982.

Werkstatt Frauensprache: Sexismus in Lehrmitteln. Wo bleiben die Mädchen? Untersuchungsbericht 1989/1990, mit Zusatzerhebungen 1991/1992. Widnau.

Zeltner, Eva: Stellmesser und Siebenschläfer. Verlorene Kinder. Bern 1990.

Zeltner, Eva: Kinder schlagen zurück. Jugend-Gewalt und ihre Väter. Bern 1993.

Zöllner, Ulrike: Die Kinder vom Zürichberg. Was macht der Wohlstand aus unseren Kindern? Zürich 1994.

Zeitungen/Zeitschriften

Amtliches Schulblatt, Kt. Zürich.
   7+8/1994: Huser, Joëlle: Geschlechtsspezifische Gewalt.
APA-Monitor
   10/1991: Eccles, Jaqueline, zit. in: Moses, Susan: Parents' attitude key to girls' achievement.
Brigitte
   1/1995: Brehde, Dieter: In was für Welten driften unsere Kinder ab?
Brigitte-Dossier
   16/1994: Grothe, Hans: Sind Eltern heute überfordert?
   16/1994: Hurrelmann, Klaus: Aggression ist ein Hilferuf. Interview.
Brückenhauer
   25/1994: Waefler, Christian: Der sensible Macho.
Der Spiegel
   12/1994: »Geht total verstärkt ab«. Sind Graffiti-Sprayer Künstler oder Kriminelle?
   22/1994: »Tanz ums goldene Selbst«.
Die Weltwoche
   24/1994: Köchli, Yvonne-Denise: Über die Hausflucht der Mütter. Der Mann, der herausfand, warum unsere Rekruten dumm sind.
Die Wochenzeitung
   25/1994: Hungerbühler Savary, Ruth: Forever young – Freiheit mit Tabus.
Die Zeit
   17/1994: Bräutigam, Hans H./Schnabel Ulrich: Gewalt und Gene.
   47/1994: Kirbach, Roland: Alpträume der Schüler.
Erziehung & Wissenschaft
   2/1994: Hoffmann, Jochen: Die Lüge vom coolen Jungen.
Focus
   25/1994: Götz, Christiane: Papa hat keine Zeit. Die deutschen Väter machen von ihrem Recht auf Erziehungsurlaub keinen Gebrauch.
   26/1994: Pechler, Uli/Martin, Uli: Kanal brutal.
   4/1995: Hufelschulte Josef: »Da waren's nur noch zehn ...«. Videospiele und Nazipropaganda werden gezielt an Schulkinder verteilt.
INTRA, Psychologie und Gesellschaft
   15/1993: Aeschbacher, Urs: Der Krieger oder: das unheimliche Liebäugeln mit dem Faschismus.
   15/1993: Kreisky, Eva: Die Männer-Bastion. Männerbünde: Werte und Rituale.

20/1994: Looser, Sandro: Sandsack oder die mythodramatische Zähmung.

20/1994: Zeltner, Eva: Kleine Tyrannen.

kiz, Publikation der Schweizerischen Kindernachrichtenagentur

1/1994: Metzler, Sara: Eine kleine stille Lösung.

Neue Zürcher Zeitung

22/1994: Guggenbühl, Allan: Jungen – das unerziehbare Geschlecht? Gegenentwürfe zur Zauberformel verbaler Konfliktlösung.

58/1994: Zeltner, Eva: Eltern als Snowboarder und Brückenspringer. Verwischte Generationengrenzen provozieren Jugendgewalt.

Psychologie heute

4/1992: Nuber, Ursula: Mädchen: Immer noch zuviel Anpassung.

1/1993: Eybisch, Cornelia: Wie Kinder sich die Eltern wünschen.

4/1994: Eicke, Ulrich und Wolfram: Aggressiv, phantasiearm, träge: die Medienkinder.

Psychoscope

7/1994: Lösel, Friedrich/Bender, Doris: Lebenstüchtig trotz schwieriger Kindheit.

Spiegel Special

11/1994: Die Eigensinnigen. Selbstportrait einer Generation.

Stern

19/1994: Fasel, Christoph/Prigge, Marlies: Lehrer am Pranger – Lehrer im Streß.

48/1994: Schaper, Andrea: Tatort Familie.

48/1994: »Sie schlagen aus Hilflosigkeit«. Interview mit Oelemann, Burkhard, Beratungsstelle »Männer gegen Männer-Gewalt«, Hamburg.

Tages Anzeiger

10.6.1994: Thurner, Felix: Erschreckend viele Jugendliche haben Erfahrung mit Gewalt (Horgener Untersuchung über Gewalterfahrungen Jugendlicher).

12.1.1995: Moser, Hans: Wenn der Lehrer langsam müde wird. Die Zahl der frühzeitig pensionierten Pädagogen wächst.

Time

20.1.1992: Ehrenreich, Barbara: Making sense of la Différence.

20.1.1992: Gorman, Christine: Sizing up the Sexes.

Brigitte Beil

Gutes Kind, böses Kind

Warum brauchen Kinder Werte?
dtv 36539

»Für kleine Elefanten ist die Sache ganz einfach: sie kommen auf die Welt und wissen sofort instinktiv, was sie tun müssen, um in ihrer Herde als gute Dickhäuter zu gelten. Kleine Menschen haben es da entschieden schwerer... Sie haben keine Ahnung, warum sie dieses tun und jenes lassen sollen, warum man wohl auf die Trommel, nicht aber auf den Kopf der kleinen Schwester hauen darf.«

Darin sind sich die meisten Menschen einig: Freundschaft, Gerechtigkeit, Mitgefühl, Vertrauen und Toleranz sind für unsere Kinder notwendiger denn je. Schwierig wird es allerdings, wenn es darum geht, Kindern diese Tugenden praktisch zu vermitteln. Und ab welchem Alter? Wie kann man Kindern und Jugendlichen Werte nahebringen, ohne daß sie altmodische hohle Phrasen bleiben? Solange sie abstrakt bleiben, sind es einfach nur zu große Worte für kleine Menschen.

Konkrete Vorschläge aus dem und für den Familienalltag. Damit kommt die Frage nach den Werten wieder dahin zurück, wo sie wirklich sinnvoll ist – ins Kinderzimmer.

»Brigitte Beil baut auf positive Kräfte und praktisches Handeln. Ihr Optimismus ist ansteckend.«
Maria Frisé in der FAZ

dtv

Schule und Erziehung

Wie erziehe ich mein Kind richtig? • Gibt es die ›richtige‹ Erziehung überhaupt? • Was erwartet mein Kind von mir, was kann ich von ihm erwarten? • Was kommt beim Schulanfang auf mein Kind zu? • Wie hat es Spaß am Lernen?

Experten klären Ihre Fragen und helfen bei Problemen

Sabine Kalwitzki
Unser Kind kommt in die Schule
Elternfragen zum Schulanfang
dtv 36527

Massimo Piatelli-Palmarini
Lust am Lernen
Erfolg in der Schule
dtv 30553

Jane Nelson, Lynn Lott und
H. Stephen Glenn
Der große Erziehungsberater
Von Abhängigkeit bis Zuhören
dtv 36012

Brigitte Beil
Gutes Kind, böses Kind
Warum brauchen Kinder Werte?
dtv 36539

Neil Postmann
Keine Götter mehr
Das Ende der Erziehung
dtv 30584

dtv

Kinderwunsch – die Geburt und wie es danach weitergeht

Christina Thöne
Prof. Dr. med.
Thomas Rabe
Wir wollen ein Kind
Unfruchtbarkeit:
Ursachen und Behandlung
dtv 36531

Sheila Kitzinger
**Schwangerschaft und
Geburt bewußt und
selbstbestimmt erleben**
dtv 36016

Penelope Leach
**Die ersten Jahre
deines Kindes**
Ein Handbuch für
Eltern
dtv 36005

T. Berry Brazelton
Babys erstes Lebensjahr
dtv 36500

Dr. med. Nora Bergen
Allergie bei Kindern
Umweltschadstoffe,
Nahrungsmittel- und
Inhalationsallergien
dtv 36517

Monika Arndt
Das Baby-Kochbuch
Gesunde Ernährung für
ihr Kind
dtv 36536

**Das große
Kindergesundheits-
Lexikon**
Herausgegeben vom
Boston Children's
Hospital
dtv 36007

Maria Montessori
Kinder sind anders
dtv 35006

Jirina Prekop
Der kleine Tyrann
Welchen Halt brauchen
Kinder?
dtv 35019

Brigitte Beil
Gutes Kind, böses Kind
Warum brauchen Kinder
Werte?
dtv 36539

dtv

Liebe – Ehe – Partnerschaft im dtv

Aaron T. Beck
Liebe ist nie genug
Mißverständnisse über-
winden, Konflikte lösen,
Beziehungsprobleme
entschärfen · dtv 35082

Renate Daimler
**Wie's den Männern mit
den Frauen geht**
und mit sich selbst, wenn
sie ehrlich sind · dtv 30522

Rudolf Dreikurs
**Die Ehe – eine
Herausforderung**
dtv 35061

Barry Dym
Michael L. Glenn
**Liebe, Lust und
Langeweile**
Die Zyklen intimer
Paarbeziehungen
dtv 35132

Erich Fromm
Die Kunst des Liebens
dtv großdruck 12262

Erich Fromm
**Liebe, Sexualität und
Matriarchat**
Beiträge zur Geschlechter-
frage · dtv 35071

Karl Grammer
Signale der Liebe
Die biologischen Gesetze
der Partnerschaft
dtv 30498

Hugh Mackay
**Warum hörst du mir
nie zu?**
Zehn Regeln für eine
bessere Kommunikation
dtv 36546

Anne Wilson Schaef
Die Flucht vor der Nähe
Warum Liebe, die süchtig
macht, keine Liebe ist
dtv 35054

Peter Schellenbaum
**Die Wunde der
Ungeliebten**
Blockierung und Verle-
bendigung der Liebe
dtv 35015
Das Nein in der Liebe
Abgrenzung und Hingabe
in der erotischen
Beziehung · dtv 35023
**Aggression zwischen
Liebenden**
Ergriffenheit und Abwehr
in der erotischen
Beziehung · dtv 35109

dtv

Hilfe zur Selbsthilfe im dtv

dtv

Selbst die Eltern wissen manchmal nicht mehr weiter

Die ersten Jahre deines Kindes
Ein Handbuch für Eltern
Von Penelope Leach
dtv 36005

Was tun, wenn Babys schreien? – Was essen Einjährige? – Was spielt man bei Regenwetter? – Was tut man bei Windpocken?

In diesem zuverlässigen Handbuch gibt Penelope Leach Antwort auf Fragen, die in den ersten Jahren des Elternseins immer auftauchen. Sie stellt die Entwicklung des Kindes in den ersten fünf Lebensjahren dar – von der Geburt bis ins Vorschulalter – und befaßt sich ausführlich mit Ernährung, Wachstum, Schlaf, Schreien und Trösten, Hygiene, Krankheiten, Kleidung usw. Dabei macht sie immer wieder deutlich, wie Eltern ihrem Kind auf dem Weg in die Selbständigkeit am besten helfen können, ohne dabei die eigenen Bedürfnisse zu vernachlässigen.

Der große Erziehungsberater
Von Abhängigkeit bis Zuhören
Von Jane Nelsen, Lynn Lott
und H. Stephen Glenn
dtv 36012

Kinder, Kinder – manchmal rauben sie ihren Eltern den letzten Nerv: Das Kleinkind will nicht essen, schlafen gehen oder sauber werden, die Größeren raufen und quengeln, und die Teenager tun überhaupt nur noch, was sie wollen. Umgekehrt machen es aber auch die Eltern ihren Kindern nicht immer leicht: Sie reden statt zu handeln, handeln dann anders, als sie reden, entmutigen statt zu motivieren, mißtrauen statt zu vertrauen.
Anhand von über hundert konkreten Beispielen zeigen die Autoren, wie man mit den kleineren und größeren Schwierigkeiten, die das Familienleben nun mal mit sich bringt, besser zurechtkommt.

Abservierte Männer, Kinder ohne Väter – Opfer eines hunderttausendfachen Scheidungskrieges

Karin Jäckel
Der gebrauchte Mann
Abgeliebt und abgezockt – Väter nach der Trennung
dtv premium 15103

»Meine Anklage gilt nicht den Menschen, die ihre Ehe
oder eheähnliche Beziehung auflösen.
Ich prangere nur das Wie an.«

Jede dritte Ehe in Deutschland wird geschieden, und in
knapp der Hälfte gibt es gemeinsame Kinder. In der Regel
bleiben diese bei den Müttern, und die Männer werden zu Be-
suchspapas und Zahlvätern degradiert, die sich den ersehnten
Kontakt zum eigenen Sprößling bitter erkämpfen müssen.

Wie diese in Scheidungsfällen ganz alltägliche Situation von
den Betroffenen erlebt wird, dokumentiert Karin Jäckel in
dieser Sammlung authentischer Lebensgeschichten, die den
Blick vom Leid der Frauen an zerbrochenen Familien auf das
der Männer und der gemeinsamen Kinder lenkt.

»Karin Jäckels schockierender Sozialreport macht darauf
aufmerksam, daß hier sozialer Zündstoff entsteht,
der uns alle angeht – nicht nur ein paar zornige Mütter,
verletzte Väter und verzweifelte Kinder.«
Eva Herold-Münzer

dtv

Erzählte Lebenshilfe im dtv

dtv